供给侧结构性改革案例研究

·以佛山为例·

张燕生　陈长缨 等 著

中国市场出版社
China Market Press
·北 京·

图书在版编目（CIP）数据

供给侧结构性改革案例研究：以佛山为例 / 张燕生等著. — 北京：中国市场出版社有限公司，2022.10

ISBN 978-7-5092-2052-8

Ⅰ. ①供… Ⅱ. ①张… Ⅲ. ①区域经济-经济改革-研究-佛山 Ⅳ. ①F127.653

中国版本图书馆 CIP 数据核字（2021）第 061913 号

供给侧结构性改革案例研究：以佛山为例

GONGJICE JIEGOUXING GAIGE ANLI YANJIU：YI FOSHAN WEILI

著　　者：张燕生　陈长缨 等

责任编辑：杜　冰

出版发行：中国市场出版社

社　　址：北京市西城区月坛北小街 2 号院 3 号楼（100837）

电　　话：（010）68034118/68021338

网　　址：http：//www.scpress.cn

印　　刷：河北鑫兆源印刷有限公司

规　　格：170mm×240mm　16 开本

印　　张：19.25　　**字　　数：**256 千字

版　　次：2022 年 10 月第 1 版　　**印　　次：**2022 年 10 月第 1 次印刷

书　　号：ISBN 978-7-5092-2052-8

定　　价：68.00 元

序 言
PREFACE

佛山是中国制造业重镇和全球制造基地，也是实体经济和民营经济最发达的城市之一，“佛山制造”成为佛山最响亮的名片。改革开放以来，佛山从“三来一补”起步，主要依靠民营经济，大力发展制造业，培育出美的、格兰仕、新明珠陶瓷、维尚家具、坚美铝业、碧桂园等一大批响当当的具有自主品牌的佛山本地企业，并建立起了门类齐全、产业链比较完整的制造业体系，形成了独具特色的“佛山模式”。概括来看，过去佛山经济发展有两条鲜明的特征，一个是内生型发展模式，也就是经济发展主要依靠本土企业，佛山企业具有很强的根植性，不会因短期内外环境变化而搬离佛山，这与一些城市主要靠引入外资、外生性的发展模式有很大不同；另一个是佛山经济发展中政府的关系，长期以来佛山具有“小政府、大市场”特征，政府为企业服务能力很强，市场在资源配置中的作用充分发挥，佛山成为“有效市场”和“有为政府”结合得最好的城市之一。

在改革开放40多年的发展历程中，佛山经济也经历了几次大的转变。2008年金融危机后，佛山作为制造业重镇，比全国大多数地区更早遇到了传统发展模式难以持续的问题。例如，内外需求结构逐渐升级，对产品质量、品种、安全、服务等需求越来越高，但当时佛山传统产品不能适应需求升级的新变化；国内外新产业不断涌现，产业结构升级加快，而当时佛山传统产业比重高，对新产业发展造成一定制约；随着数字技术和绿色发展理念的兴起，以数字低碳为代表的新型生产方式被越来越多地采用，但当时佛山多数企业以传统生产方式为主；传统低成本竞争优势不复存在，创新成为国内企业获得新竞争优势的重要动力，但佛山企业主要依靠要素扩张的传统增长模式，创新能力偏低等。这些在新发展阶段遇到的新问题，对佛山发展模式和发展路径都提出了新挑战，如果佛山不能解决好这些新问题，则很可能固化在原有的发展模式中，在激烈的竞争中逐渐落伍。

佛山是市场机制最突出的城市，不少佛山企业家很早就敏感意识到发展环境带来的新变化，虽然面临不少阵痛，佛山企业根据内外部环境特别是市场需求的变化开始进行积极调整，开启了佛山供给侧结构性改革的过程。经过十年的发展，目前佛山在产业结构、科技创新、协调发展等方面都有了明显的跃升，2011 年到 2021 年，佛山三次产业结构由 1. 8 ∶63. 6 ∶34. 6 调整为 1. 7 ∶56. 0 ∶42. 3，高新企业数量由 500 家增加到 7100 家，先进制造业占规模以上工业增加值比重超过一半。2021 年，佛山 GDP 超过 1. 2 万亿元，人均 GDP 达到 12. 6 万元，迈入了 2 万美元的门槛。佛山微观企业层面的变化更为明显，产品质量持续提升、新产品新业态新模式不断涌现、自动化智能化生产逐渐普及、生产型服务对制造业支撑作用越来越大。当然，在这个转型过程中，佛山也有不少的企业被淘汰。整体来看，过去十余年，佛山供给侧结构性改革取得了显著成效，形成了与需求变化相适应的现代化的中高端供给能力，也是为佛山未来发展奠定新基础的关键十年。当前，佛山正按照新发展理念的要求，坚持以发展实体经济和制造业为根基，正在加快建设现代产业体系，率先实现高质量发展。

佛山在供给侧结构性改革过程中，政府与市场的关系也出现了新变化。构建高水平的供给结构，除了要依靠市场机制在资源配置中的决定性作用外，还对政府提出了更高的要求，要求政府弥补市场机制的不足和短板，特别是要提供结构性改革需要的新型公共产品、公共设施和公共服务。在这段时间，佛山政府进行了大量探索，取得不少成功经验。例如，政府大力推动村级工业园改造，盘活了大量土地资源，为产业升级和新产业发展提供了空间；政府积极支持企业研发，建立公共研发平台，引导企业扩大研发投入；政府开展城市升级、升值行动计划提高佛山城市品质，为留住和吸引中高端企业和人才提供基础保障；政府加大对外招商力度，引入了一批成长潜力大的新兴产业等。佛山在供给侧结构性改革中进行的探索和取得的经验，为全国提供了一个以制造业为主的城市进行改革的生动样本，对全国都有借鉴意义，这也是课题组研究和写作的初衷。近两年来，百年未有之大变局叠加世纪疫情和中美经贸战，需求收缩、供给受限，我国发展的内外部环境出现了长期、复杂、严峻的变化，以实体经济为主的佛山经济也受到了明显影响。但长期在市场中打拼的佛山企业并没有被环境变化压倒，而是纷纷加快调整来适应环境的重大变化，例如通过精益化管理压缩成本、加快对外布局来稳定产业链供应链等，在供给侧结构性改革方面又进行了新的探索。通过对佛山案例的观察，课题组相信，佛山经济能够顺应新发展阶段提出的新要求，取得新的成绩。

本书是在2019年课题组对佛山深度调研基础上研究形成的。全书的结构，分为1篇总论（第一章），2篇关于顺德区和南海区供给侧结构性改革的研究（第二、三章），1篇关于工业设计城平台的研究（第四章），4篇关于典型企业的案例研究（第五至第八章），2篇关于制造业和陶瓷业的产业研究（第九、十章），以及1篇关于产城融合的研究（第十一章）。通过这些从不同角度对佛山供给侧结构性改革的案例研究，课题组力图向广大读者描绘和总结近年来佛山经济变化和改革的经历和经验。

本研究得到了佛山各级领导和有关行业协会、企业的大力帮助。时任佛山市委书记鲁毅同志，多次向课题组介绍了佛山在供给侧结构性改革的背景、过程、特点和经验。佛山市发展和改革局以及顺德、南海区发改局的有关领导，亲自协调安排课题组的调研任务。书中研究的典型企业和平台、协会的企业家和领导，向课题组详细介绍了发展进程。课题组对他们表示诚挚感谢。

由于课题组水平有限，加之是从“局外人”的角度观察佛山的供给侧结构性改革，因此研究的案例不一定完整，结论也不一定准确，一些观点也有值得进一步讨论商榷的地方。同时，受疫情等各方因素的影响，课题出版工作拖延了一段时间，课题组对此表示抱歉。

本书的写作人员，主要来自国家发展改革委宏观经济研究院和中国国际经济交流中心。各章的具体写作分工如下：

第一章：张燕生（中国国际经济交流中心首席研究员），綦鲁明（中国国际经济交流中心科研信息部处长、研究员），田栋（中国国际经济交流中心美欧研究部美国室主任、副研究员）；

第二章：刘向东（中国国际经济交流中心宏观经济研究部副部长、研究员）；

第三章：陈长缨（国家发展改革委对外经济研究所副研究员）；

第四章：盛朝迅（国家发展改革委宏观经济研究院战略政策室主任、研究员）；

第五章：田栋；

第六章：张燕生、金岳（中国社会科学院工业经济研究所助理研究员）；

第七章：蒋钦云（国家发展改革委能源研究所助理研究员）；

第八章：孙长学（国家发展改革委经济体制与管理研究所研究员）；

第九章：刘中显（国家发展改革委学术委秘书长、研究员）；

第十章：逯新红（中国国际经济交流中心世界经济处处长、研究员）；

第十一章：黄征学（国家发展改革委国土开发与地区经济研究所国土开发室主任、研究员）。

张燕生　陈长缨

2022 年 9 月

目 录
CONTENTS

总报告

第一章

新时代巩固供给侧结构性改革成果的新样本

一、佛山巩固供给侧结构性改革成果的经验和举措

在新时代，中央部署并坚持推进供给侧结构性改革为主线，从“三去一降一补”五大任务入手，重点解决中国经济从“三期叠加”转向中国特色社会主义现代化建设，从高速增长转向推动高质量发展，从传统经济转向建设现代化经济体系的新旧动能转换、新旧结构转换、新旧模式转换的历史性转型进程。从全国各地巩固供给侧结构性改革成果的发展情况看，珠三角地区再次走在了前面。其中，坚持供给侧结构性改革不动摇、巩固“三去一降一补”成果、提升产业链水平、推动全球价值链位次跃升的佛山样本尤其值得关注。

佛山市充分发挥市场配置资源决定性作用和更好发挥政府公共服务作用，持续探索推动传统制造业内生性创新增长新路径。佛山市不仅经济总量在全国地级市中排名前列，而且传统制造业比重大、“草根”企业数量多、民营企业转型升级难度高，佛山巩固供给侧结构性改革成果如何事关大局全局。调研发现，佛山有越来越多传统制造企业开始把推动高质量发展的重点放在了提升产业链水平和推动全球价值链位次跃升的关键一环上。如佛山进入世界500强的龙头企业碧桂园开始从房地产主业跃升到建筑机器人新领域，美的集团开始从小家电主业跃升到工业机器人领域。推动佛山传统制造业实现从游击队到正规军脱胎换骨转型升级的顺利实施，与佛山市委市政府坚持以供给侧结构性改革为主线不动摇，在新时代坚持探索政府、市场和社会协调发力的大方向不改变，坚持运用市场化、法治化、国际化手段创造制造业创新发展环境和条件的努力不放松，坚持求真务实、尊重规律、解放思想、勇于探索的公共服务理念没有变有着直接关系。

（一）有的放矢，率先推进落实“三去一降一补”

早在2016年，佛山市就制定出台了供给侧结构性改革工作方案和政策措施，实施“去降补”全面攻坚，并取得明显成效。

去产能方面，2016年全市完成国有“僵尸企业”出清101户，2017年完成33户国有特困企业脱困出清，排查关停国有企业累计出清60户，连续两年超额完成考核目标。2018年，全市国有“僵尸企业”累计完成出清60户。同时，推动传统行业企业进行大规模技改和创新研发，品牌建设和管理迈上新台阶。一些传统行业企业产品如陶瓷行业的上市企业蒙娜丽莎的日用瓷砖产品远销海内外。

去库存方面，佛山市严格执行中央有关政策，商品房库存2016年净减少476.33万平方米，2017年净减少371.3万平方米，总去化周期为9.5个月，提前超额完成三年商品房去库存任务。

去杠杆方面，金融监管部门强化银行机构风险管理，督促辖内银行业金融机构有效落实监管要求。截至2018年底，佛山辖区内8家法人银行机构杠杆率均高于省平均4%的监管标准，未出现其他风险事件。融资性担保公司、小额贷款公司等两类地方金融机构杠杆倍数均未超过监管标准，符合监管要求；全市25家融资租赁公司杠杆率也达到监管标准。

降成本方面，开展减费清费，降低企业社保和公积金缴存比例、清理涉企收费并进行行政事业性收费减免。压缩政府一般性支出和三公经费，以政府“紧”日子换企业“好”日子。安排财政资金补贴企业用电用气成本，帮助企业协调大户直购电。设立制造业融资租赁专项基金多方位盘活金融资产，提升利用效率，降低企业融资成本。设立供给侧结构性改革基金引导企业进行生产智能化改造，降低人力成本。佛山市创造性依靠行业联盟平台打造“产业+互联网+金融”的产业链整合服务平台，从采购、生产、销售等环节提高企业议价能力。众陶联降成本模式成为全国制造业降

成本典型，复制众陶联模式的众塑联、众衣联、众铝联等行业平台已成遍地开花之势。

补短板方面，佛山着力补足基础设施建设短板，珠三角枢纽（广州新）机场前期工作启动，地铁 2 号线一期、3 号线、广州地铁 7 号线西延顺德段建设顺利，广佛地铁全线开通；“一环”高速化主线改造基本完成；中心城区公交专用道达 157.2 公里；累计建成充电站 120 座、充电桩 4000 个，海绵城市达标面积 53.23 平方公里。

（二）重点突出，高效推动“制造”变“智造”

佛山市多年来坚持以制造业立市，是全国重要的制造业基地，也是全国唯一的制造业转型升级综合改革试点城市。中央部署推进供给侧结构性改革以来，佛山多策并举、辗转腾挪推动制造业创新发展、升级换代。结合信息技术革命机遇和数据要素作为核心资源所形成的新生态发展空间，率先以数字化、网络化、智能化融合发展推动佛山市制造业转型升级。

“转的是生产方式，升的是质量和效益”。佛山制造业转型升级的路径是，推进形成“世界科技+佛山智造+全球市场”发展模式。其中，“制造”变为“智造”最为关键。短期来看，面对国内劳动力等要素成本不断抬升挤压态势，佛山传统制造业企业利润空间不断被压缩。部分行业如纺织业年利润率约等于银行一年期贷款基准利率，年复工率勉强维持在 90%左右，招工难问题重现。长期来看，贸易战带来的预期变化也影响制造业增资扩产，一些产业向其他地区乃至别国迁移；留存本地的制造业企业面对的竞争态势更加严峻。特别是美欧等发达国家意图依靠排斥中国的新区域贸易协定和新贸易规则，挤压中国企业国际市场份额。中国企业尤其是制造业企业必须转变角色定位，重点推动降成本和补短板，善用技术革命新机遇转变生产方式，将制造业企业由全球产业链分工的参与者向产业链整合的主导者转变。

以智能制造为基础，以数字化、网络化、智能化融合发展为方向，佛山智造的方式、结构焕然一新。佛山市先后推动实行“百企智能制造提升工程”和机器人、智能装备应用“百千万工程”专项行动，遴选具有代表性的龙头企业率先进行智能化生产设备应用，陆续建成一批智能化生产示范线。工业机器人大批量应用于生产车间。2016 年以来，年均增长机器人数量超过 2000 台，全市制造业企业机器人应用总量约为 1 万台。佛山市通过政策资金引导，支持企业开展智能化生产线改造，进而推动国产工业机器人产业培育，以及佛山装备制造产业集群中工业母机的研发制造。据佛山市有关部门测算，智能化生产降低企业用工成本的 10% ~30%，产品质量有明显提升，制造业企业生产效率、精准程度、规范度、良品率明显抬升。装备制造水平也有显著增强，陶瓷机械、塑料机械、金属成型机械等一批装备制造细分行业逐步占领行业中高端。

工业机器人与智能装备研发形成先进制造业新增长点与竞争力。华数机器人、广工大数控装备协同创新研究院、碧桂园博智林机器人谷等大体量研发应用平台落地，围绕数控技术、传感元器件、中高端机器人整机产品制造等装备与技术创新形成完整创新链，佛山智造已由单一的“机器换人”迈向发展以智能装备与机器人研发制造为一体的创新型产业集群，逐步形成具有广阔应用场景的新增长点。同时，带动智能生产环节在传统制造业行业如陶瓷、家具、家电等领域的技术增值，提升了传统制造业企业的产业链水平和价值链位次。2018 年，佛山规模以上先进制造业增加值增长 7.4%，占规模以上工业比重为49%，较 2015 年提高 13.4 个百分点；全市规模以上工业增加值增长 6.3%，工业对经济增长贡献率达到 61.1%。制造业立市、兴市、强市目标稳步推进，全产业质量变革、效率变革、动力变革成效显著。

（三）内“引”外“联”，全方位提升创新要素集聚水平

创新资源不足是制约佛山制造业转型升级的关键短板。佛山工业门类

齐全，一些行业在全国市场中占有重要位次，配套完整且产业协作和集聚能力强，专业化生产与特色产业基地数量众多，民营经济发达，细分领域“隐形冠军”在全球市场举足轻重。同时，佛山也面临着传统行业比重高、生产能力强但设计能力弱、研发创新内生动力不足、缺乏高水平大学与科研机构创新应用服务平台等短板。在新的竞争情景中，“佛山制造”迈向“佛山智造”解决了生产方式革新和创新产业链条延伸的难题，也面临着自主创新、自主“造血”，大规模高质量提升设计研发能力和技术水平，增进全产业附加值的重大任务。

佛山立足打造国家制造业创新中心，面向全球配置创新资源，推动技术研发创新与自身制造业生产与配套优势全面融合。从市级层面统筹考虑，佛山市政府出台“一环创新圈”战略规划和三龙湾高端创新集聚区综合规划，沿交通干线布局建设重大创新资源平台。在体制机制建设层面，坚持以市场为导向，建立“企业家+科学家+产业园”的科技成果应用转化机制。全市狠抓高新技术企业培育，2016 年新增高新技术企业 671 家，2018 年新增高新技术企业 1402 家，累计达到 3949 家，为 2015 年的 5.45 倍；规模以上工业企业研发机构建有率自 2016 年以来提升 31% 至 51%；全市升级企业重点实验室累计达 26 家，省级工程中心累计达 711 家。

在挖掘本地企业技改潜力的同时，佛山全力打造军民融合创新示范区核心区，引进国内优质军工技术优势资源，推动军用技术民品应用。季华实验室主体工程开工建设，主动对接中国空间技术研究院、中国能建集团、航空科工集团等高精尖军用技术富集企业，推动“军转民”和“民参军”融合发展。设立军民融合创新发展产业基金推进军民融合产业重大项目引进，聚焦先进探测、空间与海洋工程、新材料新能源、大数据、高端制造与人工智能等六大产业方向建设七大园区。深化产学研合作，与清华大学、华中科技大学等国内工科院校建立合作平台，多层次培育国家级、省级科技企业孵化器和众创空间，入驻企业数量超过 2000 家，从中培育出一批高新技术企业。

积极推动与德国亚琛工业大学合作筹建佛山理工大学，北京科技大学顺德研究生院、北京外国语大学佛山研究生院正式招生。积极参与大湾区建设，对接港澳科研院所研发资源，计划与香港理工大学开展合作在佛山落地建设新校区。通过引入海内外优质教育资源，夯实制造业创新研发和人力资本培育提升的基础，佛山教育“洼地”观感有望突破。

（四）聚焦产品，高标准创建全国质量强市和品牌中心

制造业企业的生命在于质量管理，而质量是品牌的价值基础。佛山市全力推进传统制造业提质增效，在智能制造广泛应用的基础上加快整合行业上下游资源，深入实施“以质取胜、技术标准、品牌带动”三大战略。

一是推动企业广泛应用卓越绩效等先进质量管理模式。2016 年以来，年均通过质量管理体系认证企业超过 1000 家。2018 年全市工业产品质量监督抽查综合合格率达到 94.6%，较 2017 年提高 1.1 个百分点。

二是依托专业镇和产业集群推动组建产业标准联盟。2017 年，全市新增联盟标准 26 项，累计 98 项，主导或参与制（修）订国家、行业或地方标准 41 项；2018 年，推动企业参与制（修）订 100 项国际、国家和行业标准，累计 1769 项；引导扶持企业将科研创新成果转化为技术标准，制定先进标准 21 项，累计达 342 项；选取家电、家具、机械装备等重点行业，指导制定实施 38 项联盟标准，累计制定实施联盟标准 227 项，部分标准填补国内空白。针对国家在工业机器人装备产品质量、集成系统、检测等方面技术标准空白的问题，集合全市“政、产、学、研、媒体”等多方力量，推动成立了佛山市工业机器人产业标准联盟，抢占机器人产业标准“话语权”。产业集群技术标准联盟的建立，有效推动了企业实现生产方式智能化、技术革新动态化、产品质量高端化和管理流程精细化的统一，为提升全行业竞争力建立了坚实基础。

三是强化“佛山制造”品牌建设。佛山建立了佛山陶瓷、南海铝材等全国多项知名区域品牌，全市授牌及获批的“全国知名品牌示范区”、中国驰名商标均具全国地级市首位。2018 年，新增广东省名牌产品 268 个，有效期内的省名牌产品数量达 580 个，已连续多年位居全省第一；5 家企业获得“广东优质”品牌认证称号，居全省（共 9 家）首位；新获批创建全国知名品牌示范区 4 个、累计 13 个，新增中国驰名商标 1 件、累计 160 件，均位居全国地级市首位。企业品牌“走出去”步伐加快，在美国、南非、坦桑尼亚等国成功新设了 3 个佛山泛家居馆。

（五）破解痼疾，探索建立土地集约利用与管理新模式

城区开发强度过高，缺乏土地发展空间是长期困扰佛山市发展的难题痼疾。特别是开发历史久、产业集聚程度高的顺德、南海两区县，土地空间奇缺，新产业新项目落地难，产业结构调整受限。以顺德为例，目前城区开发强度达到 52%，若扣除江河湖面面积，开发强度达到 58%，建设用地指标稀缺，企业增资扩产、技术改造，与制造业创新融合的生产性服务业企业落地开工，教育、医疗等基本公共服务项目建设均难以实现。与此同时，全区村级工业园土地面积占全区工业用地规模比重超过 80%，但对财政收入的贡献不到 8%。部分落后产能因环保要求提高面临停产退出、危旧厂房改造迫在眉睫、园区粗放建设现状亟待改善。村级工业园区建设“小、散、乱”格局必须加以纠正，推动土地集约利用提质增效的新模式呼之欲出。

2016 年以来，佛山市将村级工业园“三旧”改造作为全市重要工作加快推进，将村级工业园改造作为推进供给侧结构性改革，实现高质量发展的重中之重。依托村级工业园改造实现产业“腾笼换鸟”、土地集约高效利用、环境整治攻坚、消除生产安全隐患、城乡融合发展与乡村振兴等多种发展目标。通过改建新建村级工业园厂房设施，集中建设符合安全生产

与环保标准的生产制造配套共用设施；提高容积率以多层厂房建设，代替旧有厂房，鼓励企业“上楼”扩大企业发展空间；强化村级工业园规划前瞻性，分类划定改造提升园、承接转移园、限期搬迁园、复垦复绿区、收储发展区等，既能够形成连片可开发可落地新项目的综合性园区，逐步形成先进制造产业集群实现产业升级，改变碎片化产业发展形态，又能够通过复垦复绿改善城市生态，提升城市品位，实现绿色发展。同时，园区改造涉及空间规划、行政执法、减量开发、集约发展等一系列体制机制创新，触及集体工业用地“以租代卖”历史遗留问题和集体、村民、企业等多权益主体集体土地利益分成等现实难题。佛山市先行先试的经验做法将为探索经济发达地区高质量发展和要素市场化改革路径提供示范借鉴，具有重大的理论价值和实践意义。

（六）改革先行，厚植“草根”经济高质量发展环境

佛山发展经验的秘诀是创建优质公共服务环境，释放市场活力，助力本土传统民营经济做强做优。截至2018年底，佛山民营企业数量28.28万户，占全市比重90.3%，2018年民营经济增加值占地区生产总值比重达62.5%，规模以上民营工业增加值增长7.1%，对全市工业贡献率达80.1%。

推进供给侧结构性改革以来，佛山重在以改革引领厚植民营经济高质量发展环境。一是深化行政审批制度改革。在全国率先实施“3+5”商事制度改革模式和启用全程电子化“零见面”24小时智能商事登记系统，成为全国“企业开办全程网上办”改革试点城市；推进行政审批“一门式一网式”政府服务改革，获“中国法治政府奖”；推进企业投资管理体制改革、建设工程联合验收改革等，形成具有佛山特色的行政审批制度和政务服务改革创新机制。二是建立企业投资事前、事中、事后“三单”管理模式，形成投资管理负面清单、审批清单、监管清单，构建“宽进严管”市

场监管机制。投资领域不断拓宽，营商环境不断优化，规则体系明确严谨，为民营经济增资扩产创造条件。近三年来，佛山民间固定资产投资形势良好，2018 年民间投资完成 2823.5 亿元，增长 18%，占固定资产投资比重近 75.1%。三是完善政策体系，鼓励发挥企业家精神和坚定企业家信心。出台促进民营经济高质量发展“1+3”政策体系，从准入、审批、服务、降成本、金融支持、企业家人身和财产安全等多方面先行多做，营造创业做事、发展图强的优良环境。按市场经济规律办事、依法经商、守信经商、在商言商的市场氛围逐渐形成，围绕产品和市场搞创新、做精品的清新商业精神深入人心。

二、佛山巩固供给侧结构性改革成果面临的问题

在巩固供给侧结构性改革成果的过程中，佛山传统制造业转型升级也面临一些普遍存在的共性问题和障碍。

（一）传统制造业整体上仍处于全球价值链中低端

尽管近几年佛山传统制造企业不断加大研发投入推进转型升级，但企业研发创新的结构性不平衡仍然存在，尤其是中小企业技术与品质趋同、偏低。从产业链的角度看，尽管佛山有美的等大型企业，但由于缺乏关键核心技术，企业离成长为一流跨国公司还有较大差距，无法在全球产业链上占据重要地位。从价值链环节看，尽管佛山正在大力推进智能化生产，但相当一部分制造企业面临缺技术、缺品牌、缺人才、缺渠道、缺资金的制约，在全球价值链的“垂直分工”地位仍旧偏弱，企业所赚取的高新技术产品出口额，更多集中在加工组装环节，而非核心技术研发与销售环节。与日本等发达国家的制造业相比，佛山传统制造业的微笑曲线仍存在人才、研发、技术、设计、资讯等高技术服务和物流、商流、资金流等生

产性服务业的短板、弱项和瓶颈，传统制造业升级还有较长一段路要走。

（二）科技创新支撑增值能力跃升难度大

科技创新是供给侧结构性改革的关键一环。近年来佛山市政府在解决企业缺技术问题上，下了很大功夫，引入世界500强企业，引入国家级研究院所，引入世界知名高校等。然而关键共性技术和公共技术服务、基础研究和应用研究的短板问题不是一个地级市有能力解决的，需要国家和省优质创新资源和重大科技项目的支撑，需要国际全方位科技创新的合作，需要与广州、深圳、北京、上海、南京、武汉等地科技创新活动的对接。另外，佛山传统制造企业的“草根性”决定了其发展的“内向性”，需要构建跨境创新网络的支持。同时，初创型科技企业发起人多为研发人员，不擅长公司财务和管理，账目较为混乱。高科技企业的负债率也较高，金融机构为了控制风险，不愿意开展相关业务。调研中，佛山科技型中小企业仍普遍反映缺人才、缺技术、融资难等问题。

（三）广佛区域协同发展面临软硬环境的瓶颈制约

过去十年，在地铁、高铁等交通基础设施推动下，广佛同城化发展取得了明显进展。据统计，目前广佛地铁日均客流量已超过50万人次，是2010年开通之初的5倍，这意味着两座城市一年有将近2亿人次通过地铁来往。这个客流量已经超过广州市内的4号线、7号线、13号线等多条线路，说明广佛之间的互动频率已经和广州内部各区无异。两地快速增长的客流量在很大程度上反映了市场对广佛同城化的潜在需求巨大。

目前，两个城市之间仍然存在很多软硬壁垒。在硬环境方面，两地交通基础设施仍难满足两地巨大的通勤需求。比如，从广州白云国际机场到佛山缺乏城际地铁、快轨等便捷通行方式。在软环境方面，受行政区划的影响，两地的制度设计差异较大、衔接不畅，导致人员、车辆跨区流动受限，企业营业执照的异地审批、教育资源共享也存在壁垒。广佛同城极点带动作用存在佛山更加积极主动、广州相对消极被动的不协调现象。

（四）高层次人才与高技能人才“育”“留”两难

随着制造业转型升级，佛山制造业整体对人才的需求出现了明显的结构化改变，复合型技能人才与高端人才成为重点需求。但当前，人才供给的结构性短缺已成为制约企业发展最为突出的问题之一。

一是城市发展与服务制约高层次人才引进。高端人才尤其是国际化人才往往对城市环境有着更高、更全面的要求，除了充足的事业发展平台和机会，子女教育、生活便利程度、生态环境以及相关的公共设施配套也是其考量的主要因素。企业引才已上升至能够影响城市发展大局的高度。然而，目前佛山的城市形态与城市功能，已滞后于现代产业发展和高端人才需求，与国内一些大中城市相比仍有一定差距。因此，作为非核心城市，佛山市政府及企业需要共同思考并创新高端人才的引育路径，破解区域能级障碍。

二是复合型技能人才供给不足。佛山是制造业大市，高技能型人才需求量快速提升。据佛山市人社部门摸底调查，2018 年 2 月，企业技能型人才需求较大的职业及工种有电气工程、机械工程师、计算机网络工程、外贸、质检、电工电器、结构工程师等。

三是技能型人才培育环境有待改善。佛山是职业教育大市，正规教育和职业教育的比例已接近德国 1∶1 的合理水平。但在技能型人才培育上还存在一些突出问题。一方面制造业人才培养投入总体不足，培训机构能力建设滞后，人才发展的体制机制障碍依然存在；另一方面全社会对制造业人才的认识仍有偏差，重学历文凭、轻职业技能的观念还未从根本上得到扭转，企业职工和青年学生学习技能的积极性不高，制造业人才仍然面临发展渠道窄、待遇偏低等问题，人才成长发展的社会环境有待进一步改善。

（五）体制机制仍不完善

突出表现为，行政审批应有改善空间；企业间公平竞争、优胜劣汰的市场环境尚不完善；优质优价的价值取向尚未形成，仍存在“唯价格论”导致的“劣币驱逐良币”现象；知识产权保护对激励创新的作用尚未有效发挥。

三、佛山巩固供给侧结构性改革成果的前景

目前，佛山通过全面深化供给侧结构性改革推动新旧动能转换、新旧结构转换、新旧模式转换，巩固“三去一降一补”成果，已经取得了实质性进展，形成了良好的发展基础。展望未来，佛山供给侧结构性改革前景广阔，通过科技创新、体制创新和文化创新推动制造业高质量发展，通过实体经济、科技创新、现代金融、人力资源协同发展推动现代产业体系建设，通过全方位国际国内合作提升产业链水平和跃升价值链位次，佛山将在新时代打造制造业转型升级新样板。

（一）打造新工业革命科技创新先导区

近些年来，为应对和解决劳动力成本不断攀升问题，佛山顺应国际国内智能制造发展大势，以“互联网+智能制造”作为着力点，将传统产业转型和先进制造业培育，构建现代产业体系，焕发经济新动力放在工作首位，取得了明显进展和良好成效。

展望未来，随着AI革命的到来，低成本智能机器替代劳动者进而降低劳动力成本的重要性将成为一种趋势。由此，发达国家受高劳动力成本的影响将大幅下降，吸引制造业回流并形成新的制造业竞争力的可能性大幅上升。同时，随着新一轮产业革命深入发展，对创新能力的要求越来越

高。全球产业进入了一个快速变革的时代，个性化、定制化的需求日趋上升，新技术新产业出现的速度极大提高。随着3D打印、柔性制造、工业互联网等进一步发展，生产组织方式将发生重大变革。为了应对这种新变化新挑战，有必要将佛山打造成新工业革命科技创新先导区。

（二）打造传统制造业转型升级试验区

近些年来，面对国内外经济压力，佛山企业家紧抓新一轮产业革命机遇，推进互联网与制造业深度融合，实现制造业转型升级。一大部分企业正在迫使自己顺应消费需求变化，刀刃向内开始产品质量和品牌价值革命，在激烈的市场竞争中脱颖而出。佛山制造业转型升级突出表现为企业主动改造生产经营模式。如，通过对生产流程自动化、智能化改造，更好控制产品质量；通过多年持续增加研发投入，创新研发组织方式，加深产学研合作，不断提升产品品质；通过发展服务型制造，有效整合制造资源并为客户实现价值最大化。深入推进供给侧结构性改革，发展实体经济，特别是推进制造业转型升级，是建设现代化经济体系，实现高质量发展的根本所在。将佛山打造成制造业转型升级试验区既必要又可行。

（三）打造规则等制度型开放示范区

佛山传统制造业转型升级、创新驱动、品质革命、结构优化、产城融合，都佐证了佛山是供给侧结构性改革的一个样板。自改革开放以来，佛山就采取了一种政府、市场共同增进的现代经济治理战略。市场机制就像一个生态系统，呈现出从初级到高级的逐步演进过程。随着以民营、外资市场主体比重的增加，佛山政府不再直接干预市场和企业经营，实行政企分开，为企业创造更好的市场环境，提供更多市场运作需要的产权基础设施，包括界定与注册产权、提供产权交易平台、保护产权、化解产权纠纷、监管金融市场、提供宏观经济管理等制度。政府与市场的关系不再是

“谁多一点”的问题，而是政府如何提供支撑市场发展秩序的制度框架。

随着政府与市场互促共进的“共生”关系建立，佛山政府也开始注重发挥社会治理的作用，并将政府一些职能转给社会组织，并逐步建立和完善农村、乡镇和基层组织的民主自治制度。与此同时，随着经济从高速增长转向推动高质量发展阶段，佛山通过培养企业家精神，加强中高级管理人才队伍建设、推动员工素质提升，助力企业和产业实现从游击队到正规军脱胎换骨的转型，开始发挥政府、市场、企业和社会在现代治理中的重要作用。佛山通过确定政府、非政府组织和社会组织，市场和企业之间的功能边界，形成了政府、市场、企业、社会“四位一体”的永续发展之道，由此形成了一种基于开放包容共享的现代治理模式雏形。

随着供给侧结构性改革的深入推进，推动规则等制度型开放正在成为新时代推动制造业转型升级、培育实体经济发展新动力源和科技创新策源地的强大引擎。这既包括推动各项规则、标准、体制机制与国际高标准规则对接，也包括各项治理、规制和公共管理与国际高标准方法对接，还包括推动能力建设、制度建设、跨境网络建设上一个新层次。佛山可打造规则等制度型开放样板区，先行先试更高的负面清单管理和准入前国民待遇条件，更高的营商环境、市场环境和创新环境的效率和便利化水平，更高的劳工标准、环境标准、知识产权保护标准，为先进制造业、战略性新兴产业和传统制造业转型升级，创造更高的制度环境和条件。

四、对策建议

（一）推动制造业质量变革，提升产业链水平

产品质量是决定产业链水平和价值链位次的关键因素。结合佛山传统制造业发展实际，实施质量变革战略，意味着要推动制造业与服务业深度

融合，尤其与新一代信息技术深度融合；推动制造业与科技创新、现代金融、人力资源协同发展；推动规则等制度型开放驱动制造业合规发展。建议出台以智能化、自动化、数字化技术和管理提升制造效能的专项行动，实施“互联网+制造”，加快新一代信息技术与制造装备融合的集成创新和工程应用。通过信息化监管、检测、评价等方式倒逼产品品质提升，支持企业开展基于个性化产品的设计生产、服务和商业模式创新。以服务链条延伸拓展价值空间，加快推动工业设计产业化发展，支持装备制造企业整合产业链上下游生产与服务资源，实施产品全生命周期质量管理服务，提升产品服务价值。

（二）提高科技创新投入产出效率，加速生产率增长

从佛山经济未来发展需要看，必须通过深入推进供给侧结构性改革，补上科技创新这一突出短板。为此，需要国家和省两级政府支持建立关键共性技术和公共技术服务的支撑体系。把握大湾区建设契机，充分利用佛山侨乡资源，加强与全球科技、香港资金和佛山制造的开放合作，打造“全球科技+香港服务+佛山制造”新优势。完善功能性产业政策，积极落实企业研究开发费用加计抵扣优惠政策，加强对企业知识产权的法律保护，形成对企业创新的正向激励，促进产学研联合研发创新。构建更好的科技创新和成果转化的公共服务体系，加强对科技人员创业创新的辅导和咨询服务。大力发展风险投资。加大全社会研发投入考核，提升创新意识。

（三）加大培养引进各类人才，提高投资综合效益

人才是第一资源。当前，佛山应着力构建与创新驱动战略相匹配的各类人才综合激励和培养、引进并举机制。全社会要形成尊重人才、尊重知识、尊重技能的创新社会氛围。试行职务发明实行科技成果混合所有制的

办法，实现产权有效激励。大幅度提高技术工人的待遇，实施首席技工制度，并鼓励他们持有企业的股份，跟企业共命运、同成长。大幅度提高职业技术教育的社会地位和经济地位。

（四）发挥广佛极点带动作用，培育协同发展新动力源

佛山发展的动力变革主要体现在从要素投入增长驱动转换为全要素生产率增长驱动。凡是影响全要素生产率增长的因素，都会影响佛山未来发展的质量和效益。包括知识积累、技术进步、高端人才集聚。所有这些因素都离不开广州服务和佛山制造共同打造宜居、绿色、智慧、开放和包容的国际都市圈。在粤港澳大湾区的统一规划下，广佛极点带动应在同城化、一体化、高度化的制度框架下，搭建广佛极点带动协调合作示范区，在车牌、购房、社保以及人员、资金、商品和服务流动效率和便利化等方面制定共享措施。加强广佛在企业相互投资设厂，在审批、认定、补贴、证件办理上的协同性。此外，继续加大两地交通、能源、信息基础设施互联互通，建立地铁、快轨、高铁、机场、高速公路综合交通基础设施网络，支撑两地携手搭建现代化经济体系。

（五）培育全球化企业，打造全球供应链价值链产业链

目前，一些发达国家通过实施重振制造业、重振创新、重振出口战略，制定本国制造业2030年战略，以及限制跨国并购、科技合作、市场准入等保护主义措施，开始重构全球供应链价值链产业链体系，引领和主导新一轮科技革命和产业变革。新形势下，佛山制造企业应充分把握我国全面开放新机遇，把握“一带一路”建设机遇，推动机械装备、家电、家具制造等走出去，拓展国际发展新空间。深化与制造业先进国家的合作，共同开拓第三方市场。由此，稳步提升佛山制造在全球产业链中的位势。

（六）构建市场化法治化国际化的营商环境

营商环境就是生产力。在新时代，佛山提高市场化法治化国际化的营商环境效率和便利化水平已经迫在眉睫。这是培养一大批佛山百年老店、隐形冠军、大国工匠，形成佛山高质量、现代化制造的全球美誉度的必然选择。要夯实行政审批标准化成果，根据新技术、新产业、新业态、新模式发展的需要，在构建治理体系和治理能力现代化上下功夫，探索从行政化的放管服转变为法治化的放管服的新路径和新模式。

（执笔人：张燕生 綦鲁明 田栋）

区域报告一

第二章

顺德样本：新时代中国县域经济供给侧结构性改革的经验与启示

每个时代都有每个时代的精神，每个时代也都有每个时代的使命和任务。当历史车轮驱动中国经济发展进入新阶段，当传统的生产关系逐步束缚生产力发展的时候，走进新时代的中国经济自然要迈向高质量发展。而要实现这一阶段的顺利跨越并非坦途，亟须要顺势而变，勇于作为，解决制约生产力发展的结构性问题；亟须通过推进供给侧结构性改革，持续释放微观主体的活力，解放和发展生产力。2015 年 11 月 10 日，中央财经领导小组第十一次会议着重研究了经济的结构性改革工作。2016 年 1 月 26 日的第十二次会议上强调，供给侧结构性改革的根本目的是提高社会生产力水平，落实好以人民为中心的发展思想。2017 年 10 月 18 日，习近平总书记在党的十九大报告中指出，深化供给侧结构性改革，建设现代化经济体系，必须把发展经济的着力点放在实体经济上，把提高供给体系质量作为主攻方向，显著增强我国经济质量优势[1]。

改革开放是决定当代中国命运的关键一招。40 年来，佛山市顺德区作为全国改革开放的排头兵和前沿阵地，在每一个变革时代的洪流中敢于开展刀刃向内的自我革命，敢于锐意创新力争勇立潮头。经过 40 多年的发展成长，顺德曾经依赖产能扩张、土地消耗、劳动密集等传统制造业发展式微，顺德制造业面临着低端产能过剩、土地粗放低效、要素成本高企、环境约束趋紧等“成长的烦恼”。受县级传统体制机制的牵制，顺德的经济社会发展显露出一些疲态。站在“全国一盘棋”的角度，中央早已看到中国制造转型发展面临的现实困境，反复强调大力推进供给侧结构性改革，

[1] 习近平．决胜全面建成小康社会 夺取新时代中国特色社会主义伟大胜利——在中国共产党第十九次全国代表大会上的报告［OL］．［2017-10-27］．http：//www.xinhuanet.com//politics/19cpcnc/2017-10/27/c_1121867529.htm.

并在制度变革、结构优化、要素升级等多方面提出政策指引，这及时给顺德摆脱当前困境指明了一条现实的道路。在全面深化改革和坚持扩大开放中，顺德寻找着自己在世界分工体系中的新角色。为了深入贯彻落实“坚持深化供给侧结构性改革”这一主线的总要求，顺德继续发挥敢为人先的闯劲，紧紧围绕“创新”两字，探索政企城社全面系统的转型升级之路，着力改善供给体系的供给效率和质量，着力破除制约生产要素优化配置的体制机制障碍，以村级工业园改造为突破口，奋力建设高质量发展综合示范区，力争成为广东供给侧结构性改革排头兵和全国的示范样板。

一、发展背景与探索历程

改革开放40年来，顺德从农业小县一跃成为工业大区，登上全国百强区（县）之首。顺德制造业发展起步较早，积累了雄厚的工业基础，特别是形成了“两家一花”的优势产业集群。然而，随着时间推移，顺德制造业逐渐面临着产业承载空间不够和总体大而不强的问题，尤其在国内外竞争形势加剧的背景下，顺德工业园区面临着低端产能过剩、安全生产隐患以及产品竞争力下降等现实难题。站在新时代的起点上，顺德还面临着干部敢于担当的改革精神有所弱化等突出问题。作为中国改革开放的先行者，顺德在新形势下认真实践新发展理念，努力在推进制造业高质量发展方面又立潮头。为了适应新时代高质量发展的要求，顺德区积极深化供给侧结构性改革，支持企业充分运用科技创新赋能夕阳产业，将其转型发展成为朝阳产业。

（一）基本背景

顺德位于珠三角腹地，处在广东省珠江口西岸，北接广州，南近港澳，毗邻中山、江门，面积806平方公里。改革开放40年来，顺德区始终坚持工业立区、坚守实体经济，争当改革先锋，引领开放发展，风气昌明开化，在物质文明、精神文明和生态文明建设方面走在广东省前列乃至全国前列。

1. 经济结构凸显工业立区特征

2012—2018年，顺德区经济增长延续稳中有进的态势，展现出较强的发展韧性和潜力空间。顺德全区生产总值（GDP）由2012年的2338.79亿元上升至2018年的3163.93亿元。第一、第二、第三次产业结构由1.7：55.7：42.6转变为1.4：56.1：42.5，第二产业占比上升0.4个百分点，凸显了顺德工业立市的典型特征。2018 年，顺德区全部工业增加值同比增长 8.0%。其中规模以上工业增加值增长 8.2%，远高于一、三产业 3.2% 和 3.5% 的增加值增速。在规模以上工业增加值中，民营企业增加值比上年增长 8.0%，对规模以上工业增加值增长的贡献率为 72.7%。

2. 实业根基反映以工促技特点

改革开放以来，顺德凭借毗邻港澳的地缘优势，从乡镇企业起步开展“三来一补”的加工贸易逐渐发展成以民营经济为主的产业集群。2018 年底，顺德是全球最大的空调、微波炉、热水器、消毒柜、电风扇等制造基地之一，形成了家用电器、机械装备、电子通信、纺织服装、精细化工、家具制造、印刷包装、医药保健、花卉种养等闻名世界的优势产业集群，孕育出了碧桂园、美的两家世界 500 强企业以及美的、万家乐、格兰仕、万和等 34 个中国驰名商标，正由传统制造向智能制造升级。引进库卡、大疆、ABB、川崎重工等先进制造企业入驻，致力于打造家电和机械制造两个超过 5000 亿元的产业集群。同时，总部经济、工业设计、电子商务等现代服务业发展迅速，其中专业从事工业设计的企业达到 330 家，在大湾区仅次于深圳。

3. 城市发展体现产城融合特色

在快速实现工业化的同时，顺德不断推动城市化建设，促进城市升级，引领城市转型发展。2018 年末，顺德区常住人口 270.47 万人，户籍人口 145.26 万人，其中城镇常住人口比重达 98.58%，常住人口年增长 3.45%。只从人口指标看，顺德已实现了高度城市化。依托强大的产业基础，顺德仍具有人才吸引力，每年保持人口的净流入，缓解了顺德人口老龄化程度。2018 年末，顺德 60 周岁及以上人口占 16.8%，低于同期全国 17.9% 的占比。随着产业升级发展，顺德城区也逐步从工业卫星镇到产业集群镇再升级到魅力小镇、特色小镇，其中以产促城、以城兴产、产城融合发展的“北滘模式”已成为顺德乃至广东探索建设未来理想城镇的重要样板。

（二）探索历程

顺德是有改革基因的。无论是政改还是经改，顺德始终走在全国改革开放的前列。从企业产权制度改革到省管县试点、行政大部制改革再到高质量发展体制机制改革，顺德深化改革的脚步从未停止过，始终坚持解放和发展社会生产力，始终坚持社会主义市场经济改革方向。在这次供给侧结构性改革中，顺德继续发扬敢闯、敢试、敢为人先的创新精神，加快推动新旧动能转换、产业转型升级、体制机制创新，力争在高质量发展方面走在前列。

1. 艰难探索阶段（2012—2015 **年**）

国际金融危机后，顺德制造业面临着不小挑战。以加工制造为主的不尽合理的经济结构凸显出来，出口导向的发展模式遭遇前所未有的挑战，一些行业甚至出现产能严重过剩迹象，而本地企业创新能力不强，产品科技含量不高，国际市场上缺乏竞争力，产业发展面临爬坡过坎的艰难过程。党的十八大之后，中央作出实施创新驱动战略和建设创新型国家的总体部署，创新驱动发展成为全国应对全球科技革命和产业变革的关键举措。顺德紧紧抓住“创新驱动”这一关键，在做好科技创新布局的基础上，出台“龙腾计划”和“星光工程”等综合措施，扶持优质企业和中小企业做大做强，培育科技创新主体、支持企业技术改造，强化金融服务实体经济能力，推动顺德产业转型升级迈入快车道。为配合企业转型发展需要，顺德于 2012 年 4 月率先启动行政审批制度改革，通过简政放权和便利化，进一步优化营商环境，释放市场活力。

2. 供改起步阶段（2015—2017 **年**）

当中国经济进入新发展阶段且面临三期叠加风险时，以往采取刺激总需求来熨平经济的做法已难以完全奏效。在劳动力成本高企、资本边际收益递减、环境约束趋紧、土地资源紧缺等背景下，顺德传统产业面临着转型升级的阻力和难题。2015 年中央提出推进供给侧结构性改革的战略部署后，佛山市抓住这一总体改革思路，率先在广东省出台《供给侧结构性改革总体方案（2016—2018）》，在革故鼎新的基础上，着力帮助企业减负，补齐各项短板。在这一方案指引下，顺德按照“去产能、去杠杆、去库存、降成本、补短板”（简称“三去一降一补”）的基本思路，率先淘汰落后产能，出清僵尸企业，去化商品库存、降低企业成本和补齐公共设施短板，主动推动传统产业转型升级和培育发展新兴产业，进一步提升供给体系的质量和效益。

3. 找准突破阶段（2018 年至今）

顺德加快推进“三去一降一补”政策措施，为高质量发展奠定了坚实的基础。然而，制约企业创新发展的约束仍然很多。无论是环保督查带来的约束压力，还是土地资源低效利用造成的腾转难题，均需要顺德深化体制机制改革，找准综合改革的突破口。2018 年 3 月，习近平总书记参加全国两会广东团审议，鼓励广东要在加快构建高质量发展的体制机制上走在全国前列。顺德主动承担起广东省高质量发展体制机制改革创新实验区的重任。对顺德区委区政府来说，实现“腾笼换鸟”“扩笼壮鸟”的转型升级，就需要以全力推进村级工业园整治提升为突破口，明确提出村级工业园区改造新腾出工业用地按照不低于 75% 的比例用于企业增资扩产，从而使顺德工业发展实现新约束条件下的转型升级；同时通过优化营商环境，助力培育新兴产业和支持企业技术改造和科研创新，顺德从 2018 年起至 2020 年每年投入 5 亿元共计 15 亿元进行科技创新和技术改造；并重点瞄准智能制造、生物医药、新材料、新能源等产业领域，着力引进一批投资规模大、科技含量高的重大项目。

二、改革紧迫性和必要性

如同中国经济进入新发展阶段表现出的特征那样，以往“村村点火、户户冒烟”的发展模式曾给顺德带来丰厚的经济基础，但随着劳工、环境和市场变化，顺德传统动能已难以为继，产业发展正在失去动力和竞争力。为此，顺德要保持先发优势，持续引领高质量发展，亟须推动供给侧结构性改革，满足人民日益增长的美好生活需要。特别是在产业转型升级和制造工艺改进中，顺德积极引导企业全面参与其中，充分发扬企业家精神。

（一）改革紧迫性

广东是全国改革开放的前沿阵地，顺德是广东改革开放的排头兵。在深化改革方面，顺德曾开展“自我革命”，“杀出一条血路”；在扩大开放方面，顺德曾打开水岸线大门，“开风气之先”搞建设。站在新一轮全面深化改革开放进程中，顺德已充分认识到改革开放的紧迫性，把改革创新摆在经济工作的首位，把开放创新视作摆脱困境的唯一出路。

1. 破解土地和环境制约十分紧迫

经历 40 多年的增量改革后，顺德现有的存量资源已经不适应现代生产的需要，所积累的不平衡、不协调、不可持续的深层次矛盾日益突出，尤其是土地资源和环境制约越来越大。比如，顺德的土地开发强度较大，既有建设用地占总用地比例已超过 50%，接近生态承载极限，而大量土地空间被村级工业园区挤占，土地资源瓶颈约束十分突出。当年推动顺德经济腾飞的村级工业园如今成为迟滞产业升级的障碍，出现了土地权属复杂、环境安全问题突出以及利用效率低下等系列问题，不仅使顺德导入新兴产业缺少承载空间，而且使生态环境面临整治难题，经济产出呈现边际递减特征。此外，工业用地大量转向商住用地，工业企业发展空间受到一定挤占，呈现产业“空心化”趋势。

发展至今，顺德经济发展最突出的制约矛盾集中在工业建设用地的粗放利用问题上。顺德城乡空间混杂，工业用地开发规模大、乡镇企业布局分散，土地资源粗放利用明显。据顺德统计数据显示，有382个村级工业园占用已投产工业用地的70%，仅贡献4.3%的税收。对今后顺德高质量发展来说，村级工业园的高消耗、低产出和管理落后的状况已严重制约顺德推进“腾笼换鸟”“扩笼壮鸟”战略实施。很多村级工业园区目前的空间载体、环境载体和人才载体，已跟不上部分企业的高速创新发展的需要。

近年来，顺德土地流转政策改革动力依然十足，把制约经济产出和环境质量村级工业园区的整治改造作为新一轮全面深化改革的突破口。2018年1月8日，顺德将村级工业园改造作为推进供给侧结构性改革的“头号工程”，通过妥善解决土地权属复杂、改造成本过高、各方利益难以平衡等问题，深化村级存量土地体制改革，不仅有利于推动传统产业的升级改造，也有利于促进环境改善、乡村振兴和城乡融合发展。

2. 推动创新驱动发展已迫在眉睫

在新一轮产业竞争格局中，创新是塑造综合发展优势的终极手段。习近平总书记在2017年重要批示中明确提出，广东要为全国实施创新驱动发展战略提供支撑。作为中国重要的制造业基地，顺德制造业附加值并不高，先进制造业占比相对偏低，在全球价值链中仍处于中低端位置。顺德制造企业科研投入总体不足，缺乏内在创新动力，重大创新载体和科创成果转化平台较少，高新技术企业规模偏小，“独角兽”企业几乎没有，在创新政策、资金来源、区域协调、人才培养等方面，相比高水平创新国家或城市仍有不小差距。

为了持续提高全要素生产率，2008年国际金融危机后，顺德等制造业城镇开始探寻转型升级之路。多年来，顺德有些行业企业在全国市场占有率不低，但很多中小企业自身研发创新的动力不足。有的企业面临的细分市场空间不大，难以通过市场高成长反哺技术和产品创新，仍是停留在“来图加工、来料加工”的中低端环节，很少主动延伸到前端研发设计服务领域，以此提升产品附加值和科技含量。而且，部分企业缺少提升标准打造精品的竞争意识，部分产品质量与国际先进水平尚有较大差距。有的企业属于外资控股，仅停留在“两头在外”的委托加工环节，而高附加值的研发创新环节都在海外；有的企业更重视市场营销网络建设，而对“烧钱搞研发”有所担忧。数量众多的中小企业技术研发力量相对单薄，面临研发人才缺乏和试验条件简陋等难题，不能有效组织难度较大的技术攻关。

与广州、深圳等大湾区其他地区相比，顺德人才吸引力明显不足。无论是城市魅力、人才环境、引才政策还是家电、机械装备等传统制造为主的产业结构，顺德在新一轮城市抢人战中均不具有优势。据顺德本地企业反映，即使顺德提供同等职位超过30%的薪酬待遇，也很难吸引到急需的高端人才[1]。科技成果孵化转化平台不突出，促进科创成果转化的资源相对分散，现有高新技术开发区、高端创新集聚区（顺德园）、智能制造创新示范区、军民融合创新产业园等多个孵化转化平台，尚未形成有效合力，以及若干“叫得响、可推广”的科创成果转化模式。作为区域协同创新共同体中的重要一环，顺德与国际科创中心协同合作还不够紧密，对前沿研究发展动态跟踪不够，对重大核心、共性和前沿技术攻关项目参与程度不深。

顺德获取先进适用技术转化能力较为有限。顺德虽设立中德工业服务区，但在引进德国研发机构、高新企业及科学家等方面还不够深入，且与港澳开展创新领域的互补合作程度也不深。此外，不少企业还面临融资难、融资贵以及高端人才支撑不够等方面的制约，在吸引港澳青年到顺德求学就业也面临诸多体制机制障碍。倘若顺德企业不能迎难而上，转向创

[1] 顺德发展规划和统计局．促中小企业高质量成长，加快现代经济体系构建——顺德区中小企业发展调研报告［R］．2018.

新驱动发展上来，在今后更加开放的国际竞争环境下企业生存发展将会受到较大威胁，顺德赖以生存的产业基础将不复存在。

顺德提出加快推进“腾笼换鸟”“扩笼壮鸟”，定让顺德企业深刻认识到转型升级的迫切性，唤醒了企业通过创新寻求发展的决心。顺德政府也迫切推动制造业企业加快推进供给侧结构性改革，加大研发力度、开展技术改造、推进节能减排等。

3. 适应高质发展亟待加大补短板力度

改革开放40年来，国际国内环境发生剧烈变化，特别是中国经济进入高质量发展阶段，粤港澳大湾区建设更是瞄准世界一流，这就要求地处大湾区的城市必须适应经济高质量发展的需要，必须适应建设世界级城市群的需要。改革是为了发展，发展是为了民生福祉。正如习近平总书记所指出的，人民对美好生活的向往就是我们的奋斗目标。顺德始终把民生事业作为发展的重头戏，这是顺德改革开放40多年来具有持久活力和生命力的根基。近年来，顺德率先打造广东省高质量发展体制机制改革的示范区，进一步深化体制机制改革、优化营商环境，对标国际一流湾区，找准差距，补齐短板，特别是在城市管理、城乡融合、医疗教育、社会保障等公共服务领域进行体制机制创新，积极探索适应世界一流湾区和世界级城市群定位的更加定性和成熟的制度框架。

（二）创新必要性

创新位居五大新发展理念之首，这表明全国上下都要把创新摆在突出的位置。作为改革开放的排头兵，顺德始终秉承改革创新的发展理念，在每一次处在发展的十字路口时总积极探索寻找新的思路和支持企业创新发展。“敢为天下先”的秉性赋予顺德改革的勇气，而坚韧不移的探索精神赋予顺德创新的动力。而今，顺德经济社会发展再次面临爬坡过坎的新路口，非常有必要推动顺德通过不断探索全方位创新，以寻找到高质量发展综合示范区建设的新路子。

1. **深化行政体制机制创新势在必行**

解放生产力和发展生产力，首要处理好政府和市场的关系，需要政府开展自我革命不断适应生产力发展的需要。近年来，中央政府已出台系列政策措施，推行“放管服”改革，优化营商环境，引导各级政府转向服务型政府。过去顺德在深化行政管理体制改革方面始终走在全国的前列。从产权制度改革到商事审批制度改革再到政府大部制改革，顺德总是能在党中央的号召下率先行动，敢于开展刀刃向内的体制机制创新，大刀阔斧地推进商事登记制度改革、企业投资制度改革、一门式一网式政务服务改革等，打造亲清和谐、高效公平的营商环境，为经济社会发展及企业发展铺路助力。在国际经济形势复杂多变、国内经济下行压力加大形势下，呵护好企业家、服务好企业，仍需要顺德政府不断深化体制机制改革，优化营商环境，不断释放制度红利，增强微观主体活力，畅通经济循环。

2. **提升企业自主创新能力刻不容缓**

企业市场竞争说到底还是科技实力竞争。面临国际市场激烈竞争，顺德企业敢于寻求突破，在引进消化吸收再创新的基础上，贴近市场探索集成创新乃至原始创新。面对优胜劣汰的残酷现实，顺德企业适应形势变化，积极向数字化、智能化、高端化方向转型发展。如美的、碧桂园等龙头企业纷纷由传统的家电制造和房地产领域向智能制造领域迈进，在寻求国际合作的基础上持续吸引高端人才，提升自主创新的能力。随着消费升级拉动和成本高企的推动，顺德企业亟需摆脱处于价值链中低端的位置、致力于掌握关键核心技术，不断提升产品科技含量和企业核心竞争力。在做强做优做大科达、伊之密、震德、富华、美芝等一批产值超10亿元装备制造业骨干企业基础上，顺德还吸引了德国库卡、ABB、川崎等多家全球机器人行业巨头入驻。为此，顺德通过构建有利于企业创新的生态环境，通过增设企业技术中心、工程中心、重点实验室，引进高层次人才，支持企业上市融资等多种方式引导创新资源集聚，依托骨干优势企业、各类研发平台的技术攻关能力，集中攻关一批关键技术与核心零部件技术，转化一批与世界先进技术水平“并跑”甚至“领跑”的科技成果，努力增强地区和行业的整体创新能力。

3. 促进城乡融合创新发展相当必要

适应粤港澳大湾区高质量发展要求，需要城乡融合、经济与社会协调发展及人与自然和谐共生。顺德的城乡融合发展站在新的起点上，既注重绿色可持续发展，也注重和谐包容发展，更借鉴国内外先进经验探索适合自身发展的新模式。这意味着对标高质量发展要求，顺德必在城乡融合、社会治理和环境保护等领域加大补齐短板力度，主动探索与粤港澳大湾区共建优质生活圈的“顺德经验”或“顺德模式”。

三、具体实践与主要特征

当中央提出新发展理念和坚持供给侧结构性改革方针时，顺德既贯彻落实好中央作出的重大决策，还因地制宜付诸具体实践。这意味着顺德要将国家的重大政策方针落实到位，还要创造性发挥主观能动性，结合自身实际找准突破口。经过长期不懈努力和深入推进改革事业，顺德供给侧结构性改革进展顺利，取得了显著成效。

（一）具体实践

2016 年以来，顺德深入贯彻推进供给侧结构性改革相关举措，制定了全区供给侧结构性改革总体方案及行动计划，在去产能、去库存、去杠杆、降成本、补短板（即“三去一降一补”）等方面均采取了具体相应措施，在实施创新驱动发展和优化营商环境等方面做出了明显的成效。

1. 严格落实“三去一降一补”的政策举措

按照国家和省市推动落实供给侧结构性改革的总体要求，顺德严格落实推进供给侧结构性改革的相关政策措施，不仅制定了供给侧结构性改革的行动计划，还因地制宜出台了系列具体的政策措施。降成本方面，顺德严格落实上级全面清理规范涉企收费措施，落实免征 23 项国家规定和广东省规定的 11 项涉企行政事业性收费，及时执行国家取消和停征的行政事业性收费，包括免征进堤围防护费等，停征价格调节基金，进一步降低制度性交易成本；全面落实减税降费等政策措施，落实小微企业一揽子税收优惠政策，进一步降低税费成本；积极响应省有关道路运输业降本增效的试点工作，主动参与省级甩挂运输试点项目工作，支持企业间运力资源共享，降低运输成本，提高运输车辆实载率；建立统一参保、缴费、待遇、基金和管理的新型社保，落实广东省、佛山市社会保险费率下调要求，合理调节最低工资标准增长，贯彻落实失业保险支持企业稳定岗位政策、继续推进电力直接交易和降低企业用地费用等，进一步降低企业运营成本。加大财政对企业增加技术改造、研发创新投入支持，落实促进企业直接融资扶持办法及上市后备企业管理办法，在省财政厅分配置换债券额度内，置换存量债务中用于公共基础设施项目建设的政府债务，有效解决了企业融资难融资贵问题。去产能方面，全面统筹部署去产能和“僵尸企业”摸查工作，统筹协调全区科技金融产业融合发展，积极推进国际产能合作。去库存方面，全面落实暂停新建公租房，通过发放租赁补贴的方式加大住房保障货币化安置的力度，引导去库存工作有序开展。去杠杆方面，制订压降区域不良贷款、优化金融生态环境的三年行动工作方案，全力压降不良贷款，强化风险防控；全力维护金融业安全平稳运行和推进社会诚信体系建设。补短板方面，制订补短板行动计划，全力谋划和推进一批软硬基础设施建设，提升城市建设和公共服务水平。

2. 多策并举支持企业加大研发创新投入

为加快建设“科技顺德”，顺德制定出台了系列支持科技创新的政策措施，包括资金扶持、税收减免、知识产权保护、招才引智、加强标准化工作等，鼓励企业建设研发中心、开展产学研合作，鼓励和推动企业创新全球化合作机制，努力引导企业牢牢抓住科技创新这个“牛鼻子”，瞄准科技前沿攻关核心技术，支持引导企业加大研发投入，建设一批工程中心、重点实验室，面向全球建立海外研发中心，开发新产品并保持技术的领先优势，增强企业技术储备力量。制造业是顺德的根本竞争力。顺德主动梳理重点产业核心技术攻关清单，引导企业靶向研究、精准突破，推动工业设计与制造业深度融合；引导传统产业优化升级，支持企业以智能制造为主攻方向；引导企业运用大数据和人工智能打造工业互联网标杆，分类施策打造创新型企业梯队，建立以企业创新为主的研发平台，让“企业家+科学家”成为“顺德合伙人”，推动顺德制造转向依靠科技创新提质增效的轨道上来。举例来说，面对传统家电行业日趋饱和和高度竞争，在推进开放创新的背景下，美的集团推出了“智慧家居+智能制造”的双智战略，瞄准服务机器人和工业机器人市场。2015 年，成立机器人业务部门，2017 年跨境并购德国库卡集团，布局进入全球机器人市场，以此带动提升家电行业的劳动生产率和智能制造水平。作为中国装备制造技术领域的标杆企业，广东伊之密精密机械股份有限公司加大研发投入，将研发投入占营业收入占比提升至 5% 以上，以大良五沙生产基地为依托，投入近 2 亿元建设世界级创新中心，同时依托德国研发中心，吸引欧洲顶尖研发人才，连接世界各国先进工艺和技术成果为其所用，致力于成为注塑机、压铸机等装备行业领域的世界领先者。

3. 持续优化营商环境提升政府服务效能

营商环境是一个地区的重要软实力和竞争力，而服务型政府为产业地标的培育打造提供了体制机制保障。为更好服务实体经济，顺德大刀阔斧推进商事登记制度改革和继续深化“证照联办”、“证照分离”和开办企业便利度改革，深化企业投资制度改革和实行“一门式一网式”政务服务改革，出台了《顺德区深化企业便利度改革实施方案》《顺德区政府投资工程建设项目审批制度改革实施方案》等，进一步优化行政审批流程，打造“审批最少，流程最短，服务最优”的特色营商环境，构建了国际化、法治化、便利化的营商环境。为更好地提高建设服务型政府，顺德逐步构建全方位服务企业的政务支撑体系，升级24小时综合性企业服务平台，组建区工程建设项目代办中心，实行一对一“贴身式”全程跟踪服务。顺德持续深入优化营商环境，加强对接港澳先进规则，全面对照世界银行营商环境指标体系，深入推进简政放权，下放一批国土管理、规划报建等权限至镇街；完善企业投资建设项目“1121”改革，大力推行“容缺受理”“信任审批”，对于村改项目实行限期审批制、否定报备制，报建审批时限缩短50%以上；启动政府投资工程建设项目“60”改革，从立项到竣工验收的评审审批时间控制在60个工作日，是全国改革目标120天的一半；在健全社会信用体系、企业荣誉体系等方面做到尽可能完备，努力营造亲商爱商护商敬商的一流营商环境，打造大湾区国际化、法治化、便利化营商环境的标杆。

4. **完善金融服务实体经济的制度环境**

为缓解中小企业融资难融资贵问题，顺德增强金融服务实体经济能力，积极围绕中小微企业开展融资需求对接活动，多措并举推动企业股改上市及培育上市后备梯队。如，制定了《顺德区金融支持民营、小微企业发展工作方案》，出台了《顺德区支持企业融资专项资金管理办法》，成立了顺德区中小微企业金融服务联盟。同时，顺德打造供应链金融集聚区，推进金融综合服务平台开发，加快桂畔海产融生态小镇建设，利用区内政策性融资担保公司——顺高投，通过投担联动为区内中小微企业提供融资担保增信服务。此外，还出台了《顺德区促进融资租赁业发展扶持暂行办法》《促进企业利用资本市场扶持办法》，支持企业利用融资租赁业务加大技术改造力度，加大对企业加快股份制改造的支持力度，降低股份制改造企业融资和上市成本，鼓励已上市或挂牌企业发债、并购，同时更加注重对获扶持企业后续规范动作的监督。另外，顺德政府持续优化就业创业服务，搭建起高效的就业服务平台，如开发运营“顺德就业通”微信就业服务平台，强化公共就业服务和职业培训服务，还搭建用工供需交流平台，满足就业需求以及企业用工需求，深化省际区域合作、校企合作机制，举办新兴产业工匠班，支持技能晋升培训，组织开展企业技能人才自主评价，不断降低企业用工成本和提升劳动者素质。为发挥创业带动就业的积极作用，顺德还积极建设创新创业学院，开发具有顺德特色的创业培训实训课程，加强创业孵化基地建设和开展区级创业孵化基地评审工作，开展市优秀创业项目遴选活动，等等。

（二）主要特征

供给侧结构性改革关键在于持续深化改革创新，激发微观主体活力。顺德政府和企业较早地意识到产业和企业转型升级发展的需要，及早完成去产能、去杠杆和去库存等方面任务，引导市场逐步出清并转向高质量发展，重点以降成本和补短板为主。通过持续优化营商环境，降低企业经营的要素成本和行政成本，通过加大财税金融扶持力度，进一步弥补科技创新投入、基础设施和公共服务领域的短板，通过加快技术改造和体制机制改革，推动产业链现代化和制造业智能化发展，引导顺德经济高质量发展和供给体系的更新升级。

1. 以降成本为主推动二次土地改革

为持续贯彻落实供给侧结构性改革，进一步推动产业转型升级和实体经济提质增效，顺德重点推进降成本行动计划，积极落实国家减税降费政策措施，主动降低实体经济的融资成本、用工用能用地成本。对顺德来说，政府要引导产业转型升级，就要有序推进“腾笼换鸟”“扩笼壮鸟”，而区级政府所能撬动的“牛鼻子”就是土地改造。为推进顺德高质量发展综合试验区建设，破解制约企业转型升级和招商引资发展的土地瓶颈约束，顺德政府以全方位降成本为目标，把降低土地要素成本作为着力点，加快推进村级工业园改造，整理低效的土地资源，提高土地集约利用程度。与普通征地不同，推动村级工业园区改造，激活低效沉淀的土地，降低土地综合使用成本，需要激发存量土地改造的市场活力，同时也要确保改后土地仍然用于工业制造，谨防整理腾出的新增土地用于房地产开发等短期高回报的行业。实现以上综合目标，就需要政府在开展降成本为主的村级土地工业园区改造过程中主动让利。为此，顺德先后出台各项配套政策文件，针对土地规划调整、新型产业用地、土地混合开发等制度寻求突破。顺德的做法是，鼓励企业自主改造、探索土地一二级联动开发、建立村民利益共享机制，短短一年时间就首创了政府挂账收储、直接征收开发、生态复垦复绿、政府统租统管、企业长租自管、企业自主改造等 6 种改造范例和 12 项新做法。其中允许在“工改工”[1] 不变的前提下，工业用地配套设施计容建筑面积占比标准可提高到 20%，新型产业用地甚至可以提高到 30%，并允许部分分割出让。在村级工业园区改造提升中，通过采取保护型发展理念，对现有产业空间实行规模总量的底线保护与发展引导，有效解决了有限土地资源下产业发展空间土地供给问题；同时以各镇街发展片区示范园建设为突破口，试点推动“三旧改造”，进而带动全区范围现有产业空间的全面改造升级[2]。

2. 以补短板为重引导企业技术改造

对顺德政府和企业来说，在基础设施、生态环保、公共服务等领域存在一些短板，但最大短板还是自主创新能力不足，参加市场竞争能力较弱。为此，顺德补短板不只是政府的事情，更多的是政府和企业共同的事业，双方在强化研发创新和增强竞争力方面进行了补短板。顺德政府为支持企业优化升级和技

---

[1] 工改工：指在不改变工业用地类型情况下，将旧工业区改造升级为新型产业园。

[2] 邓沁雯，王世福，邓昭华．顺德“产业发展保护区”的发展理念与空间模式［J］．南方建筑，2019（1）．

术改造，充分利用省市区三级财政资金全力支持企业进行技术改造，强化技改事后奖补资金落实和规范使用，搭建工业设计公共服务平台，强化工业设计高端人才引进与培养，建设科技企业孵化器和众创空间。2018 年，顺德区工业技改投资同比增长 25%，新增应用工业机器人 1100 台。从 2018 年起至 2020 年，顺德每年投入 5 亿元共计 15 亿元进行科技创新和技术改造，主要用于高技术企业培育、企业研发机构建设、创新团队引进、科技信贷风险补偿金、知识产权、异地科技孵化平台、科技创新券等方面。顺德一些龙头企业纷纷意识到必须通过研发创新实现转型发展才能真正走向世界，维持基业长青。比如，碧桂园集团认识到新时代国家战略转型的背景下，单独依靠房地产业已很难取得长足发展，因此主动实施战略性转型，推进集团内部的产业链补短板投资以及内部科技企业的转型和裂变，主动转向了现代农业和智能制造方向，包括注资 20 亿元成立广东博智林机器人公司；而顺德政府为博智林机器人公司专门制定了关于研发设计、投资并购、人才引进、资金融资等方面专项政策措施。在企业技术创新和政府制度创新的共同作用下，顺德区正从“二次创新”向“一次创新”转型，初步形成了“基础研究-应用研究-试验发展-技术应用”的技术升级路径。

3. 以自主改为要促进市场逐步出清

处理好政府和市场的关系，是深化改革的核心。推动产业链现代化，既要补链强链延链，又要推陈出新构建新链，这有赖于怎么推进企业产权改革，如何充分发挥市场在资源配置中的决定性作用。近年来，顺德重点推进传统产业升级改造，瞄准智能制造、生物医药、新材料、新能源等领域培育新动能，通过自主改革完善市场机制，营造稳定的政策环境和投资环境，引导供需协调发展和迈向产业链中高端，打造与高质量发展相适应的现代化产业体系。随着国际国内市场持续升级变化，传统产品和服务面临被淘汰的境地，亟须适应这种变化趋势，把握新一轮工业革命和技术革命的机遇，加快推动产品的升级换代、推动制造业和现代服务业深度融合、支持贴近生活的消费品生产、加快机器换人和工厂智能化改造，全面提升供给的质量和效率。可以说，顺德在推进企业产权改革方面是有传统的。早在1993年顺德就率先启动企业产权改革，建立股份制、股份合作制和混合型经济，实现产权主体多样化。近年来，为率先建设广东省高质量发展示范区，顺德以再市场化改革为引领，全面深化国资国企综合改革，深化企业内部治理和管理制度改革，完善激发市场活力的体制机制，加快淘汰一批“僵尸企业”，特别是区属国有“僵尸企业”出清重组，累计拆迁改造200多个村级工业园，关停淘汰企业3000多家。另外，顺德支持企业充分利用多层次资本市场，加快推进企业的股改上市。截至2019年6月底，顺德“新三板”上市企业达46家，区域性股权交易市场挂牌企业191家，股份制改造企业279家。

四、供给侧结构性改革的主要成效与困难

近年来，顺德坚持以供给侧结构性改革为主线，全面落实中央及省市推出的改革政策方针，积极稳妥推动去产能、去杠杆、去库存、降成本和补短板工作，以村级工业园区综合改造整治为突破口，加快实施创新驱动战略，引导企业加大研发投入，营造良好的创新环境，持续深化放管服改革，在多个领域取得显著成效。供给侧结构性改革不会一蹴而就，需要久久为功，顺德在改革进程中也会面临一些思想认识和方式方法上的困难，仍需要继续锐意改革创新加以克服。

（一）主要成效

2016年以来顺德稳步推进供给侧结构性改革工作，坚持“去”动真格、“降”见成效、“补”抓关键，全力落实推进结构性改革工作，取得了实实在在

的成效[1]。

1. 去产能、去杠杆、去库存取得显著成效

按照中央和省市总体部署，顺德“去产能”和“去库存”工作取得显著成效。去产能方面，顺德加大“僵尸企业”市场出清，先后制定了《关于印发区属“僵尸企业”出清重组的指导意见的通知》（顺国资办发〔2019〕13号）、《2019年度顺德区属国有“僵尸企业”出清重组工作计划》等文件。截至2019年5月，顺德39家区属国有关停企业，其中3家通过“法院已受理破产申请”的方式完成出清，36家已通过“公共平台已受理托管登记”的方式完成出清，其中18家区属国有“僵尸企业”完成出清重组工作，6家区属国有特困企业于2017年脱困，12家区属关停国有企业已向区法院提交破产清算申请并已得到受理。去库存方面，自2016年起，顺德积极开展房地产去库存工作。截至2019年5月底，顺德非住宅商品房库存337.98万平方米，较2016年年初减少5.38万平方米。实际上，顺德非商品住宅去库存任务2018年底已完成，2019年佛山市已对住宅商品房去库存的目标不作要求。去杠杆方面，截至2018年11月，地方法人银行机构杠杆率8.32%，小额贷款行业杠杆倍数为1.34倍，低于1.5倍的监管标准；融资性担保行业杠杆倍数远低于10倍的监管标准；融资租赁公司风险资产比例不超过净资产总额的10倍。截至2019年5月，顺德共为348家次企业提供信贷风险补偿、贷款金额为13.61亿元。其中，2.5亿元贷款已到期偿还，并未出现贷款逾期情况。截至2019年5月，支持企业融资专项资金业务累计发生998笔，拨出并成功回收金额达86.51亿元，帮助企业续贷金额达102.22亿元。

[1]　该部分数据资料由顺德发展改革局提供，主要涉及顺德区2016年至2019年上半年供给侧结构性改革进展情况、工作总结和下年度工作计划以及2018年顺德区深化供给侧结构性改革降成本工作总结，顺德区率先建设广东省高质量发展体制机制改革创新实验区一周年情况报告等。

2. 减税降费等降成本任务取得实质性进展

按照中央和省市减税降费等降成本要求，顺德积极推动降低企业税负及用能用地成本。根据《佛山市发展和改革局转发广东省发展改革委关于督促落实收费目录清单制度的通知》（佛发改收函〔2019〕10 号），顺德及时梳理更新行政事业性收费目录清单，执行落实国家、省、市取消的收费项目和降低的收费标准。截至 2019 年 6 月底，顺德累计减免企业成本 6993 万元。其中，降低企业人工成本 341 万元，降低企业用能用地成本 6464 万元，降低企业物流成本 5 万元，继续推进全面清理规范工程建设领域保证金，提高企业资金周转效率。降低用能用地成本方面，顺德推荐了福田电器等 14 家企业申报电力市场交易用户资格；组织完成 441 家企业共 1980 万元的用电用气申报补贴及拨付工作。根据广东省发展改革委《关于电网企业增值税税率调整相应降低我省一般工商业电价的通知》（粤发改价格〔2019〕138 号）精神，顺德从 2019 年 4 月 1 日起将一般工商业电度电价及其输配电价每千瓦时统一降低 1.92 分；对通过出让方式取得的土地协议转变用地功能或原经营性用地提高容积率的，土地出让金按用途改变或容积率提高前后差价的 40% 计收。降低企业融资成本方面，顺德充分发挥政策性融资担保资金担保增信作用，支持政策性融资担保公司——顺高投公司为区内中小微企业提供融资担保增信服务。截至 2019 年 5 月，在保企业 78 家，金额 2.83 亿元。其中担保费率比市场化平均低 2 个百分点，切实降低企业融资成本。

3. 基础设施、公共服务等补短板稳步推进

针对市政设施落后、公共服务水平偏低、企业创新能力不足等短板，顺德加大了投资及扶持力度，各项补短板工作取得积极进展。配电设施方面，加快提升配电网络供应能力。截至 2019 年 5 月底，顺德完成配电网投资 8176 万元，其中 500 千伏顺德Ⅱ输变电工程正在施工；220 千伏熙悦、容桂，110 千伏槎涌、罗沙、谭洲、新联变电站已投产；110 千伏菱溪线路

正在开展青赔工作。配气管网方面，大幅提高城镇居民燃气普及率。截至2019年5月，顺德完成天然气管网投资7100万元，新增天然气管网71公里。充电桩设施方面，截至2018年底，顺德累计建成电动汽车充电站34个，建成充电桩1010支，在建充电站4个，在建分布式充电桩51支。交通基础设施方面，2018年顺德推进重点路网建设项目41个，涉及总投资约247亿元。人才供给方面，截至2019年底，顺德公示并确认8个新兴产业工匠班、1个粤菜师傅培训班、2个创业培训班等。社会信用体系建设方面，截至2019年6月，顺德搭建完成区公共信用信息管理系统，共征集企业法人（含个体工商户）24万多家、事业单位530家、社会组织1115家，信用信息类别598项，征集各单位的原始记录条数为8564万多条，经过处理后进入信用库的记录条数共计2231万多，共享总量达144万多条。技术改造方面，顺德还紧密推进工业企业技术改造事后奖补政策的落实，有效激励企业加大技术改造投资。2019年1—6月，顺德全区工业技改投资109.98亿元，同比增长15.4%，开展技术改造企业数量131家，技术改造备案项目147个。此外，顺德还布局一批教育、医疗等项目建设，加大实用型、知识型人才培养力度，全面提升公共服务水平。

4. 加快推进产业转型升级和企业创新提质增效

顺德采取多种措施推进村级工业园区改造，引导企业加快技术改造和加大研发创新，引导产业向价值链中高端转型升级，推动企业依靠创新提质增效。自启动村级工业园改造以来，顺德共关停3805家产能落后企业，腾出1.4万亩土地，复垦复绿1560亩，新建568万平方米厂房，近40家本土企业增资扩产，17个高科技项目入驻新建园区。据调研反映，改造后所腾出的空间不仅推动传统产业转型升级，使其焕发新力量，还带来了新产业的引进勃发，推动新旧动能加快转换。比如，由企业主导运营的顺德村级工业园区改造提升项目——华腾工业城打造了高标准、高配置、符合环保、消防、安全生产“三达标”要求的专业金属表面处理基地。又如，广东申菱环境系统股份有限公司通过开展“绿色数据中心环境系统智能制造新模式应用技术改造项目”，建立车间数字模型，打造个性化定制的产品设计及工艺一体化平台，强化制造过程智能化管控，实现生产过程柔性、优质、高效。项目完成后，生产效率提高50%、运营成本降低20%、产品研制周期缩短30%、产品不良品率降低30%、能源利用率提高10%，智能制造模式达到国际领先水平，并形成根据市场需求灵活调配的生产供给机制。再如，近年来，新宝电器建设近200条的自动化总装生产线，引入80多台全自动计算机数字化控制机床（CNC）、10多条先进的SMT生产线以及注塑机械手和AGV智能运输系统。新宝电器通过智能化生产线的改造，使逐步由传统的大批量生产模式转为短线化、单元化、模组化生产模式，生产效益大大提升。广东万和新电气股份有限公司累计投入2亿多元，购置200余套机器人设备，引入自动化生产信息系统，实现了机器代人和智能制造，提高产品产能、性能和质量，提升了企业的经济效益。

（二）面临困难

推进供给侧结构性改革，顺德已取得了一定成绩，但与新发展理念和高质量发展要求仍有一定差距，尤其是仍面临着改革统筹推进难度较大、社会和生态领域不平衡不充分发展制约较多、干部敢于担当的改革精神有所弱化等问题。

1. 统筹推进供给侧结构性改革任务困难重重

不同于以往自由粗放式的增量改革，当前的供给侧结构性改革需要破除既得利益的藩篱，要推动存量改革和集约发展，意味着改革不会一帆风顺，而是刀刃向内的自我革命。比如，顺德拿村级工业园区土地整改为突破口，再向存量土地要效益的时候，既要处理好政府和市场的关系，更要统筹好各种利益相关者的利益诉求，按照市场化、法治化的思路推进村级工业用地的“二次土改”工作。其中，企业“狮子大开口”漫天要价，是清退落后产能过程中最棘手的问题之一。对此，顺德的做法是建立起市场化的合理退出补偿机制，在稳定中清退落后企业，包括制定厂房搬迁补偿标准，组建“两所”（律师事务所、会计师事务所）规范合同管理和成本核算，保障园区业主、进驻企业的合理权益。对被淘汰企业的产业工人及时组织招聘，妥善安排就业；妥善转移安置村级工业园中优质企业和产业链的必要环节。又如，顺德高度重视工业企业加大技术改造投入和研发创新投入，既注重发挥财政扶持资金的四两拨千斤的作用，把有限的资金在扶持龙头企业和中小企业之间做出平衡，还要按照现有法规进行合规性审查，让财政投入的技改补贴合规合法；企业投资是自发行为，而要引导企业主动加大创新投资，尚需要统筹优化区内外投资环境和创新环境。

2. 持续推进“补短板”压力较大

相比于广州、深圳等粤港澳大湾区核心城市，顺德整体经济实力并不弱，但在医疗卫生、文化教育、生态环保、社会治理等领域尚存在较大差距。主要原因在于区级财政相对有限，特别是下辖镇街财政紧张，补短板建设资金筹措相对困难。如市政管廊建设投资主要由政府财政承担，由于管廊建设前期投入较大，以单一投资模式推行综合管廊建设进度比较慢。因镇街财政紧张，在推进污水管网、城镇污水处理设施、污泥无害化处理等环境基础设施工程中工作积极性不高。教育工程建设方面，按政府批复，学生宿舍楼建设类项目可由国资公司采用社会化经营、财政补贴模式，但是这一形式难以取得银行机构授信融资，项目资金未能落实到位。推进电动汽车充电基础设施建设过程中，因国家和省市有关充换电设施建设运营、验收、管理等均未有明确指引及操作细则，制约了顺德相关工作的顺利开展。

3. 干部改革担当精神有所弱化

随着物质生活日益充实丰富，有些干部敢作为敢担当的改革精神意识有所减弱，存在着不同程度的“小富即安”“小成则满”的思想误区。在市场经济冲击下从事公务员工作的吸引力减弱，公务员的工作热情和责任担当逐渐弱化，改革精神有待重振。比如，不少地区已由原来的追兵变成标兵，顺德干部的敢做事会做事的优越感正逐渐丧失，对创业就业的热情也正在逐渐消退，对企业家的公共服务意识渐趋淡化弱化。特别是，在当前反腐倡廉的高压形势下，当干部获得利益不如以往大，而工作任务和责任比以往更加繁重，持续推进自我革命的意识不如以往强烈，政府服务效能不进则退。随着国家和省市不断下放事权，需要投入大量人力物力从事行政等公共事务，超出原有干部编制范围，使得各项工作面临诸多挑战。

4. 自主裁量事项施展空间缩窄

随着供给侧结构性改革进入深水区和攻坚期，区级行政能突破所做的事权面临自上而下的制度约束。比如，实施结构性税收减免方面，当前我国增值税实行三档税率，而地方在政策执行过程中，依旧存在着“高征低扣”、“低征高扣”、税率混淆等不良现象，一定程度上增加了高额遵从和管理成本。由于增值税税率变动属于中央事权，地方自主支持企业减税降费方面施展空间不大。但是要切实激励实体经济发展，需要进一步降低增值税税率，如从三档减为两档，甚至直接合并为一档税率。又如，信用制度和标准规范建设方面，因缺少上位法支持，区级的信用管理制度和标准规范制定相对滞后，各部门有意实施行业信用管理对信用主体失信行为进行防范和惩戒时，却苦于缺乏有关法规支持。再如，市、区、镇（街）审批职权划分存在问题，部分跨政府层级共审事项审批环节同构重叠，过长的审批链条影响了政务服务效能，也增加了行政成本；省、市级主管部门不断把业务专网、专业系统上移到省、市直接管理，出现审批事项数据不开放、数据难以关联、系统存在技术壁垒等问题，导致部分审批数据无法在顺德共享应用，直接影响到智慧政务改革推进。

五、改革成功经验与重要启示

相比于其他经济特区来说，顺德并不占优势，而在深化改革方面顺德却能奋勇争先。改革开放 40 多年来，顺德就是凭借这股勇于改革的劲头，不断适应时代变化和产业变革，在一轮又一轮的改革浪潮中未被抛下。在这一轮的供给侧结构性改革中，顺德依然积极作为，积累了不少成功经验，取得了显著成效，值得其他地方借鉴。

（一）成功经验

无论是政改还是经改，顺德一直都是我国改革的试验田。持续深化改革一直都是顺德最强大的发展动力、最核心的竞争优势、最鲜明的城市特征。总结顺德的成功经验，关键就是坚持在社会主义制度下发展市场经济，对此顺德人不争论、不埋怨、不停步，在坚持国家大政方针的前提下蹚出一条非特区的改革创新之路。从现阶段改革实践来看，顺德供给侧结构性改革正走出一条县域经济改革创新的新路子。调研发现，顺德供给侧结构性改革的成功经验可总结概括为三方面：把“要我改”主动转化为“自主改”，把“村改”作为改革的重要突破口，把企业家视为深化改革创新的领头雁。

1. 把“要我改”转化为“自主改”

作为中国改革开放前沿地的试验田，顺德是有率先改革基因的。无论是 20 世纪 90 年代的企业产权改革，还是 21 世纪初的大部制改革，顺德密切关注形势变化和政策动向，顺应改革趋势而率先作为。顺德在中国改革开放的历程中所扮演的角色及释放出的能量与其行政级别是不相称的，而顺德改革都是在开放条件下把国家的很多改革政策先行一步、先试一步，因而使其积累的改革经验具有可复制性和普适性[1]。这轮供给侧结构性改革也不例外。在响应落实中央和省市供给侧结构性改革精神和任务的基础上，顺德结合本地发展实际，全面完整、准确、贯彻践行新发展理念，深入开展“大学习、深调研、真落实”活动，因地制宜和创造性地开展自主改革，把中央有关供给侧结构性改革的精神吃透，对标先进地区查找问题短板，争取广东省委批复同意顺德率先建设实验区，尤其在体制机制改革方面积极探索。对顺德来说，自主改意味着大胆闯大胆试，坚持问题导向、实践优先原则，鼓励干部先行先试、敢于担当，大胆破解体制机制藩篱，对于区级权限不能解决的问题，主动向省申请并获 11 项政策支持。针对改革中存在的问题，通过先行先试，创新出台了 44 份配套文件，形成较为完备的政策体系，有力破解了历史遗留问题。同时，顺德坚持和加强党的领导，区委区政府带头担当，区几套班子领导靠前挂点指挥协调，各级主要领导干部敢于担当、率先垂范，带头“5+2”“白加黑”地工作，极大地激发广大干部奋发有为。因此，顺德还与时俱进地调整行政部门，理顺政府机构职能，引导各级政府部门全力服务于企业的创新转型发展，全心全意满足人民日益增长的美好生活需要。

2. 把“村改”作为供给侧结构性改革的主突破口

对顺德来说，坚持供给侧结构性改革主线和迈向高质量发展，加快推动村级工业园区改造是重要突破口。2018 年 1 月 8 日区党代会上，区委果断将村级工业园改造定为“头号工程”，要求全区上下重燃顺德当年“杀出一条血路”、敢于饮“头啖汤”的改革精神，激发新时代广东敢想敢闯、敢为人先的干事创业精气神，坚决啃下村级工业园改造这块“硬骨头”。顺德的选择获得了广东省委的支持，并赋予顺德率先建设广东省高质量发展体制机制改革创新实验区的历史使命。佛山市委市政府对市属权限按照

[1] 郑永年，张培发．顺德实践——中国县域发展范本［M］．中信出版社，2019.

“能放尽放”的原则予以放权，支持顺德大胆试、大胆闯、自主改，推动土地更集约使用。之所以把“树改”称为“硬骨头”，主要是存在园区业主既得利益群体阻力大、历史问题和政策瓶颈多、干部队伍信心严重不足等诸多问题。找准村级工业园区改造这个突破口，并非顺德区委区政府的心血来潮，而是经过系列区内外调研和多场闭门研讨，深刻认识到村级工业园是顺德高质量发展最棘手的问题、最主要的矛盾。推动村级工业园改造是顺德产业结构重构和城乡形态重塑的集合点，是决定顺德未来几十年发展的重要突破口。为此，顺德牢牢把握住村级工业园区改造的底线，制定村级工业园改造总体规划，坚持以“工改工”为主，明确改造出来的空间就是要用于发展先进制造业，从规划上确保70%以上的“村改”项目为“工改工”，对“工改工”项目用地容积率不设上限，在审批流程、改造资金奖励、招商等方面给予政策扶持。顺德因地制宜地开展村级工业园区的主动改造，宜工则工、宜商则商、宜居则居、宜绿则绿，重新布局产业发展空间，着力引进培育一批有核心竞争力、发展前景好、成长性强的产业和企业，推动工业用地连片改造形成产业集聚，高水平建设现代产业集聚区，培育一批世界级先进制造业集群。

3. **把企业家视为改革创新领头雁**

顺德高度重视实业兴区和民营经济发展，重视发挥企业家的原创精神，把企业家视为引领顺德持续转型发展的领头雁。改革开放以来，顺德对企业做的最多的是多予少取，放水养鱼，不与民争利，通过深化产权改革调动市场主体的积极性，通过营造一流的营商环境和构建亲清的政商关系，真情呵护企业家和真心服务企业。在贯彻落实这轮供给侧结构性改革政策过程中，顺德鼓励和支持企业加大技术改造和研发创新，超前引领传统制造业优化升级，主动培育壮大新产业新业态，同时在塑造亲清的政商关系方面也做了大量的工作，积累了丰富的经验。顺德贯彻落实科技创新企业在高新技术企业、研发费加计扣除等方面的税收优惠政策，为企业创新减负提速，对享受创新优惠政策开展跟踪，对未享受的企业进行落户辅导，了解企业未享受的原因及遇到的难题。在村级工业园区改造过程中，为激发企业家的积极性，顺德积极引进社会力量，支持企业自主改造、多方联合改造，引导社会资本参与村级工业园改造运营；而且坚定不移地管控工业用地成本，包括探索实施单一主体归宗改造视同收储；出台新型产业用地和混合开发政策；探索“工改商”收益反哺“工改工”机制；引进专业化产业园区运营商；国资牵头布局创新创业园区，为科创型中小微企业提供低成本的成长空间等。这些做法既能有效激发本土企业家坚守实业、增资扩产的信心和决心，在顺德掀起“二次创业”高潮，又能为新兴产业腾出高质量发展空间，吸引一大批优质项目进驻顺德。把企业家视为创新的领头雁意味着要发挥企业家创新的主动性和能动性。此外，扎根顺德的美的集团、伊之密、科达洁能等一批本土行业龙头企业加快推进国际化进程，纷纷设立海外研发机构、工厂、营销机构或者开展兼并重组。2011 年以来，美的集团率先探索供给侧结构性改革，通过实施“产品领先、效率驱动、全球经营”三大战略，着力提高企业供给体系的质量和效率。美的集团既专注提高产品质量，以技术创新引领产品中高端化；以机器换人推动工厂自动化改造，运用“互联网+”思维重构集团运作机制与流程，提升企业运营效率；强化资源整合能力，以合作并购培育发展新增长点。

（二）重要启示

为争取成为全国供给侧结构性改革的示范样本，顺德的供给侧结构性改革经验有其可圈可点之处。其他地区特别是县域经济发展可以从顺德的改革经验中可以得到一些有益启示。推进供给侧结构性改革不能“等靠要”，既需上下联动但更要自我快速行动；推进改革不会一蹴而就，需要谋定战略方向全力以赴；推进供给侧结构性改革不是没有风险，而要有化危为机的智慧和担当。

1. 上下联动，快速行动

坚持推进供给侧结构性改革需要上下联动，否则上下级机关之间的权力运行就会出现阻塞或缺位。当改革成为自上而下的重大政策方针时，地方需要就此做出深刻的认识和理解，在结合自身改革实践的基础上，做出快速响应和行动。同时，地方在改革方面不可能单兵突进，而是在吃透中央政策方针的精神号召下因地制宜地贯彻实施，否则就会出现改革步骤不协调的状况，反而使得改革成效打折扣。素来是改革创新先行者的顺德，正是紧紧抓住中央坚持推进供给侧结构性改革的重大机遇，着眼长远并率先作为，注重改革的上下联动和步骤协调，同时结合自身实际找准突破口，从实际问题为切入点，重视调查研究，广泛征求基层公务员群体和人民群众的意见，依靠基层干部和人民群众，积极推进自主改革和大胆试点，科学谋划传统产业发展路径，体现出非特区县域经济的典型代表性，进而为全国县市推进供给侧结构性改革实践提供可复制、可推广的宝贵经验。

2. 谋定而动，全力以赴

对地方而言，坚持供给侧结构性改革为主线需要具象化的政策措施，需要结合自身实际找准突破口。顺德在广泛调研的基础上，深刻认识到阻碍顺德高质量发展的突出矛盾主要是工业用地问题。为此，顺德谋划出以村级工业园区改造为突破口深入推进供给侧结构性改革，解决传统产业升级和导入新兴产业面临的空间不足难题。一旦确定了改革的方向，就要一以贯之和全力以赴地推行下去。顺德推进村改的过程中就是凝聚共识和全体动员的过程。只有当所有的资源都调动起来，就“村改”这一个问题集中施力，形成了牵一发而动全身的效果。

3. 勇于创新，化危为机

顺德发展的核心在于制造业的转型升级。党的十九大报告强调，要促进我国产业迈向全球价值链中高端，培育若干世界级先进制造业集群。顺德有志于培育世界级的家电、机械装备等先进制造业集群。要想使这一目标及早实现，就要激发全社会的活力，加大对创新的政策扶持力度，引导企业勇于创新，瞄准国际同行业标杆，不断提升自身的竞争力。对勇于创新取得积极成效的典范企业，要给予积极支持，尤其是加大对标杆企业的宣传力度，既能让先进者保持积极性，又能让后进者看到发展前进的方向。对涉及弱势群体利益的，顺德通过制度安排保障弱势群体的利益，如在村级工业园区改造中，划定全国首个“产业发展保护区”，对工业用地进行不少于 18 万亩规模总量的保护控制，严格控制产业发展保护区内“工改商住”项目，扶持“工改工”，同时对失地农村农民的权益保障做出合理安排[1]。对涉及制造业机器换人带来的就业冲击时，顺德推动 8000 多亿元规模制造业转型升级的同时，更是主动把培育工业设计发展作为传统制造业转型升级的重要引擎，构建“科技-设计-产业”一体化发展新格局，引导更多原来从事生产制造岗位的人才延伸转向工业设计领域。对于创新发展中出现的风险和危机，顺德通过群策群力，拿出足够的智慧和勇气，因地制宜地应对各种确定性的约束和不确定性风险，如贸易保护主义、环保标准提高、要素成本上升等压力。

六、主攻方向与未来前景

粤港澳大湾区规划纲要出台后，大湾区各个城市在积极参与大湾区建设的同时，更加主动积极谋划自身定位和发展前景，顺德正在奋力建设广东省高质量发展体制机制改革创新实验区，致力于拓展传统产业转型升级和培育新兴产业的地理空间，以便抓住多重优势叠加的机遇，围绕前沿领

[1] 佛山市顺德区人民政府．佛山市顺德区人民政府关于印发《佛山市顺德区产业发展保护区管理办法》的通知［Z］．2014-04-11.

域和高端产业积极布局，重点发展智能装备、新材料、工业互联网、军民融合等新产业集群，引进、培育具有基础性、前瞻性、引领性的重大科技项目，打造全国乃至全球具有影响力的新一代智能制造产业高地。

（一）主攻方向

从发展趋势看，顺德正坚定不移地抢抓粤港澳大湾区、深圳建设中国特色社会主义先行示范区、高质量发展综合示范区等政策叠加机遇，积极推动传统产业技术改造和培育战略性新兴产业，重点以智能制造为主攻方向，引导企业围绕市场供给需求和产业发展的新要求，突出质量效益，通过改技术、改工艺、改设备、改产品、改管理，精准发力，促使产品进一步向高端化、规模化、智能化、聚集化迈进，助力深入推进供给侧结构性改革。具体来说，顺德供给侧结构性改革的主攻方向将会是坚持创新驱动，提升智能制造的质量，践行绿色发展，推进生态修复和节能环保产业发展，建设生态宜居的城乡综合体，对标世界一流湾区标准，以留住人才为出发点，改善医疗、教育、文化等公共服务环境，打造优质生活圈。

1. 建设以智能制造为主的现代化产业体系

顺德已经形成家电、机械装备等重要制造业基地。在原有制造业基础上，顺德一直努力推动制造业的智能化改造，加快传统制造业的优化升级，尤其对标德国工业 4.0 的标准要求，引导传统企业技术改造，实施智能化生产，实施质量国际比对提升工程，对标世界一流水平制定具有引领性的产品质量标准体系，全面提升家电、家具等主导产业产品合格率。顺德迅速把握建设粤港澳大湾区的重要机遇，利用位于粤港澳大湾区核心地理位置的优势，推动企业技术改造，发展智能制造业，运用高科技制造业、智能机器人、“互联网+”等新型技术构建新的促进产业集群。比如，顺德规划打造超 2 万亩的机器人谷，加快发展以机器人为核心的智能制造等新兴产业，致力于培育成超千亿元级机器人产业集群。为构建现代化产业体系，顺德加快推进创新全球化，鼓励100多家企业在国内外设立研发机构。例如，美的集团在硅谷设立人工智能（AI）研发中心和在顺德建设美的库卡智能制造产业基地，预计到2024年美的库卡项目年产能预计达到7.5万台机器人。又如，碧桂园集团建成的博智林机器人谷汇聚超过1万名全球顶级机器人专家及研究人员；以机器人本体及核心零部件、相关的机器人核心技术为主要方向，全方位布局产业链上下游，涉及建筑、装修、机器人餐厅、智慧家居、现代农业、医疗、智能制造、仓储物流等应用领域的机器人，打造全产业链闭环。顺德还围绕机器人为核心的智能制造产业，建成汉诺威佛山机器人学院、华南智能机器人创新研究院、国家工业机器人质量监督检验（广东）中心等一批特色化的产业基地和创新平台，加速形成智能制造产业生态圈。

2. 建设以绿色生态为主的城乡综合体

为破解生态环境的强约束，顺德积极践行绿色发展理念，加大环保改造投入，加强开发与推广应用节能减排新技术、新装备，推动产业集约化、智能化、绿色化，鼓励企业加快转型升级，走向以创新为引领、以品质品牌取胜的集约发展路线。在推进村级工业园区改造过程中，顺德注意加强生态修复，对部分腾挪出的土地进行复垦复绿，提升城市生态配套质量。按照顺德发展要求，2022年，顺德通过生态修复累计复垦复绿不少于1万亩，打造万亩农田湿地公园，重塑岭南水乡新风貌。同时，顺德加大力度实施乡村振兴战略，着力推动美丽乡村建设和现代农业发展，启动首批12个生态宜居美丽乡村示范片建设，并在广东省率先启动村企结对共建工作，创新性地提出成立“乡村振兴促进会”，引智引资，建设美好家园。美的、碧桂园、格兰仕、联塑、万和、申菱等一批企业纷纷积极参与了村企结对共建，助力乡村振兴。

3. 建设以留住人才为主的优质生活圈

随着顺德的产业链向中高端迈进，创新走向全球化，要求更多国际高端人才支撑，需要引进更多的高端人才，推动人才与产业有机结合，引项目留人才，引人才促产业。顺德创新体制机制，从实现“筑巢引凤”，包括每年投入50亿元发展重大科技项目，支持引进创新型人才；兴建广州大学城卫星城，吸引国内外高学历人才定居；斥资70亿元修建广州南站至顺德大良的地铁，方便高素质人才在大湾区的自由流动。为吸引和留住人才特别是青年人才，顺德企业纷纷提供较高的薪酬、协助办理落户和人才住房保障等硬条件。而且，顺德政府还非常重视医疗卫生、文化教育等“软环境”发展。据广东工业设计城负责表示，当前工业设计人才引进及培养存在难度，引进和培育设计人才的配套制度及园区内、园区周边的配套设施有待进一步完善。基于此，顺德近些年加大了医疗、教育等公共服务方面的财政投入，增加医疗机构和中小学校供给，建设一批高质量的医院和学校，用于改善就医就学环境，以此吸引和留住人才，增强顺德在大湾区人才流动中的吸引力。

（二）未来前景

对顺德来说，改革永远在路上。在高质量建设大湾区背景下，供给侧的变革需要不断适应新时代形势发展的变化和人们日益增长的美好生活需要，要不断创新发展提升供给质量和效率。顺德坚定不移地深化改革开放，致力于建设体制机制改革创新高地，致力于推动经济社会高质量发展。由此预计，未来顺德发展的前景是相当美好的，是充满生机活力的，特别是在产业发展、城市建设、居民生活等方面都会有质和量的提升。

1. 建成现代化产业体系和创新型城市

顺德紧紧抓住新一轮技术革命和产业革命孕育发展的机遇，加快推动产业链现代化和产业基础能力提升，通过大力发展实体经济和实施创新驱动发展战略，加快传统优势产业的优化升级和引入创新型先进制造业和生产性服务业，推动顺德经济发展从要素驱动向创新驱动转变。未来较长时期内，顺德将会推动制造业与“互联网+”、信息化深度融合，率先实现

5G 全覆盖，率先应用 5G 技术和人工智能技术，力争发展好数字经济，全力实现物联网、云计算、大数据、区块链等信息技术在制造业领域的深度运用，不断强化家电、机械装备等制造业集群优势，提升制造业产业链现代化水平，推动形成工业 4.0 发展的“顺德”模式。促进先进制造业与现代服务业深度融合，顺德将聚焦核心领域、核心技术、核心部件，争创高质产品，打造高端品牌，重点发展科技创新、工业设计、电子商务、科技金融等现代服务业，构建科技创新生态链，建设科技创新转化应用新高地，充分利用广东工业设计城等平台载体，加快推动设计与制造融合发展，打造具有影响力的工业设计高地，提高顺德制造的附加值和竞争力，促进现代产业体系与生态智慧城市深度融合，极大地增强顺德对国内外人才的吸引力。

2. 建成大湾区生态宜居的绿色和谐家园

按照中央改革发展要求，顺德率先贯彻落实供给侧结构性改革的路线，践行新发展理念，以高水平规划引领生态文明建设，着力拓展生态增绿空间，落实城市生态绿心、森林小镇、都市滨水生态长廊等生态工程，全力推进国家森林城市建设。顺德积极鼓励社区、企业、厂区、园区植树绿化，推广“垂直绿化”，支持园区改造后开展生态复垦复绿，支持企业开展节能减排改造，结合村改整治提升，建设一批污染排放集中处理的主题园区，建设好国家生态文明建设示范区，以生态环境提升顺德城市发展的内在价值。而且，顺德还坚定不移抢抓粤港澳大湾区建设重要机遇，科学规划优化产城融合发展空间布局，推动片区联动，构建“一城三片”[1]城市格局，高标准规划建设顺德港澳城等一批重大平台，打造湾区开放枢纽，启动实施顺德北部片区一体化战略，建设产城互动的“特色小镇”，

[1] “一城三片”格局主要是指顺德作为一个不可分割的城市化发展地区，打造一座开放之城和创新之城。“三片”主要是按照地理区划将各个镇街划分为北部片区、东部片区和西南部片区。

通过加大对外联通的轨道基础设施建设，推进城市升级引领产业转型升级，建成对标世界一流湾区标准的产城融合典范，为大湾区创新发展尤其是深化广佛同城发展和对港对澳合作提供新的空间。顺德坚持把推进村级工业园改造与实施乡村振兴战略结合起来，通过优化农村发展环境，全面提升城乡形态，打造高质量的魅力小镇、美丽村庄、美丽庭院和美丽田园。

3. 探索建成高质量发展的成熟定型制度体系

党的十九届四中全会通过《关于坚持和完善中国特色社会主义制度、推进国家治理体系和治理能力现代化若干重大问题的决定》，提出到2021年时要在各方面制度更加成熟更加定型上取得明显成效。改革开放以来，顺德一直在努力适应改革发展的要求，积极探索推进治理能力现代化的制度尝试，包括率先进行了企业产权制度改革、行政体制改革等一系列综合体制改革，成就了“顺德现象”和“顺德模式”。当前及未来一段时期，顺德仍持续推进和完善现行大部制、行政审批、商事登记等体制机制改革，以简政放权为引领，通过事权改革在实践中探索政府的职能与定位，强化政府的“市场监管、社会管理和公共服务”职能，通过向社会扩权推动协同共治，建立政社互动机制，逐步处理好政府、市场、社会三者关系。为进一步深化城市管理体制改革创新，并发挥好产城融合发展的体制机制优势，顺德重点在社会及基层管理改革上，借鉴新加坡和中国香港的社会管理经验，形成行政管理、政社互动和社会自治等体制优势，成立民间智囊团——决策咨询委员会，推动公共决策咨询制度创新，提升治理现代化水平[1]。为加快建设广东省高质量发展体制机制改革创新实验示范区，顺德率先提出要建立高质量发展的制度框架和政策体系，2022年已在构建创新发展动力机制、资源高效配置市场机制、质量技术标准引领机

[1] 任红伟．深耕产城融合 探索新型城镇化顺德模式的启示［J］．广东经济，2018（3）．

制、绿色发展约束机制等方面迈出实质性步伐，形成了一批制度创新成果，探索出可复制推广的治理模式，为探索形成更加成熟更加定型的制度提供新样板或示范。

七、美的集团：做供改的先行者和实践者

专注家电制造业的美的集团股份有限公司（下称“美的集团”）始终坚守实体经济、坚持创新引领产业升级，以技术创新带动产品创新，以产品创新构建产业创新，发挥供应链卓越运营优势，实施从规模导向转变为追求增长质量的改革。美的集团是国内家电行业巨头，从 1968 年一个集资 5000 元创业的乡镇企业，到现在已成长为销售收入过千亿、净利润过百亿的上市企业集团。

自 2011 年以来，美的集团率先探索供给侧结构性改革，加快企业转型升级步伐，取得显著成效。美的集团坚定践行中央深化供给侧结构性改革精神，实施“产品领先、效率驱动、全球经营”三大战略，专注提高产品品质，通过推动生产制造数字化、网络化、智能化、服务化，提升企业运营效率，降低生产成本，强化资源整合能力，着力提高企业供给体系的质量和效率，有效对接市场需求，提升企业综合竞争力。

（一）实施产品领先战略，着力提高供给质量

为了深化供给侧结构性改革，2015 年美的集团加快科技驱动转型的步伐，通过一系列运作，重构以用户为中心的科技创新体系。美的集团坚持以用户需求导向提高有效供给水平，改变“埋头苦干，拼命生产”导致库存积压、利润微薄的痼疾，通过精益求精做好产品，解决供需脱节问题。根据市场需求调整产品结构，减少无效和低端供给，集中资源研发和生产高端、精品、差异化产品。

美的集团坚持实施精品工程，对照产品标杆建立精品评价基准，对非精品产品严格要求整改成精品或淘汰。坚持品质刚性，对不达标产品执行一票否决制。2016 年起推出全球首套智慧家居解决方案，实施全新智慧生活生态计划，打造智慧生活服务运营平台。

美的集团坚持以技术创新引领产品中高端化。把技术创新作为提升产品附加值的战略基础，加快从要素驱动转向创新驱动。持续增加创新要素投入，研发投入占销售额比例年年提高。构建起四级研发创新体系，由企业事业部和集团中央研究院负责开展产品开发、个性技术研究、共性技术研究、基础研究和颠覆性研究。2015 年，美的集团着手投资 30 亿元建立起可容纳万人规模、具有世界级水平的全球创新中心，加强研发人工智能、机器人、智慧家居、营养健康服务等领域产品。

通过以上举措，美的集团产品研发技术能力不断增强，直流变频技术、超高温制冷技术、全降膜蒸发技术等多项技术达到国际领先水平。

（二）实施效率驱动战略，着力提高供给效益

美的集团启动供给侧结构性改革，确定了“先做减法、再做加法”的经营思路，首先主动进行战略收缩，通过减少资本性支出、缩短现金周期及提升盈利能力，实现降低资产负债率及增加自有资金、利润和纳税，以优化供给体系提高运营效率。

大力推进减员增效。2010 年，美的集团员工达到近 20 万人，资产负债率近 80%。通过实施去产能、去库存、去杠杆、降成本等结构性改革，美的集团员工总人数从近 20 万人缩减至 10 万人以内，跟产品、用户没有直接、间接管理或辅助功能的人员大幅下降。保护员工权益，规定工人工资每年必须增长 15%，员工薪酬水平不断提高。例如，2015 年企业内部管理类员工人均年薪 22 万元，比 2014 年增长 15%。2016 年春节后复工率达 97%，队伍稳定性明显提高。以“智能制造+互联网”提高生产效率。

大力发展智能制造。2012 年以来，美的集团投入约 50 亿元进行自动化改造，累计投入使用近 1200 台机器人，效率提升 15% 以上。美的集团还加强机器人研发应用。2015 年开始，美的集团联合广东省自动化研究所、顺德区政府和广东省机械工程学会组建华南智能机器人创新研究院，推动机器人核心技术突破及智能装备加快发展。此外，美的集团推出工业互联网平台 MideaM. IoT，这是自主开发、兼备“制造业知识、软件、硬件”三位一体的工业互联网平台。利用这一平台，美的集团有效地实现由传统制造向智能制造转型。

做好供给侧结构性改革“加法”。“加法”就是要增加研发、科技、创新的投入，在科技上实行全球布局，在企业的内部和外部都建立起创新的平台。2015 年美的集团科研投入达到 53 亿元，占销售额 3. 8%，这在制造业算比较高的。2012 年，美的集团研发人员占企业管理人员总数的 27%，2015 年这一比例已经达到 47%。为了做好“加法”，美的集团还运用“互联网+”思维重构集团运作机制与流程，持续加大物联网基础技术研发投入，建立共享、开放的新金融、大物流、电商、国际、服务和供应链等业务与职能平台，构建更安全的智慧家居互联体验。

（三）实施全球经营战略，着力提高供给能力

除了做好减法、加法，美的集团通过乘法以合作并购培育发展新增长点，提升资本运营、产品研发、团队管理等多方面的国际综合竞争力。

美的集团积极开展国际并购。2016 年，美的集团收购日本东芝白电 80. 1% 股权，获得东芝品牌 40 年的全球授权，超过 5000 项白色家电相关专利，以及东芝白电在日本、中国、东南亚的市场、渠道和制造基地。美的集团进军机器人产业领域，与日本安川电机合资设立工业、服务机器人公司；持有全球四大机器人公司之一德国库卡 10. 2% 股权，成为第二大股东；持有国内工业机器人领域领先企业安徽埃夫特公司 17. 8% 股权。2016

年 10 月，美的集团收购全球四大机器人公司之一德国库卡获欧盟委员会批准，美的集团成为库卡的单一最大股东。以国际化运营增强全球资源整合能力。美的集团自主品牌销售收入占海外总收入约 30%。

美的集团积极实施走出去战略。美的集团积极参与高质量共建“一带一路”，拓展沿线发展中国家市场，如在迪拜建立了中东分公司，在印度新建了洗衣机、净水器工厂及生产线。在巴西、阿根廷、白俄罗斯、埃及、印度、越南等国家建立生产基地，实现生产与产品设计本地化，美的集团产品销往 200 多个国家及地区，海外营收占总营收的 43%。2015 年，美的集团海外收入达 80 亿美元，占总销售收入的 40%，成为国内白电行业海外收入最大、占比最高的企业。

2020 年以来，美的集团继续深化供给侧结构性改革，实现产品领先、效率驱动和全球经营的目标，同时聚焦要素市场化改革，提出全面数字化和全面智能化，重构整个产业链供应链，使其带动制造业转型升级的新引擎。

（执笔人：刘向东）

区域报告二

第三章

佛山市南海区供给侧结构性改革案例

一、南海区基本情况

广东省佛山市南海区地处珠三角腹地，地理位置优越，北邻广州花都区，东连广州芳村区、番禺区，南接佛山顺德区以及江门鹤山市、新会区，西邻佛山三水区、高明区，环抱佛山禅城区，面积1074平方公里，下辖狮山、西樵等6个镇以及桂城1个街道。2018年末，南海区常住人口291万人，其中户籍人口148万人，是一个以外来人口为主的区域。南海区是千年历史文化名城，涌现出康有为、詹天佑、何香凝等一大批历史杰出人物。

南海区是我国改革的先行区。改革开放以来，南海以敢为天下先的勇气，充分调动各方面力量，充分发挥市场活力，依靠独特的区位优势和宽松的政策环境先行一步，大力推行“工业立区”发展战略，鼓励和推动民营经济和集体经济发展，经济社会取得了举世瞩目的成就，由改革开放初期普通的农业县一跃成为中国最具经济实力和活力的地区之一。

（一）南海经济发展历程的简单回顾

第一个阶段是20世纪70年代末到90年代初期的民营经济和工业发展的奠基期。改革开放初期，南海的大队、公社开始兴办工业，他们依靠劳动力、土地等生产要素的低成本与毗邻港澳的区位优势，从小五金、小电镀、小纽扣等入手，从给香港企业“三来一补”代工入手，开始发展外向型劳动密集型制造业，启动了南海的工业化进程。与此同时，一批农民“洗脚上田”开始搞贸易、开工厂、办企业，创造出县、公社、大队、生产队、个体、联合体的企业“六个轮子一起转”县域经济发展的“南海模式”。80年代中期，南海通过引入“星期六工程师”，开始对技术进行模仿和改进，逐步摆脱了外向型代工模式，转向依靠本地技术、本地企业、国内市场的内向型发展道路。90年代初小平南方讲话后，南海区大力支持民营经济发展，政府逐渐退出市场，乡镇企业大规模转制为民营企业。借助于短缺经济的历史机遇，以个体经济为主体的民营经济开始上规模、上档次、上水平，村级工业园遍地开花，并逐渐形成了实力雄厚的专业镇经济，大沥铝材、西樵面料、盐步内衣等享誉海内外，南海也在90年代被誉为广东“四小虎”，成为珠三角经济最发达的县。

第二个阶段是双轮驱动规模扩张阶段。2001年，我国加入世界贸易组织后，国际市场迅速打开。南海及时抓住机遇，实现“双轮驱动”战略，在扩大国内市场的同时，也积极扩大出口。2001—2008年，南海出口年均增速为25.9%，虽比同期国家27.1%的平均增速略低，但比广东省的23.0%的平均增速高出2.9个百分点。更重要的是，南海制造业出口以一般贸易为主，这不同于广东另外一个制造强市东莞以加工贸易为主的出口模式，南海出口的增值率和对当地经济的带动作用更为明显。这一时期，南海区还加大了对传统产业改造升级的支持力度，鼓励企业提升技术和创造名牌，推动民营企业向“高端化、高质化、高新化”发展，形成了一批行业隐形冠军，如瑞洲科技、蒙娜丽莎陶瓷、南风股份、东方精工、致兴纺织、吉熙安电缆、华昌铝材等都是在这一时期成为行业内的标杆企业。

第三个阶段是提升城市品质的发展阶段。2008年国际金融危机后，我国出口需求萎缩，国内劳动力、土地等要素成本开始上升，南海过去依靠低要素成本的比较优势和发展模式难以为继，然而南海企业技术含量并不高，转型升级面临很大制约。另一方面，南海过去“一镇一主品”、高度专业化分工、生产导向的专业镇经济形态也不能适应转型升级的新要求。例如，以镇为主体的专业化分工导致块块分割、重复建设等，难以形成规模经济，也不易形成跨镇域的产业配套和产业协作；又如，产业与城市发展脱节，制造业布局分散，生产与居住空间分离，外来人口管理难度加大，城中村土地利用低效，水污染没有集中治理等；再如，南海服务业发展滞后，金融、科技等生产性服务业等薄弱，不能提升产品技术含量和支撑制造业升级，在生活性服务业方面，医疗、教育、娱乐、文化等生活设施配套不足，无法吸引需要的中高端人才，“工业化带动城市化”的发展模式遇到很大挑战。2009 年，南海开始提升城市品质的发展战略，以提高城市品质带动产业向上转型升级。在这个过程中，政府在经济发展中的作用有所加强，一方面通过旧城改造、推进绿色城市建设等，逐步提升城市软硬环境，增强对中高端要素的吸引力，并以此推动科技、教育、金融等服务业发展；另一方面，南海实施了严格的节能减排标准，推动中低端陶瓷等高污染高能耗产业向外转移，倒逼企业转型升级，南海也借此“腾笼换鸟”，为产业升级和引入新产业提供了新空间。2010 年，南海制定了新的城市总体发展规划，确立到 2020 年的城市定位是广佛都市区副中心区、粤港澳金融综合业务基地与重要的都市型产业基地、国际化先进制造业基地、岭南文化休闲旅游基地。显然，新的定位超越了过去 30 年南海作为传统制造业重镇的定位，既强调制造业向高端化、国际化方向升级，也强调制造业与服务业协同发展。21 世纪 10 年代，南海城市品质提升战略收效明显，为经济发展创造了良好的服务环境和营商环境，推动产业由中低端成本依赖型向中高端技术、品牌、创新驱动型升级，城市综合实力不断提升，多年来在全国百强区排名中名列第二，仅次于佛山市顺德区。

（二）近年来南海经济的主要特征

1. 经济规模位于全国前列，但人均收入相对较低

2009—2018 年，南海区生产总值由 1397 亿元增加到 2809 亿元人民币，年均增长 10.4%。其中，2009—2012 年，经济增速持续下行，由 2008 年的 16.5% 降至 2012 年的 8%，增速降低超过一半。在经历了 2013 年 10.2% 的反弹后，2014—2017 年增速都在 8.5% 左右，略高于佛山市增速，明显高于广东省和全国增速；但 2018 年，增速降至 6.2%，低于佛山市、广东省和全国增速（见表 3-1）。2018 年，南海区 GDP 占佛山市比重

为28.3%，仅低于顺德区的31.8%，居佛山各区的第二位。值得注意的是，2018年南海区人均GDP为9.67万元，虽比全国6.45万元、广东8.64万元的平均水平高出不少，但在佛山各区中是最低的，其原因主要与外来务工人员较多有关，由于南海制造业比重较高，中低收入的外来务工人员大量涌入，拉低了南海的人均GDP。

表3-1 2014—2018年南海区GDP以及增速对比

	2008年	2009年	2010年	2011年	2012年	2013年	2014年	2015年	2016年	2017年	2018年
南海区GDP（亿元）	1397	1502	1612	1697	1812	1990	2089	2229	2443	2668	2809
南海区增速（%）	16.5	14.5	14.5	10.6	8.0	10.2	8.7	8.5	8.3	8.5	6.2
佛山市增速（%）	15.3	13.1	14.3	11.5	8.2	9.8	8.3	8.3	8.1	8.3	6.3
广东省增速（%）	10.4	9.7	12.5	10.0	8.2	8.5	7.8	8.0	7.5	7.5	6.8
全国增速（%）	9.7	9.4	10.6	9.6	7.9	7.8	7.4	7	6.8	6.9	6.7

资料来源：2018年各地和全国统计公报。

2. 产业结构以制造业为主，但比重逐渐下降

长期以来，南海是一个以制造业为主的城市。从产业结构看，在金融危机之前的2007、2008年，南海工业比重达到最高值63.7%，这是中低端制造业规模扩张阶段的最高峰。此后，南海实施城市品质提升战略，服务业比重逐年增加，工业比重逐年下降。2018年，工业比重下降到55%，服务业比重上升为43.4%。但与同年全国工业、服务业占比39.7%、53.3%相比，南海工业比重仍明显偏高，制造业生产基地的特征仍十分明显。南海制造业产业门类比较齐全，2018年按统计产业分类，产值超千亿

元的产业有 11 个，分别是金属加工、计算机通信电子制造、电气机械制造、金属制品、废弃资源综合利用、汽车制造、通用设备制造、非金属矿物制品、橡胶和塑料制品、家具制造、专用设备制造，这些产业产值占南海规模以上工业产值的比重接近 3/4，最大的是金属制品和汽车制造。这些产业既包括发展多年的陶瓷、家具、家电、金属加工等传统制造业，也包括近年来兴起的设备、通信、汽车制造等先进和高科技制造业，南海制造业转型升级趋势十分明显。南海区三次产业结构变化见表 3-2。

表 3-2　近年来南海区三次产业结构变化

年份	GDP（亿元）	三次产业结构（%）		
		第一产业	第二产业	第三产业
2000	365	6.4	49.4	44.3
2005	728	3.2	58.0	38.8
2006	925	2.6	61.3	36.1
2007	1163	2.2	63.7	34.1
2008	1397	2.1	63.7	34.2
2009	1502	2.0	61.8	36.2
2010	1612	2.0	61.8	36.2
2011	1697	2.2	59.1	38.7
2012	1812	2.4	59.1	38.5
2013	1990	2.3	59.2	38.5
2014	2089	2.2	59.6	38.2
2015	2229	2.1	59.6	38.4
2016	2443	1.8	58.8	39.3
2017	2668	1.7	55.7	42.7
2018	2809	1.6	55.0	43.4

资料来源：《南海区统计年鉴 2018》。

3. 过去对外开放水平不高，但近年来有所提高

长期以来，南海走的是一条经济内向型发展的道路，也就是市场以国内为主，企业和资本以本地“草根”为主，外来资本不多，代工企业较少，配套主要依靠国内特别是本地解决，并未深刻参与国际分工体系，这与当时东莞以外资为主、以代工为主、以出口为主的外向型发展模式有很大差别。2008 年以前，南海区对外依存度较低，不但远低于广东省水平，而且也低于佛山市，仅与全国水平基本相当。国际金融危机后，南海开始加大对外招商，引入了一批新企业、新项目、新产业，并开始拓展出口，出口比重有所增加。2010 年后，南海对外依存度上升并超过佛山市平均水平，与广东省差距也逐渐缩小。2012 年开始，佛山和全国一样，受内外需变化、贸易结构变化等影响，对外依存度开始下降，2018 年降至 51. 3%，与广东省 83. 2% 的贸易依存度仍有不小差距，但明显高于全国 33. 4% 的水平。在利用外资方面，国际金融危机后到 2015 年，南海利用外资规模不断增加，由 2008 年的 5. 67 亿美元增加到 8. 63 亿美元，但此后大幅下降，2018 年下降到 2. 54 亿美元。

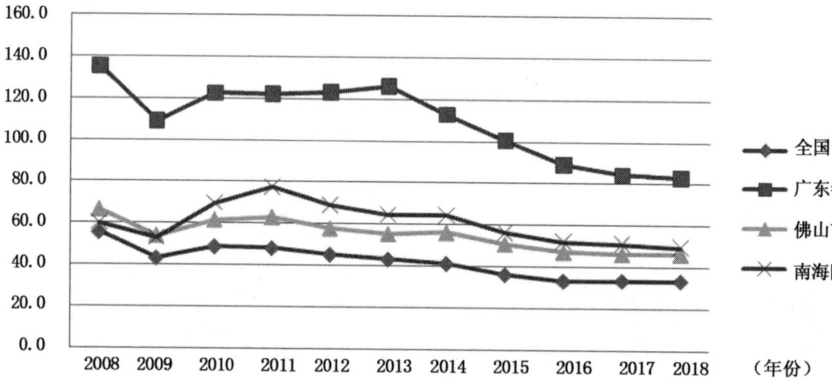

图 3-1　南海区与其他区域对外贸易依存度（%）

资料来源：南海区、佛山市、全国统计公报。

4. **民营经济和中小企业占主体，经济活力动力持续增强**

制造业为主、民营经济为主、中小企业为主，一直是南海经济的显著特点。广大民营企业和中小企业，市场意识强、经营灵活，是南海经济活力的源泉。从规模以上工业企业的所有制情况看，2012 年国有和集体企业共有25家，2018年国有企业已经退出，集体企业也减少到10家，工业增加值比重降低到0.2%微乎其微的水平。同期，股份制企业占南海工业总产值的比重为63.7%，外资企业占32.1%，其他类型企业占3.9%。从规模以上工业企业规模看，大型企业所占比重为16.2%，中型企业为33.4%，小型企业为49.8%，微型企业为0.5%，此外还有更多的规模以下企业。可见，南海以民营经济和中小企业为主的特征十分明显。

5. 存在不少名牌和隐形冠军，行业影响力大

南海名牌众多，2018年底，南海区名牌累计286个，创历史新高，占佛山市名牌总数的40.7%，位列全市第一，冠珠陶瓷、坚美铝材、雅洁五金、源田床具机械、维意wayes都成为全国驰名商标，在消费者和行业内有较高的知名度。同时，南海区还有大沥铝材、盐步内衣、西樵面料、平洲玉器、平洲鞋业、金沙五金等集体商标。南海还有很多隐形冠军企业，也就是那些公众虽不熟悉但在某些细分行业或市场“专精特新”、占据领先地位，其产品难以被超越和模仿的中小型企业。隐形冠军主要集中在生产设备、零部件、中间品等产业链上中游，它们通常在行业中深耕多年，具有工匠精神，同时技术领先、经营灵活，是南海制造业优势的重要组成部分。例如，华智新材料公司专注芯片散热衬底生产，欧谱曼迪公司专注高端内窥镜系统生产，精达信公司专注空调压缩机内部全套钣金件生产，华数机器人公司则掌握了机器人四大核心零部件关键技术，并在笔记本电脑、炊具等五金件打磨应用处于细分行业龙头地位。

二、南海区供给侧结构性改革的起点

2008年爆发的国际金融危机对南海经济造成了很大冲击。相比全国和广东省，南海经济增速下降更为明显。如2012年与2008年相比，南海GDP增速降低了8.5个百分点，也就是下降了一半多，而2018年全国经济增速虽也下降，但只降低了 1.8 个百分点，降幅不足 1/5。显然，南海过去粗放型经济发展模式已经难以为继，如果沿用过去模式，南海不但很难保持经济持续健康发展，而且很难在新一轮城市竞争中保持领先地位。为此，南海经济需要进行大的转型。

（一）南海启动供给侧结构性改革的背景

1. 供给结构调整缓慢，跟不上需求快速变化

国际金融危机后，南海经济面临的最大问题是产业和产品结构跟不上需求变化，主要矛盾发生在供给侧。21 世纪 10 年代开始，我国进入了经济发展的“新常态”。2011—2015 年，我国人均 GDP 由 3 万元人民币增加到 5 万元人民币，也就是由 4500 美元增加到 8000 美元，开始进入消费结构快速升级的时期，不但对汽车、数码、家装等大型、耐用、新型消费品和服务需求旺盛，而且消费者对产品质量、品牌、档次、安全、服务等越来越重视，个性化、差异化需求也越来越多，需求结构向高端化、多样化、个性化方向演变，消费者开始愿意为更好的产品支付更高的价格。同时，消费需求结构的变化也向上传递到投资结构，设备、零部件、技术的需求也向中高端升级。受此影响，传统行业特别是中低端产品，面临需求萎缩、竞争激烈、价格下降、利润减少甚至亏损，过去那种以大规模生产、依靠价格竞争的供给模式，已经无法满足新需求；相反，能适应需求结构变化的企业，市场空间大、利润增值高。

当时南海的产业结构没有跟上这种变化。一方面，南海纺织、陶瓷、家具等传统产业过剩，但缺乏汽车、电子等成长性好、技术含量高的新产业，现代服务业比重也不高；另一方面，在传统产业中，主要生产技术含量不高、质量档次一般、花色品种不多的中低端产品，以大规模生产和低价格参与市场竞争。当时南海传统中低端产业和产品供过于求，同质化竞争严重，而中高端需求却无法满足，形成中低端无效供给过剩与中高端有

效供给不足并存的局面，企业面对更为激烈的市场竞争，产品销量增长缓慢，产品价格不升反降，制造业产能利用率下降，一些不能适应市场变化的企业亏损增加甚至被淘汰。从南海规模以上工业企业亏损/工业增加值情况看，2010 年以后整体增加，2014 年达到 0.61%。

表 3-3　南海规模以上工业企业经营绩效

	2010 年	2011 年	2012 年	2013 年	2014 年
亏损企业亏损额（亿元）	25.3	45.7	40.7	41.6	65.9
工业增加值（亿元）	9331.6	8313.6	8880.9	9899.4	10871.6
工业总产值（亿元）	39382.2	38780.5	40149.4	46470.3	49869.0
亏损企业亏损额/工业增加值（%）	0.27	0.55	0.46	0.42	0.61

注：规模以上工业企业的标准，2010 年以前是年销售额 500 万元以上，2011 年开始调整为 2000 万元以上。

资料来源：历年《南海区统计年鉴》。

2. 综合成本不断攀升，传统发展方式面临挑战

过去南海粗放式的经济发展，是以较高劳动力、土地、资源环境等要素投入为支撑的，虽然保持了较高增速，但到了新阶段，资源约束越来越大，综合成本不断增加，过去发展模式越来越不可持续。

从土地资源看，土地紧缺和利用结构不合理日益突出。多年的工业化进程导致南海土地开发强度较高，用地指标和可用土地逐渐减少，用地紧张。2010 年以后，佛山市建设用地面积基本不变，但每年建设用地供应逐渐减少，一方面符合产业升级方向、效益较好、带动作用大的新项目难以落地，另一方面中低端产业占有很大面积难以退出，土地供给与产业升级矛盾突出。此外，过去南海粗放型的发展，导致土地利用缺乏整体规划，产业布局散乱，既拉低了土地利用效率，也影响到南海城市品质的提升。

从资源环境看，环境压力越来越大。过去南海制造业中，发展了陶

瓷、铝材、纺织印染、玻璃等不少高能耗、高污染的产业，以及落后、不环保的生产工艺，中小和配套企业排放强度较高，加之环保理念和约束手段滞后，南海成为珠三角空气和水污染最严重的地区之一，空气污染严重，水质长期不达标，不但严重降低了城市品质，不利于吸引高科技和服务业的中高端人才，而且环境容量逼近极限，无法支持一些新项目进入，制约了招商引资和产业升级。

从综合成本看，各项成本均快速增加。一是劳动力成本方面，2008 年国际金融危机前后，南海工资水平增长较快。从南海区在岗职工年平均工资看，2007 年为 3.2 万元，2014 年为 5.4 万元，年均名义增长 7.6%；从广东省最低月工资看，2007 年为 780 元，2014 年为 1550 元，年均名义增长高达 10%（见表 3-4）。同时，由于企业“五险一金”政策执行趋严，企业支付的实际工资增长更快。此外，随着我国农村剩余劳动力减少，企业招工难现象也越来越普遍。二是在土地成本方面，随着可用土地越来越短缺，土地使用成本越来越高，早期招商引资时一些土地优惠政策也被取消。三是环保成本方面，受国家对“两高一资”产业限制和环境容量控制政策等影响，以及佛山市和南海区开展污染治理行动，一些传统高耗能、高污染企业要想在南海继续生存，必须转而采用先进的节能环保技术，这也大大增加了环保成本。

表 3-4　南海区在岗职工年平均工资

	2007 年	2008 年	2009 年	2010 年	2011 年	2012 年	2013 年	2014 年
南海区年平均工资（元）	32082	34820	38276	39177	44386	49854	46371	53525
年增长（%）	9.7	8.5	9.9	2.4	13.3	12.3	-7.0	15.4
广东省最低工资（元）	780	860	860	1030	1300	1300	1550	1550
年增长（%）	29.1	10.3	0.0	19.8	26.2	0.0	19.2	0.0

资料来源：南海区统计局，CEIC。

3. **创新能力不强，难以为供给结构升级提供支撑**

过去南海发展，对技术创新不够重视，以模仿和引入外来中低端技术为主，企业创新和研发投入不多，大部分企业没有研发机构，社会也没有形成利于创新发展的环境和机制。2010 年以前，虽然南海专利总数增长较快，但以实用新型和外观设计为主，技术含量高的发明专利占比不高，高技术企业、创新人才和团队不多。在新形势下，由于技术的复杂性、知识产权保护、核心技术对竞争力的重要作用等，供给结构升级所需要的先进技术等不能再通过模仿或引进方式获取，而必须依靠创新。因此，创新能力不足越来越成为南海转型升级的制约。例如，企业缺乏创新的技术，无法满足消费者对档次、功能、安全性、环保性、个性化等需求，不能提升产品的增加值；缺乏创新的工艺，无法满足越来越严的环保要求。又如，企业创新能力不足，一方面难以为消费者提供新产品、新服务、新模式等，无法通过新供给创造新需求；另一方面，缺乏核心技术和关键零部件，不能形成独特的竞争优势，在产业分工和产业价值链中只能处于中低端位置。

（二）南海供给侧结构性改革的基本逻辑

1. **我国的供给侧结构性改革的基本含义**

一是从核心看，供给侧结构性改革是在新发展阶段，形成既满足新需求结构变化，又能充分发挥新要素禀赋和比较优势的经济供给结构，使新供给结构与新需求结构相匹配。二是从内涵看，供给侧虽然包括供给要素，如资本、劳动力、人力、土地、资源、创新等，但主要指由这些要素组合配置而形成的供给结构，其中最重要的是产业结构。三是从关键看，供给侧结构性改革是要素优化配置的过程，即引导要素从不合理的旧供给结构退出的同时，加速推动要素形成新结构，纠正资源配置扭曲，以增量带动存量调整，形成新的经济结构。四是从动力看，新结构形成是改革推动的，通过改革引导要素资源优化配置，既减少要素从旧结构的退出障碍，更要减少新结构的进入障碍，促进要素在新旧结构之间自由流动和有效组合配置形成新结构。五是从效果看，供给侧结构性改革提高了资源使用效率和全要素生产率，转变经济发展方式，实现高质量发展。

2. 南海是国家供给侧结构性改革的生动实践

如上所述，21 世纪 10 年代初期南海发展就面临着供给侧结构的问题，为破解这些难题，南海开始了新一轮改革和创新，探索和积累出不少成功经验，其内容与后来国家推动的供给侧结构性改革大致相同，因此南海是我国供给侧结构性改革的先行者和实践者。

一是调整供给结构是目标。要解决南海供给结构跟不上需求结构变化的问题，需要推动供给结构特别是产业结构的转型升级，来增强供给对需求变化的适应性，实现有效供给和有效需求相互匹配。二是创新是动力。南海的创新是全方位的创新，包括技术创新、工艺创新、管理创新、产品创新、服务创新、模式创新等，通过创新，不但推动了南海供给结构转型升级，而且也提升了南海产业链和分工地位，成功应对成本上涨的压力。三是资源优化配置是关键。一方面南海加快资金、土地、劳动力、人才等资源要素从中低端和供给过剩的产业、产品、环节等退出，另一方面将更多要素配置到中高端和供给不足的部门，更多配置到创新活动，形成有效和高效的供给结构，提高资源配置效率。四是深化改革是核心。为矫正资源配置扭曲，南海加快体制机制改革，探索建立新形势下“市场–政府”关系，既强化市场机制在资源配置的决定性作用，也发挥政府的前瞻性引导和公共服务提供者的作用，破除要素自由便利流动障碍，推动要素流动优化组合形成新的经济结构，实现新形势下的高质量发展。

还要看到，与全国大多数地区相比，南海的供给侧结构性改革具备较好的基础。一是对市场变化反应迅速。多数南海企业长期在一个行业稳扎稳打，积累了大量行业发展经验，既了解行业需求的变化趋势，也了解先进技术的发展方向，因此在新形势下，很多企业能提前预判市场变化，既可以准确购进行业的先进设备、技术等，也可以聘请关键创新环节的创新人才或团队，在较短时间内开发出中高端产品和服务，加快产业转型升级和创新。二是市场化程度较高。南海以民营企业为主，市场机制在南海过去的资源配置中发挥了重要作用。在过去 30 多年的发展中，南海的企业习惯了市场优胜劣汰的过程，在新形势下，市场机制能引导资源流向需求增长最快的部门，而跟不上形势的企业也能及时出清、腾出资源，供给侧改革遇到的阻力较少。三是长期模仿酝酿了创新突破。在长期产品简单模仿、技术引进和“干中学”等中，南海企业技术承接、开发等能力不断提升，并通过引进、消化、吸收、再创新过程，逐步掌握消化了生产背后的技术、设计原理等，具备了在关键技术、工艺、设备、材料等自主创新的条件，创新的技术还可以用到其他领域。四是企业具有较强的根植性。大多数南海企业是本土生长起来的，并构建起本地生产网络和配套体系，当外部环境出现较大变化时，大部分企业愿意继续扎根本土就地转型，而不是转移到其他地区复制过去模式，这与依靠外来投资的“候鸟式”经济有很大不同，加快供给侧改革不会引起经济大起大落。五是具有完整、密切关联的制造业体系。南海以实体经济为主，制造业门类齐全、配套能力很强，产业转型升级、发展中高端制造业有良好的产业基础支撑。同时，南海企业形成了广泛稳定的上下游产业联系，一些设计、安装、调试等服务过去委托其他企业或个人外包完成，在转型过程中，企业可方便地将这些外包服务内生化，整合为企业提供的服务。此外，南海经济实力雄厚，又位于珠三角核心区、靠近广州，交通便利，有条件建立先进的创新平台，给与人才等创新要素以较高的待遇，具有吸引和培育创新要素的优势。

三、南海区供给侧结构性改革取得了明显成效

南海供给侧结构性改革取得了明显效果。南海产业结构跟上需求快速变化的步伐，产品、企业等出现了很多新特征，例如产品档次和质量提高、产品向服务领域延伸、由制造环节向研发销售环节提升、生产过程的柔性化智能化、对需求的及时响应等。整体看来，供给侧结构性改革对经济发展的作用明显提升，基本形成了与新阶段相适应的体制机制，南海开始进入了产业价值链和国内外分工的中高端。

（一）产品向中高端方向升级

1. 加速传统产品向中高端升级

南海在供给侧结构性改革过程中，对产业链较短、不易分工的产品，主要推动由低端、低价值向中高端、高质量、高附加值升级。南海的铝材、陶瓷、纺织、家具等传统产业，纷纷向中高端产品升级换代，推出新产品、提高产品质量和性能、增加产品功能和安全性、生产小批量多品种定制化的产品等，使产品能够及时跟上需求新变化，摆脱了在中低端产品中的激烈竞争。例如，新明珠、蒙娜丽莎等陶瓷企业，一方面微晶石等中高档瓷砖产品比重增加，艺术瓷砖、发热瓷砖、超薄瓷砖等新品种不断涌现，还开发出陶瓷家具，将建材拓展到家具产业，满足消费者越来越高的需要；另一方面产品品种日渐丰富，形成了针对不同客户群的品牌系列产品，满足不同客户的多元化需求，是国内建筑陶瓷行业产品线最长的企业之一。又如，致兴纺织是一家纺织服装企业，近年来不断扩大设备、技术、研发、人员等方面的投入，逐渐转向高端牛仔面料的研发生产，避免了在低端面料和服装产品的激烈竞争，成功地由劳动密集型企业转为技术含量较高的企业。

2. 产品向相关领域转型拓展

近年来，一些南海企业凭借长期的产业积累优势，使用共用通用的技术、设备、工艺等，转向行业内增长较快、进入厂家不多、利润率较高的其他细分行业。南海纺织业生产医用纺织品就是典型的例子。纺织业长期是南海传统支柱产业，但近年来竞争加剧、市场萎缩，面临生存危机。与此同时，医疗、环保、交通等产业用纺织品需求不但增长较快，而且它们具有低污染、生产自动化高等特征。部分南海企业及时意识和抓住了市场的变化，调整了工艺、设备、材料和设计，重点发展功能性复合材料无纺布等纺织医用材料，促进了产业升级。另一方面，越来越多南海企业也由单一产品生产，转向多元化产品生产乃至形成系列产品，满足更多消费者需要。例如，一些铝材行业龙头企业，不但在传统门窗铝材行业开发出了保温、防噪音等新型产品，还将产品拓展到需求增长很快的动车用工业铝材。

3. 由提供产品向提供服务延伸

越来越多的南海企业由过去单一的生产商，转向包括制造和服务在内的全方位“解决方案提供者”。这种转型，不但能提供量身定制的产品，满足消费者对一站式服务的需求，扩大产品销售，而且服务通常位于产业链高端环节，制造和服务环节融合后，企业的竞争力和市场地位大幅提高，产品附加值也显著上升。例如，坚美铝业原来主要从事铝门窗加工制造，转型后整合了服务资源，开始提供门窗的安装、设计、咨询等相关服务，成为建筑门窗系统解决方案的提供者，坚美由于在全产业链中的重要地位，也因此成为行业标准的制定者。又如，维尚家具由定制家具起步，积累了各类户型数据和设计经验，逐步引入家装服务，转向全套装修服务提供者。

4. 迈向产业价值链中高端环节

一方面，南海企业在产业链较长、分工程度较高的产业中，开始迈向制造环节的中高端，进入生产过程更复杂、技术含量高、附加值大的制造环节，如关键零部件和原材料生产等。与此同时，部分企业将低端生产环节外包。另一方面，生产性服务滞后、产业链服务环节滞后于生产环节等是过去南海面临的一个主要问题，在转型过程中，南海着力引入和培育生产性服务业，积极发展包括研发设计、品牌营销、综合物流、金融保险、创意会展等在内的生产性服务业。综合看来，南海企业向高附加值产业环节跃迁，进入产业价值链“微笑曲线”两端高增值部分，对产业链的掌控能力不断提升。

5. **由最终消费品生产转向设备等资本品生产**

过去南海企业主要从事中低端技术的最终产品制造，机器设备等上游产品主要从外部购买和引进，并根据生产进行安装调试。在转型过程中，不少企业凭借最终产品的生产经验、设备购买调试经验、生产对设备的要求，以及对设备技术原理的掌握等，开始生产处于产业链上游的机器设备，一些企业更是实现了由简单模仿到复杂的逆向创新过程，不断扩大设备的技术含量和生产范围，最后成功转型成为设备制造商。例如，东方精工最早生产的是纸箱印刷设备，以满足佛山对包装纸箱印刷的需求。在转型过程中，东方精工不但提升纸箱印刷设备水平，开发出印刷联动线等高端产品，而且还开始生产上游的瓦楞纸板生产线，并逐步延伸到生产其他类型的包装机械，实现了对包装设备产业链的深度挖掘和广度拓展，同时利用积累的技术，开发了与原来纸箱生产设备关系不大的仓储设备生产制造。

（二）生产方式转向中高端

1. **淘汰落后产能和工艺**

南海在过去规模扩张阶段，使用过很多传统落后的生产技术、工艺、设备等，导致高污染高耗能等问题突出，不能适应新阶段的要求。环境保护和治理是南海转型过程的重要任务，通过提高环保要求，淘汰了一批落后工艺和产能，建筑陶瓷产业是其中的典型代表。2008 年，南海政府和行业协会开始实施严格的陶瓷环保标准，倒逼企业改进生产技术和工艺，淘汰落后设备、产品和产能，南海陆续有超过一半技术落后、污染严重的陶瓷企业，因不达标而关停或者外迁。而生存下来的企业，不但转而采用环保减排的先进技术，而且由于行业企业数量减少，避免了低水平恶性价格竞争，获得了更多利润，为产品升级创造出新空间，至此南海陶瓷产业迈上了一个新台阶。南海陶瓷业的环保转型在全国也产生了很大影响，南海企业参与了国家和行业的能源限耗、清洁生产等标准制定工作。

2. 以“机器换人”为代表的自动化智能化生产

随着劳动力成本不断上升，以及消费者个性化需求对小批量生产需求的增加，南海企业“机器换人”、智能化改造、自动化生产越来越多。“机器换人”不但大大减少了用工，而且提高了生产效率和产品的可靠性和质量，还降低了劳动强度和职业危害。大部分企业是从用人较多、技术简单、使用机器效益较好的环节入手，积累起自动化生产的经验，逐渐在更多环节“机器换人”。其中，有的企业根据多年生产经验，自主设计开发出智能化技术和设备，也有的企业委托机器人生产企业进行智能化改造。更重要的是，南海对智能生产庞大的需求，带动了机器人产业的发展。例如，昭信集团原是一家主要从事电子信息产品零部件生产的劳动密集型企业，通过自主创新对生产设备进行智能化改造，不但员工减少到原来的 1/3、产能和效益提高了 1/3，而且机器人技术和产品也发展起来，机器人不但实现了进口替代，而且还出口到日本等机器人强国，昭信集团也由电子信息企业一跃成为机器人生产企业。又如，菱王电梯对生产车间自动化智能化升级改造，引进焊接机器人，建立电梯钣金全自动柔性生产线等，“机器换人”后，公司年生产能力从原来的 4000 多台提升到 8000 台，订单生产周期从原来的 7 天缩短到 5 天。

（三）商业模式创新

1. “互联网+”产业

南海是较早发展“互联网+”产业的地区之一。在转型过程中，不少企业将互联网和信息技术运用于设计、生产、配送和服务等过程，实现工业化与信息化融合发展，创新出技术和商业模式，在增加企业对需求的响应速度、减少企业库存和资金占用等方面发挥了显著作用，大大提高了企业效率。例如，维尚家具将制造技术与信息技术相互结合，实施全程数码服务，引导消费者从过去被动地接受产品，转向共同参与产品设计，实现了大规模定制。维尚家具采集了全国数万种房型数据，研发出上万个“空间整体解决方案”，在设计师到消费者家中共同完成设计方案后，会通过信息系统将设计对应的板材生产指令直接传递到工厂生产，然后再通过配送系统到客户家中组装，实现了全流程信息化，创新出 C2B 和 O2B 商业模式，生产效率比传统模式提高了 9～10 倍。

2. 扩大国际合作

在转型过程中，南海企业改变了原来内生性和内向型的发展模式，加强了国际合作。一是随着品种、质量、档次等向中高端提升，南海企业开始满足欧美中高端客户的需求，不但扩大了中高端产品的出口，而且也开始提升了南海品牌的国际影响力。二是随着企业设计等创新能力的提升，越来越多的南海企业由原来简单、附加值较少的 OEM 式代工贴牌出口，转向包括设计环节、有较高附加值的 ODM 式出口。三是一些企业开始国际化经营，在长期与境外设备供应商等客户合作的基础上，开始并购国外先进企业，在短期内除利用被并购企业的品牌和市场渠道外，更是获取了先进技术和人才，提升了创新水平和竞争力。例如，2013 年东方精工首次跨境并购，并购对象是上游的纸箱生产设备商、行业领先的意大利 Fosber 集团，延长了纸箱设备制造的产业链。后来，东方精工又陆续并购了几家境外机器人制造企业，进入到自动化和智能制造设备领域，产品范围进一步拓宽，突破了原来专用设备发展的“天花板”。

（四）引入培育新兴产业集群

过去南海以民营企业和内生性发展为主，政府招商引资作用并不突出。在供给侧结构性改革过程中，如果沿用传统模式，南海难以发展起与本地产业关联不大的装备制造等先进制造业和战略性新兴产业，不但可能错失新一轮产业发展机遇，也不利于为产业转型升级提供支撑。为此，南海区政府转向“双轮驱动，内提外引”战略，以专业镇为载体，瞄准先进制造业、战略性新兴产业，以龙头企业为重点、以产业链为支撑，按照“龙头项目–产业链–制造业基地–产业集群”的发展思路，积极推动招商引资，培育出一批新产业集群。

1. 先进制造业

南海区针对南海转型升级需求较大、有一定产业基础的整车生产、机械装备、智能制造、新材料等产业大力招商引资，成功引进了一汽大众整车、奇美电子、爱信精机、丰田纺织、本田变速箱等全球知名企业，并通过龙头项目、龙头企业带动上下游产业集聚，形成汽车制造、平板显示器件、半导体照明和高端装备等多个新产业集群，装备制造和高科技产业集群很快发展起来。同时，南海还培育起一批拥有核心技术的中小型配套企业，打造出一批专业性的高端制造产业基地，提升了原有产业结构，引入增长新动力。例如，南海在引入一汽大众后，通过供应商本地化，带动了南海上游汽车配件以及钢铁、机械、橡胶和下游的金融、保险、销售、维修、物流等上百个相关产业发展。

2. 战略性新兴产业

南海区瞄准光电、环保、新材料、新医药、新能源、云计算、物联网等战略性新兴产业，积极引入高新技术企业，打造新产业基地，发展为大产业集群。例如，南海相继建成广东3D打印应用技术创新中心、广东省新光源产业基地、广东生物医药产业基地。这些新兴产业发展，不但形成了南海的新经济增长点，而且也带来了关键技术、核心零部件等，推动原有中小企业升级。

3. 提升产业链配套能力

在转型过程中，南海不少龙头企业通过对外招商，吸引上下游配套产业集聚，补齐产业链缺失环节，较快形成了完整的产业链。例如，南海首先引入必得福、PGI等专业从事无纺布生产的龙头企业，并通过产业链招商，逐步引入包括卫生用品底膜生产商、下游无纺布产业应用企业等产业链企业，最终形成了包括原料、机械、卷材、胶粘、医疗卫生用品等无纺布完整的产业链。

（五）提升自主创新能力

过去南海以外来技术为主，近年来，开始向自主创新和继续引进并举方向转变。一方面，不少企业从国外引入更先进的技术、设备等，直接采用现成的先进技术实现产品向中高端升级；另一方面，越来越多企业在技术使用过程中，通过“干中学”，逐步掌握技术原理，并跟踪先进技术的变化趋势和发展方向，同时在市场竞争压力下，企业对自主创新也越来越重视，扩大研发投入，吸引创新要素，自主创新能力显著上升，逐步实现由“南海制造”向“南海创造”转变。

1. 自主开发

例如瑞洲科技最早是一家制鞋企业，最初使用的是进口皮革切割设备，在使用过程中积累了大量经验，后来开始着手改进、研发技术和设备，最终开发出具有自主知识产权的数控皮革切割设备，为客户提供自动化的产品和设计、数控加工解决方案，不但实现了进口替代，而且实现了从制鞋厂到设备生产厂商的转型，成为行业“隐形冠军”。又如，蒙娜丽莎陶瓷凭借多年生产经验，与国内企业合作研发出超大陶瓷板压机，设备和产品都达到了世界领先水平。

2. **引入国际先进设备**

例如华昌铝业为应对日益激烈的市场竞争，积极引进美国格兰克双牵引机、大型挤压设备、全自动立式氧化电泳生产线、挤压磨具数字模拟设计技术等，并对大型复杂断面铝型材和新型合金材料进行研发，从而开发出高铁列车用铝材、高强度铝合金人行天桥桥梁骨架等产品，大大扩展了产品范围。

四、南海供给侧结构性改革的成功经验

（一）供给侧结构性改革成功的核心是供给结构适应需求变化

南海区供给侧改革的直接效果体现在产业结构变化上。通过供给侧结构性改革，南海实现了新旧产业结构的转换，在中低端产业、产品、服务和落后产能等被淘汰的同时，一批符合市场需求的中高端产业、产品、服务、生产工艺、新技术、新业态、新模式发展壮大，有效供给不足与无效供给过剩的矛盾得到破解，产业转型升级成效明显，南海经济进入了以高质量发展为特征的新发展阶段。2011—2018 年南海产业结构变化情况见表 3–5。

表 3–5　南海产业结构变化情况

	2011 年	2012 年	2013 年	2014 年	2015 年	2016 年	2017 年	2018 年
工业总产值/增加值	100.0	100.0	100.0	100.0	100.0	100.0	100.0	100.0
优势传统产业	29.0	28.2	27.0	25.4	24.4	23.3	27.9	32.9
先进制造业	31.8	34.3	33.8	32.2	33.0	34.0	34.5	38.7
高技术制造业	10.2	11.0	10.4	9.6	10.8	11.3	6.8	7.3
三大产业合计	71.0	73.6	71.1	67.2	68.1	68.6	69.3	78.8

注：三大产业类别为规模以上。2011—2016 年是工业总产值；2017、2018 年为工业增加值。

资料来源：历年《南海区统计年鉴》。

以制造业产业结构为例，南海制造业中高端化趋势明显。从规模以上工业企业工业总产值所占比重看，2011—2018年，先进制造业比重持续增加，由2011年的31.8%上升到2018年的38.7%。传统优势产业比重则经历了"前降后升"的过程，2016年前逐渐下降，2017年后有所上升；高技术制造业所占比重较低。

先进制造业是最能体现南海产业结构升级的产业。南海先进制造业的统计口径，包括高端电子信息制造、先进装备、石油化工、先进轻纺制造、新材料、生物医药及高性能医疗器械等行业，属于典型的资本和技术密集型行业，具有技术水平高、收入弹性大、市场需求广、增长潜力大等特征。南海这些行业原来基础并不强，但经过供给侧结构性改革，它们成为南海增长最快的产业集群。到2018年，汽车制造行业增加值超过100亿元，高性能复合材料及特种功能材料、智能制造装备、集成电路及关键元器件、重要基础件、节能环保装备、新能源装备、生物制药、高性能医疗器械的增加值都超过10亿元。此外，先进制造业还包括一些传统制造业的高端部分，其中高附加值纺织服装、智能节能型家电、环保多功能家具、绿色食品饮料行业的工业增加值，在2018年也超过了10亿元，传统产业中高端化趋势十分明显。

另一方面，供给侧结构性改革以来，南海区的过剩或落后产能加快淘汰，部分产业收缩。其中，最明显的是非金属矿物制品业（陶瓷为代表）、纺织服装、金属制品业（小五金为代表）和黑色金属冶炼及压延加工业（钢材加工为代表）。2012—2016年，规模以上非金属矿物制品业由5.3%降至3.7%，下降了1.6个百分点；纺织服装业由5.5%降至4.1%，下降了1.4个百分点；金属制品业由9.8%降至8.7%，下降了1.1个百分点；黑色金属冶炼及压延加工业由3.1%降至2.0%，下降了1.1个百分点。这些行业中，有不少低端企业因跟不上产业转型升级的步伐而关停，导致行业的企业数量出现绝对减少，行业集中度有所提升。例如，2012—2016

年，纺织服装业由230家降至211家，减少了19家；黑色金属冶炼及压延加工业由83家降至66家，减少了17家。这些关停的企业，既有一部分属于真正关停、企业设备被处理的，也有一部分企业则将设备和产能向境内外其他地区，尤其是向内陆低成本地区转移。相比之下，保留下来企业，多是那些转向中高端产品、采用先进工艺的企业。

（二）供给侧结构性改革明显提高了企业效益

随着供给结构逐步与升级的需求结构相匹配，南海企业产品由价格竞争转到质量竞争，行业的质量效益指标明显提升，如驰名品牌增多、产品产销率提高、劳动生产率提升、研发比重增加等。从微观层面看，供给侧结构性改革的效果主要体现为企业效益改善；从宏观层面看，南海的资源利用效率大大提高，经济发展方式实现了由粗放到集约的转变。

例如，从品牌看南海品牌战略成果斐然，名牌数量增加，品牌价值提升，品牌影响力越来越大。2010年南海有中国驰名商标9个、广东省著名商标104个；而到2014年，中国驰名商标和广东省著名商标分别增加到44个和164个；到2018年中国驰名商标更是增加到63个，约占佛山市驰名商标的1/4。又如从工业产品销售率看，2010年南海区为95.6%，低于全国97.8%的水平；2014年增加到98.7%，2018年继续保持在98.7%的高水平，均高于全国平均水平，表明南海供给结构调整赶上了需求快速变化的节奏。再如从规模以上工业全员劳动生产率看，南海2010年为171946元/人，2014年增加到214828元/人，2018年进一步增加到243757元/人，不但大大超过全国平均水平，而且增速也很快，表明南海在增加科技投入、提高劳动者素质、机器换人等方面都取得了积极进展。其他一些效益指标，如工业利润率、总资产贡献率等，南海和全国一样，在发展到更高阶段后，会逐渐下降，但南海这些效益指标仍显著高于全国，如规模以上工业成本费用利润率，2012年全国为5.84%，南海为9.35%，

2015 年全国降至 5.72%，南海降至 8.48%，明显高于全国水平。

（三）提升创新能力是供给侧结构性改革成功的关键

创新能力是推动南海产业转型升级的关键。和全国类似，南海过去的技术来源主要依靠引进和模仿，包括引入国内领先企业的设备、技术、生产工艺、人才、管理，以及进口国际先进设备和技术等。在 21 世纪 10 年代以前，南海引进的外来技术迅速缩短了与先进企业的技术差距，使南海有条件大规模生产中低端产品，推动了产业规模的迅速扩张。21 世纪 10 年代以后，仅以外来技术推动南海产业和经济迈向更高水平面临越来越多的困难，这就需要开辟一条依靠自主创新推进技术和产业结构升级的新路。

通过供给侧结构性改革，南海成功地实现了创新来源的转换，即由引进为主到自主创新为主的升级。专利是反映自主创新能力的基本指标。进入 21 世纪之后，南海专利申请出现了较快增长，2010 年之后继续保持较快增长势头。“十二五”时期（2011—2015 年），南海专利申请接近 3.6 万件，比“十一五”增长 29.3%；2016 年开始出现了新一轮爆发式增长，“十三五”前三年（2016—2018 年），专利申请就超过 6.2 万件，同比增长接近 1.9 倍。更重要的变化来自专利结构，在三种专利类型中，科技含量最高、能为企业带来更高附加值的发明专利，增长速度更快。“十一五”时期（2006—2010 年），发明专利申请占全部专利申请的比重仅为 8.4%，“十二五”时期一跃增加到 18%，十三五”前三年更是增加到 23.6%。相比之下，有一定技术含量的实用新型专利申请也出现了一定增长，而技术含量最低的外观设计专利申请则增长缓慢甚至陷于停滞。这充分表明，南海的技术自主创新能力取得了显著进展。而广义的南海自主创新，除了最重要的技术创新外，还在管理创新、商业模式创新等方面，亦取得了很大进展。南海高新技术企业也出现了数量扩张和质量提升，到 2018 年底，高新技术企业总量达到 1523 家，增量及总量均居佛山市首位。

表 3-6　1985 年起南海区三种类型专利的申请统计表

年度	发明（件）	发明占总比（%）	实用新型（件）	外观设计（件）	合计	同比增长（%）
1985—1990	7	14.9	30	10	47	
1991—1995	20	3.4	161	402	583	1140.4
1996—2000	98	2.7	741	2810	3649	525.9
2001—2005	591	3.4	3101	13623	17315	374.5
2006—2010	2332	8.4	7292	18152	27776	60.4
2011—2015	6452	18.0	16055	13417	35924	29.3
2016—2018	14663	23.6	31721	15867	62251	188.8
总计	24163	16.4	59101	64281	147545	/

资料来源：历年《南海区统计年鉴》。

南海自主创新能力提升的原因，一是中高端技术引进越来越困难，南海实现产业转型升级和高质量发展，需要的是中高端技术而不是一般的中低端技术，这类技术关乎企业的核心竞争力和垄断地位，甚至关系到国家安全，因此不但跨国公司和先进企业不愿意转让这些技术，一些国家甚至限制先进技术出口，南海企业需要的关键、核心技术是要不来的；二是南海自主创新的基础大大提升，包括大量受过良好教育和培训的人才、过去引进消化吸收等积累的研发经验、下游制造业对上游研发的强大需求、企业对自主创新的重视和资金支持、政府社会企业共同营造的有利于创新的环境等，这些都有利于吸引创新要素形成自主创新成果；三是在新发展阶段，全球范围内的新产业、新产品、新技术、新业态、新模式层出不穷，各国都在同一起跑线上，南海在全球新一轮创新浪潮中，更具有产业基础和成本价格优势，同时背靠国内广阔市场，有可能率先取得突破。

同时亦需看到，虽然技术引进的重要性下降，但其仍是南海先进技术的一个来源和产业转型升级的支撑。近年来，南海引入的技术不但向中高端方向发展，而且引入方式也出现了新变化。例如，部分企业购买更先进的进口设备、技术等，用于提高产品性能、品质，或通过消化吸收再创新。又如，也有企业利用发达国家经济下滑的机会，“走出去”到海外并购先进企业，直接获取先进的设备、技术，以及利用研发人员开发新技术新产品等。

（四）坚守实业围绕原有优势转型升级

南海区供给侧改革成功的企业，绝大多数是围绕原有制造业进行转型升级的，很少有转向跨度较大的其他行业而成功的。南海企业转型升级可以分为两类，一类是升级，即生产仍集中在同一产品领域，但由低端向高端升级。或者围绕主导产品做深做精，包括提高产品质量和档次、提升产品技术水平、建立服务网络、树立产品形象等；或是优化改善生产经营过程，如改善生产组织方式、建立新的营销模式等。另一类是转型，即由一个领域的生产经营延伸或转向到其他领域，如由生产制造扩展到研发设计，或由消费品生产转向装备制造等领域。无论是制造业升级还是转型，目的都是获取或提升差异化竞争优势，增加产品和产业的附加值，迈向产业价值链的中高端。

显然，南海的供给侧改革充分利用了原有制造业优势，包括企业成熟的生产组织方式、时间成本控制方法、技术引进消化和研发、员工培训和管理、市场营销渠道、产业发展趋势判断，以及产业的内部上下游配套体系、企业间的良性竞争合作关系、产业集聚发展模式等，这些优势是南海的宝贵财富和核心竞争优势，不易被模仿和复制。更重要的是，由于多年在一个行业从事专业化生产制造，南海企业对行业特征非常熟悉，对行业变化趋势更为敏感和准确，因此能更好把握行业转型升级的方向和路径，这可以解释为何南海区围绕原有制造业进行供给侧改革会取得成功。

相比之下，近年来在全国范围内，很多制造企业由于行业竞争加剧、成本上升、利润下降等，纷纷采取多元化战略，特别是很多企业转向与制造业关系不大、具有“短平快”盈利特征的房地产、金融等领域，这种制造业跨领域转型，不但成功的企业不多，而且更会导致虚拟经济发展过快、实体经济发展受限，既削弱了我国制造业优势，也增加了宏观经济风险。近年来，南海区虽然所占比重不高，但也确有一些制造业企业转向关联度不大的其他行业，包括转向金融、房地产、互联网等“热点”产业，但多数企业不但在新产业没有成功甚至还对原来的主业产生很大负面影响。有部分位居行业前列、成功经营多年的企业，在转向房地产等产业后，因资金链断裂等原因而不得不关停，导致多年的积累毁于一旦。

五、政府在南海供给侧结构性改革过程中发挥了关键作用

长期以来，南海区具有“大市场、小社会”的特征，经济活动主要依靠市场机制调节，是全国市场机制最具活力的地区；政府作为“看得见的手”，整体上对微观经济活动干预很少，即使在有限的干预领域，也主要是为市场机制运作提供必要的服务，弥补“市场失灵”。

在供给侧结构性改革过程中，“市场失灵”的内容发生了很大变化，这对政府与市场的关系、政府作用提出了新的要求。近年来南海供给侧结构性改革之所以成功，一方面是发挥了南海长期形成的市场活力优势，坚持市场机制在资源配置中的决定性作用，利用市场机制特别是价格机制，在引导要素资源从中低端产业和落后产能退出的同时，将要素资源投入到中高端产业和环节、新兴产业和创新科技，实现了产业结构转型升级和创新驱动的高质量发展；另一方面，政府干预也及时转向新的“市场失灵”领域，主要是营造有利于产业转型升级、吸引短缺中高端资源要素、实现创新驱动发展、形成新供给结构的环境上面，有效推动资源要素在新旧产业、新旧模式、新旧动能之间的顺利流动和高效配置。综合看来，南海政

府正确把握了新形势下政府和市场的关系，政府职能及时进行了调整，在收权和放权过程中找准平衡点，做到了政府不越位、不缺位、不错位，南海服务型政府和“大市场、小政府”的特征并没有发生根本性变化。

（一）降低企业成本

近年来，受工资、土地等要素价格快速攀升影响，企业生产经营成本抬高、利润下降，不但削弱了竞争力，而且也不利于企业转型升级，如缺乏资金购买新机器设备，或无力对新产品、新业态等进行投资，因此降低成本是供给侧结构性改革的一项关键任务。虽然企业成本主要由市场决定，但亦与政府有关，其中既包括政府间接管理的成本，也包括政府直接的制度成本，政府在降成本方面可以发挥很大作用。南海政府在企业降成本方面做了大量工作，减轻了企业负担，取得了较好效果。

第一，降低企业实际税负。南海区政府无权调整税收政策，但近年来南海一方面积极落实国家、广东省各项惠企减税政策，如全面实施营改增试点、研发费用加计扣除等，另一方面加强税收服务，如对高新技术企业、小微企业开展“一对一”辅导，进行专题税收政策培训等，积极为企业减负。从效果看，重点领域的减税效果比较明显，如2015年高新技术企业享受所得税减免税额14885万元，小型微利企业减免税额6099万元；2018年累计惠企减税83.13亿元，累计减免涉企行政事业性收费约7.09亿元、政府性基金约5.3亿元。

第二，降低企业用工成本。2015年起，南海区严格执行省、市优化社会保险费率结构、下调社会保险费率等政策，连续下调企业医疗保险、生育保险及工伤保险缴费费率，减轻了企业负担。南海对企业用人给与一定补贴，缓解了招工难、员工流动性大等问题，2016年南海实施了失业保险基金发放稳定岗位补贴的政策，对未裁员、少裁员的企业，按缴纳失业保险费的一半比例给与补贴，2018年发放稳定岗位补贴企业约4700家，补贴金额约 0.48 亿元。

第三，降低行政成本。一方面，在“显性”行政收费方面，南海区按照国家和广东省部署，及时取消了部分行政事业性收费项目。另一方面，南海加快了行政管理体制改革，全面推动简政放权和政府职能转变。例如，南海制定了行政审批事项调整目录，取消行政许可事项 200 多项，在保留实施的 1236 项事项中，有超过七成下放至镇街办理；又如，实现政府权力运行管理的标准化，形成了行政审批和社会服务事项目录标准、要件标准、流程标准、材料标准、服务标准和制度规范；再如，区镇两级先后实施了行政审批“一窗通办”新模式。这些行政管理改革，不但提高了行政效率、明确了政府的“权力边界”，压缩了容易引发腐败的权力空间，更是大大节约了企业办事的时间及交通、办公和人员等各方面成本，是降成本的一项重要内容。

（二）弥补资金短缺

融资难一直是南海企业发展面临的重要问题，其中尤以中小企业为甚，大多数企业对银行贷款依赖不高，杠杆率偏低、融资成本较高。在供给侧结构性改革过程中，一方面很多企业要替换机器设备、生产线等进行技术升级，或者开展风险较大的研发活动，面临的资金压力更大；另一方面很多高科技企业、创新性企业以及中小企业“有形”抵押物不多，通过传统贷款方式难以融资。显然，南海金融方面遇到的不是银行“去杠杆”问题，反而是应适当增加杠杆率，因此弥补资金短缺、降低融资成本、创新融资方式，也成为南海区政府在推动供给侧结构性改革的一项重要任务。近年来，南海区政府积极引入各类金融机构，促进金融、科技、产业三者创新融合，放大财政资金的撬动效应，扩大了对转型升级企业的资金支持。

第一，缓解中小企业融资难融资贵问题。在帮助企业债权融资方面，早在2008年，南海就成立了中小企业信用担保资金，此后多次增加担保资金规模，帮助中小企业获得银行贷款，以及发放企业贴息及担保机构补贴。又如，南海设立企业融资专项资金，用于缓解企业续贷融资困难，解决了企业到期贷款的资金周转问题。截至2018年底，累计审批企业申请1629笔，累计续贷企业409家，累计支持企业转贷金额183.57亿元，有效地降低了企业融资成本。

第二，丰富企业融资方式。利用基金融资是金融支持企业发展的重要形式，近年来南海设立和引入了各类基金。例如2014年，南海区政府设立了粤科母基金，并引入商业银行增资，主要投向战略性新兴产业项目和高新技术企业，通过母基金引导带动作用，撬动民间资本投资新兴产业。又如，2018年在千灯湖创投小镇内新增基金类机构152家，新增募集资金超过124亿元，引进包括IDG资本等重点项目，支持企业融资。同时，南海还积极推进企业债券"直通车"政策落地，也就是债券发行人直接向国家发展改革委系统直接申报文件，而不再需要通过广东省发展改革委转报，从而简化手续、缩短时间，2018年已有南海企业纳入省企业债储备项目清单。此外，近年来上市也成为南海大型企业融资的重要渠道之一，仅2017年就有4家企业在A股上市，截止到2018年底，南海区共有A股上市企业18家，新三板企业42家，另外还有上市后备企业168家。通过上市，南海企业除扩大社会资本融资渠道外，还推动企业由家族治理转向现代企业治理结构。

第三，金融支持科技创新。近年来，南海为实施创新驱动，在金融支持高科技企业和企业科技活动方面，进行了新尝试。例如，2013年成立了广东金融高新区股权交易中心，重点是为高科技企业提供融资服务，中心先后推出"华南知识产权运营中心"和"科技板"，为科技企业提供股权托管、知识产权质押、股权融资等特色金融服务。为解决知识产权价值评估、风险控制、质物处置等知识产权融资遇到的难点问题，南海还引入了一批相关机构和团队，为企业开辟了利用知识产权融资的新渠道。又如，南海设立了珠江西岸融资租赁区域中心，引入一批融资租赁注册机构，租赁物涵盖机器人、智能装备、高新装备、基础设施等，既保证了中小企业使用先进设备实现转型升级，也保证了南海装备制造业获得订单、扩大销售。截至 2018 年底，南海区内注册的融资租赁机构 71 家，累计发放融资金额约 269 亿元，支持先进装备制造业发展的融资租赁资产余额约 15.71 亿元。

第四，优化财政的金融支持。例如，南海设立了面向小微企业的科技创新券专项资金，企业申请创新券后，可向“211”工程大学、中国科学院直属科研机构等购买科技创新等服务，创新券政策既降低了小微企业创新成本，也带动了南海本地科技服务业的发展。又如，南海对重点产业的自主创新给予财政扶持，每年安排专项资金，重点扶持机器人产业发展，带动产业技术改造。

（三）弥补技术短板

先进或中高端技术，在引领南海区产业结构转型升级发挥了关键作用。这些技术越来越难以通过引进方式获得，因此在供给侧结构性改革过程中，自主创新的重要性明显上升，这就需要南海弥补自主创新以及相应的人才、机构、资金、机制等方面的“短板”。近年来，南海着力引入技术人才和团队，打造有利于自主创新的机制和环境，通过财政资金撬动全社会科研投入，大大提升了自主创新能力，成为南海产业转型升级的支撑。

第一，积极引入外部高端研发资源。近年来，南海区通过“傍大学”、建孵化平台、深化政校企协同创新，引入高端研发资源，例如在装备制造、新材料、生物医药等重点领域，与香港科技大学、密西根大学国际智能制造创新中心、北京大学王凡教授团队、清华大学材料学院、中国科学院苏州纳米所等境内外多所科研院所共建创新平台。同时，加强与省内研发机构合作，推动省内优质创新资源落户南海。如与广东工业大学数控装备协同创新研究院、佛山智能装备技术研究院、中山大学孙逸仙纪念医院等省内创新平台开展合作。这些创新平台直接带来先进创新资源，例如为广东工业大学研究院设立了投资引导资金，引入了人才团队和合作企业，带动了企业科研投入，成为自主创新的重要源泉。依托这些创新平台，南海还引入了一大批院士工作站、国家高新技术企业等国家级创新要素。此外，南海也积极推进企业自建研发机构，据统计，2018 年规模以上企业研发机构建有率达 51%，5 亿元以上工业企业研发机构建设保持在 100%，研发机构取得的创新成果，加快了企业的技术改造和升级的步伐。

第二，打造科技创新平台。各类创新资源在空间上集聚，有助于形成更多的创新成果。近年来，南海积极推动创新资源集聚发展的载体建设，相继建成了瀚天科技城、天安数码科技城、金谷光电产业社区、清华力合科技园等高新技术企业集聚区。2018 年以来，南海还积极推动三山新城片区参与佛山三龙湾高端创新集聚区建设，首批四家广东省实验室之一的季华实验室落户三山片区，它重点发展与佛山制造紧密相关、能够解决共性关键技术的增材制造、机器人与先进控制、精密仪器与智能装备等实验室，目的是打造国内一流、国际高端的战略科技创新平台，2019—2022 年，佛山市、南海区两级财政计划每年共投入不少于 10 亿元用于实验室建设。目前，中科院长春光机所、微电子所、苏州医工所以及清华大学、复旦大学、美的集团等国内知名科研院所、大学、企业相继进入季华实验室。

第三，加快建立科技孵化器。近年来，南海区以广东金融高新技术服务区和佛山国家高新技术产业开发区为载体，加大科技孵化器建设力度。一方面引入瀚天科技城孵化中心等国家级科技企业孵化器或孵化器培育单位，另一方面也支持民营孵化器发展，先后引入天安数码科技园孵化中心、英诺创新空间等民营孵化器。到2018年底，南海共有国家级孵化器培育单位11家，区级以上孵化器18家，它们加快了科研成果产业化应用和创新创业团队的培养，成为培育南海科技型企业的摇篮。

第四，营造有利于创新创业的环境。南海加大对创新创业团队的扶持，设立创新创业工程中心，组建创新创业导师团，为初创企业提供创业辅导、创业人员交流、创业项目孕育、公共研发平台等服务，减轻了初创企业的经济负担，支持了新经济、新产业、新业态等创新创业发展。

第五，制定知识产权扶持和服务政策。一方面，重点扶持发明专利，对企业发明专利的申请和持有给予等额或一半的财政资金支持，并对授权发明专利给予奖励。另一方面，加强了中小企业知识产权服务工作，如开展企业专利管理师千人培训计划，选拔专利特派员按行业分类与企业“结对子”进行辅导。从效果看，南海企业知识产权管理水平进步明显，国内专利布局意识增强，发明专利和国际专利申请都出现了较大增长。

第六，政府加大科技投入。2011年，南海区科技财政支出4.5亿元，占财政支出的比重为3.9%；2018年增加到15.4亿元，年均增长近20%，占财政支出比重大幅增加到6.5%。2017年南海全社会科研投入约69亿元，R&D占GDP比重2.58%，超过全国平均水平0.4个百分点以上。

（四）弥补劳动力和人才短缺

南海供给侧结构性改革在用人需求方面，也出现了新变化。一是对劳动力或工人的需求，随着设备和生产线的升级，出现了由普通工人向具有技能的工人转变，对工人的职业技能要求越来越高；二是不但普通工人用工成本持续增加，而且面临用工总量短缺问题；三是对研发、创新创业的高素质人才，包括国际高端人才的需求越来越大。近年来，南海区政府采取了不少措施，改变了劳动力和人才的供给结构，提升了要素禀赋，为产业转型升级提供了支撑。

首先，在提升劳动力职业素质方面，一是实行“高技能人才晋升加速计划”，培养具有工匠精神的高技能人才。例如，将南海技师学院作为省级高技能人才公共实训基地的载体，面向南海区制造企业特别是高端装配制造企业开展数控技术、机电装配等的技能晋升培训；又如，建立并扩大对技能晋升的培训补贴，对由南海区主导开发但未纳入省补贴的职业工种实行补贴政策全覆盖。二是推进校际校企合作，提高职业教育水平。例如，推进南海技师学院与广东工业大学数控装备协同创新研究院、佛山中国科学院产业技术研究院等合作，拓宽办学模式，培养产业转型升级所需要的高技能职业劳动力。南海区政府还引导南海高级技工学校调整专业设置和招生计划，提高免学费和助学金水平，以满足产业发展的新需求。三是通过开展职业技能竞赛，提高职业技能水平，培育符合产业需求的高技能人才。2018 年，南海区共举办了数控车工、汽车维修工、3D 打印应用、电焊工等重点产业需求大的技能竞赛活动近 20 场，有 1539 人通过竞赛取得高级工证书，人数相当于前三年的总和。

其次，在促进就业方面，一是强化公共就业服务，提高就业供需匹配水平。除开展专项招聘活动，促进劳动力资源供求双方快速对接外，南海区政府还利用互联网提供就业服务，如通过就业南海 App、微信微博等互联网渠道，结合举办现场招聘会，加强线上线下就业服务联动。二是加强对重点群体就业的财政补贴。南海对招用就业困难人员、残疾人、高校毕业生等重点群体的企业给与财政补贴，不但降低了企业用工成本，而且也有助于因去产能等原因造成的失业人员尽快找到新工作。三是主动与国内其他地区人才合作，引入短缺人才。如与一些省份开展校企人才交流会，推动两地在人才培养、科研合作、成果转化等方面的合作。在普通劳动力方面，加强与贫困人口劳务输出地的对接工作。

最后，在引入和支持高层次人才发展方面，一是实施“蓝海人才计划”，通过在项目经费、办公场所、子女教育、租房安居等方面的大力支持，引进南海新兴产业和产业转型升级急需的高科技人才团队，如大力引进领军型国家尖端人才，包括院士、国家千人计划、杰出青年项目获得者、长江学者等，积极打造创业生态链，推动高精尖创新。二是支持人才发展，如加强高层次人才认定的评定申报、专业技术人员的继续教育，一批企业成功申报成为广东省博士后创新实践基地。三是加强对人才的服务，如2018年创建了人才卡服务管理平台，为各类人才提供高端商旅、话费充值、餐饮优惠、音乐会等众多商业资源和服务，提升南海对人才的持久吸引力。近年来，南海人才结构明显优化，中高端人才所占比重不断攀升。2010年，南海区人才总量28万人，占常住人口的13.5%；而到2017年，人才总量增至47万人，比2010年增长了68%，占常住人口比重提升到16.8%。

（五）弥补土地短缺

长期以来，土地面积有限是制约南海区产业和经济社会发展的突出矛盾。目前南海1000平方公里的土地上，建成区面积已超过50%，土地开发强度远超我国香港、日本，部分镇街几乎无地可用，资源环境承载能力也接近极限。在建设用地已基本达到上限的情况下，自2007年开始，南海区积极推动“三旧”（旧城镇、旧厂房、旧村庄）改造，以土地存量改造方式活化存量用地，降低建筑密度、提升容积率，提高土地利用效率，破解土地短缺难题，并探索出镇村联合改造、企业自主改造等几种模式。近年来，南海区更是充分认识到“三旧”改造在淘汰落后产能、促进产业转型升级等方面的重要作用。在2014年8月成为广东省新一轮深化“三旧”改造综合试点后，南海区“三旧”改造进一步加快，改造规模在广东省名列前茅。从效果看，“三旧改造”不但实现了对原有土地上产业的“腾笼换鸟”，提高了土地利用效益，拓展了城市和产业发展空间，而且将产业、城市、环境有机融合，既提升了城市景观，也惠及了市民生活，实现了“产业转型、城市更新、环境再造”。

首先，开展新一轮“三旧”改造综合试点。一是完善土地出让收益补偿制度，增加了物业补偿形式，激发原土地权利人参与“三旧”改造积极性；二是创新旧村居改造模式，例如与房地产企业合作改造，撬动社会资本参与改造，又如原土地使用权人自行改造时，涉及国有建设用地改变土地用途等情况，可以补交土地出让金；三是完善“工转商服”土地出让金补缴体系，降低自主改造成本；四是探索土地“混合功能出让”，推动土地从单一功能向综合功能转变，在集约用地的同时，还实现了产业、城市、人口融合发展。

其次，推进村级工业园改造。村级工业园是南海过去工业化的产物，普遍存在布局散乱、基础设施不配套、土地利用效率不高等问题，越来越不适应现代产业和产业升级的需要。因此，在供给侧结构性改革中，改造提升村级工业园成为南海盘活土地的重点。例如，南海区对改造难度较大的村级工业园提升项目给与财政支持，包括土地确权费、基础设施配套费、土地前期整理、工程造价等补助。又如，对村级工业园改造进行了制度创新，如经村集体表决、镇街同意后，允许采取协议形式办理集体土地租赁、出让和续约手续，允许多层产业用房分割销售，允许在工业用地中提高公共配套设施的面积比例等。村级工业园改造效果明显，不但建设了现代化厂房和商业配套设施等，而且依此新设了上东工业园等若干现代化产业园区，有利于招商引资和发展现代产业。截止到2018年，南海已认定60个村级工业园改造提升试点项目，面积达2.4万亩。

最后，划定产业发展保护区。2018年，南海区划定了24万亩产业发展保护区，用于保障产业用地的发展空间，区内严格控制新增房地产项目。产业保护区分为产业园区、产业街区和产业地块三类。同时，南海区将新产业用地纳入产业保护区的范围，并且不对其用地规模进行限定，以促进企业转型升级。

（六）提供公共服务和产品

过去，南海区在“大市场、小政府”的发展理念下，加之财政收入较少，所提供的公共服务比较有限，仅仅满足基本“市场失灵”的领域，以便让市场配置更多的资源，这种模式在相当长时间内被证明是有效的。但进入新发展阶段后，南海经济发展对公共服务需求出现很大变化，不但需求规模增加，而且需求结构变化、质量提升。近年来，南海区加大对新的公共服务和产品的供给，满足了产业转型升级提出的新要求。

第一，提高基础设施投入的规模和质量。交通、市政等基础设施是标准的公共产品，是政府应当承担的重要公共服务职能。过去交通基础设施是南海区政府投资的重点领域，建成了比较完善的对外对内交通体系，在密切区域联系、吸引外来投资、提升社会民生等方面发挥了积极作用。近年来，南海经济进入新阶段，对基础设施建设提出了新要求。例如，南海与广州有近93公里的交界线，近年来在广佛同城化的大背景下，南海区将与广州的交通联系作为投资重点，不断增加通往广州的道路，特别是三龙湾等一些新开发区域在规划时就考虑了与广州的道路连通。这些道路建成后，有助于南海吸引广州高端人才，实现“小城市、大资源”式发展。又如，吸引高端产业和人才需要高质量的生活人居环境，近年来南海大大增加了这方面的投入，以城市绿化为例，2010年城区绿地率为36.6%，2018年则增加到42.5%。

第二，加强公共服务供给。近年来南海区对有利于产业转型升级的公共服务投入逐步增加。例如，南海区在经济和产业转型过程中，技术和研发投入越来越重要，但南海以中小企业为主，大多无力购置研发设备、成立规模较大的研发团队。为此，南海以政府为主体，陆续建立了一些公共技术服务中心，如西樵镇服务于纺织业的南方技术创新中心，为企业提供研发、设计、测试、人才培训等服务，企业创新活动可委托这些中心完成，既使企业获得了研发成果，又降低了企业开支，对产业转型升级起到支撑作用。又如，教育、文化、医疗也是南海区公共服务投入的重点，2010年以来，财政对教育投资增长均明显高于地方财政收入增长，高水平教育投入大大提高了南海本地的人才素质。目前，南海平均每1.8万人拥有一个图书馆，达到了国际先进水平，有助于中高端人才“引进来、留得住”。

第三，加快建设新型基础设施。当前，5G、物联网等新型基础设施已成为智能制造的基础。近年来，南海非常重视工业互联网基础设施建设，先后引入阿里云、华为、腾讯、京东云等行业龙头企业，引入优势技术和服务，为制造业企业提供工业互联网创新应用解决方案，2018年，南海有300多家企业实现“上云上平台”。

（执笔人：陈长缨）

区域报告三

第四章

设计驱动创新助力制造业转型升级

——广东工业设计城推动供给侧结构性改革的经验与启示

广东工业设计城在发展过程中注重聚焦服务本地制造业升级需求，不断提升创新设计服务能力，衔接国际化创新资源，构建工业设计创新生态链，在助力区域制造业转型升级和推动供给侧结构性改革中发挥了重要作用。下一步，应聚焦服务智能制造、智慧家居、卫勤装备、生命健康、军民融合等战略性新兴产业，持续提升工业设计服务制造业的能力，着力建设实体经济、创新设计、现代金融、人才聚集协同发展的工业设计产业创新生态体系，深度参与“一带一路”、粤港澳大湾区、广深科技创新走廊等国家战略，进一步拓展设计企业市场空间，努力打造成为具有全国乃至世界影响力的工业设计高地。

一、广东工业设计城发展概况

广东工业设计城是广东省政府和佛山市顺德区政府共同建设的国家级工业设计与创意产业基地。广东工业设计城于2009年1月开园运营，规划面积2.8平方公里，概算总投资21亿元，是以工业设计为主的现代服务业集聚区。采取“政府推动、省区共建、市场运作”的发展方式，被工业和信息化部、国家知识产权局、科技部、中国工业设计协会分别授予“国家新型工业化产业示范基地”“国家级科技企业孵化器”“国家工业设计与创意产业基地”“国家级工业设计示范基地”。经过多年的发展，广东工业设计城已基本具备研发设计、产业对接、成果转化、市场交易多种功能，成为推动设计与制造融合发展的重要载体和我国最具影响力的工业设计主题园区。

（一）园区产业规模持续扩大

2012年12月9日，习近平总书记考察广东工业设计城，提出了“聚集8000名设计师”的殷切期望。广东工业设计城始终牢记习近平总书记的嘱托，积极搭建工业设计公共服务平台，强化工业设计高端人才引进与培养，不断优化工业设计发展环境，切实提高工业设计整体水平和核心竞争力，促进工业设计更好地为产业转型升级服务。目前，广东工业设计城有设计研发人员8345人，核心启动区吸引国内外设计企业268家，排队入驻企业超过100家，设计师人数近2672人，园区企业收入达到8.3亿元，服务国内外企业4370家。园区拥有高新技术企业30家，中国工业设计十佳设计公司3家、广东省工业设计中心4家，注册自主品牌20多个，拥有发明专利和授权专利3191项，创新设计产品转化率近85%，累计设计服务收入近40亿元。2018年荣获国内外设计大奖219项，为珠三角乃至全国的制造业提供了丰富的创新设计资源。广东工业设计城的集聚发展还引导带动了周边企业共建设计城。顺德工业设计园、设计广场、国际设计中心、设计城博物馆、长者幸福生活体验馆、工业设计实验室等重点项目相继建成；乐创中心、国际人才公寓、国家人因工效学实验室等公共服务载体加快建设；美的全球创新中心等为广东工业设计城的扩容发展提供了支撑。广东工业设计城规模发展情况见表4-1。

表4-1 广东工业设计城规模发展一览表

时间	设计企业数量（家）	核心启动区设计师人数（人）	设计服务收入（亿元）	设计专利数量（项）	备注
2008	1	10	—	—	设计城建设以前
2009年1月	6	50	—	—	顺德工业设计园开园，北滘工业设计扶持办法出台
2009年12月	30	400	0.3	近400	签订“省区共建”协议，广东工业设计城加速发展
2010	52	600	1.5	509	被认定为“国家创新型工业产业化基地”“广东省现代服务业500强”等
2011	60	700	2	487	
2012	80	823	3	425	习近平总书记到访，全省创新现场会在北滘举办；北滘镇工业设计扶持办法到期
2013	103	1154	3.5	427	
2014	118	1228	4.5	487	被认定为国家级科技企业孵化器
2015	164	1815	5	681	设计城二期“设计广场”投入使用，广东顺德创新设计研究院成立
2016	206	2589	6	684	美的创意产业园纳入广东工业设计城运营范围
2017	238	2934	7.5		设计企业设计师1418名，广东顺德创新设计研究院科技研发人员1516名

续　表

时间	设计企业数量（家）	核心启动区设计师人数（人）	设计服务收入（亿元）	设计专利数量（项）	备　注
2018	268	3000 余	8.3		《设计顺德三年行动方案（2018—2020 年）》发布，乐创荟落成，内设设计顺德展览馆及 238 套设计师公寓

（二）设计产业集群格局初步成形

近十年来，广东工业设计城的入驻企业、设计人才、设计服务收入等不断提升，已基本具备了研发设计、产业对接、成果转化、市场交易多种功能，成为推动设计与制造融合发展的重要载体。广东工业设计城服务领域逐步扩大，服务内容由简单的外观设计，逐步向产业链上下游综合设计服务延伸。服务领域涵盖珠三角主要产业，更逐步探索与战略性新兴产业融合发展。

（三）设计机构能力不断增强

广东工业设计城作为国家级工业设计示范基地，设计机构集聚能力不断增强，目前拥有东方麦田、青鸟、六维空间、同天投资等 4 家省级工业设计中心。入驻的各大设计机构不断创新服务内容，提升设计能力，其设计合作模式开始尝试由一次性购买，发展为长期合作、共同开发、销售提成、股权投资等多样化方式。设计成果数量大幅攀升，经济和社会效益显著。2016 年，广东工业设计城企业设计创新成果 2600 例，年均增长 14.67%，产品转化率为 85%；外观、实用新型和发明授权专利 681 项，同比增加 39.83%；园区企业收获国内外设计大奖 35 项。

（四）产业生态逐步完善

以广东工业设计城为核心的创新设计引擎与制造业融为一体，着力打造设计与创意产业生态。目前，园区已建立起具有市场调研、创新设计、研发中试（研发中心、中试车间）、生产制造、交易、展览、交流、培训、孵化及公共服务等综合功能为一体的服务外包体系，服务范围涵盖智能制造、智慧家居、军民融合卫勤装备、生命健康等新兴产业，培育了科凡家居、卡蛙科技等一批从单纯的外观设计向工艺流程、制造、包装、市场策划、品牌推广等覆盖工业设计全产业链的创新企业，已成为区域内设计资源最密集的地方。为促进人才引进培养，搭建产学研合作平台，构建完善设计制造融合产业生态，广东工业设计城还建成了广东顺德创新设计研究院，开展研究生联合培养和应用型科研项目孵化，为本地高新技术企业提供人才和技术支撑。目前，创新设计研究院拥有科教人员118余名，与国内70所高校联合培养研究生累计2000人，开展科研孵化项目21项，申请专利发明100余项，荣获全国工程教指委唯一授予的“全国工程专业学位研究生联合培养开放基地”。

专栏4-1　广东工业设计城获得的部分荣誉

1 工业和信息化部授予“国家新型工业化产业示范基地”；

2. 科技部火炬中心授予“国家级科技企业孵化器”；

3. 科技部认定为“国家级众创空间”；

4. 国家知识产权局授予“国家工业设计与创意产业基地”；

5. 中国工业设计协会授予“中国工业设计示范基地”；

6. 广东省经济和信息化委员会认定为“广东省工业设计中心”；

7. 广东省生产力促进中心授予“广东省工业设计创新服务示范基地”；

8. 广东省人力资源和社会保障厅评为“广东省创业孵化示范基地”；

9. 广东省文化厅授予“广东创意设计文化产业园区”；

10. 广东省经济和信息化委员会评为“广东省生产性服务业功能区示范单位”“广东省工业设计示范基地”“广东省小型微型企业创业创新示范基地”；

11. 人力资源和社会保障部评为“全国创业孵化示范基地”。

二、广东工业设计城助力制造业转型升级的主要做法和成效

广东工业设计城坚持设计驱动创新、助力制造业升级的理念，以服务地方经济发展和产业升级为己任，不断通过创新设计支持制造业新产品研发，提升制造业品牌附加值和影响力，实现设计与制造融合互动发展，成为佛山供给侧结构性改革的重要内容和典型代表。

（一）密切推动设计和制造合作，产业升级效果明显

近年来，随着设计产业规模不断提升，设计人才的相继落户，广东工业设计城策划并举办设计与产业对接的系列活动，加快设计对接制造业，让设计服务制造业成为“日常”，需求的双方成为产业创新联盟。2009 年至今，广东工业设计城组织了 30 多场走进产业集群系列活动，让设计企业与制造业深入融合对接，拓展业务。此外，利用创新设计带动制造业升级发展呈现多种形式，产业提升效果明显。

专栏 4-2 广东工业设计城设计与制造合作案例

案例 1 东方麦田与万家乐合作研发新品

自 2003 年成立至今，东方麦田在工业设计领域深耕十余年。目前，东方麦田已经能为合作企业提供产品的用户研究、产品策划、设计开发、展示、推广、视频、发布等一条龙全面服务，涵盖了产品的整个生命周期。

2015 年，东方麦田为万家乐提供电热水器全案服务。当时，万家乐一年销售 100 多万台电热水器，是全国电热水器销量前五名。但是，彼时万家乐主要以销售低端机为主，企业利润率和行业内影响力都不大。为了突破瓶颈，万家乐跟东方麦田合作，希望助推万家乐实现电热水器的销量、利润和行业地位提升的目标。

"当时东方麦田花了好几个月的时间去研究电热水器在用户使用过程中存在的问题，以挖掘电热水器在功能创新上的关键点。"东方麦田征集了 20 多家电热水器用户，到用户家里调研他们最真实的洗澡和使用电热水器场景，并与用户开展访谈，了解他们使用电热水器的信息。"后来我们发现，60% 以上的用户在洗澡之前都习惯先关闭电源再洗澡。"刘诗锋说，"其实，在电热水器行业发展过程中已经有很多防漏电技术，但是由于是一种防护技术，还存在万分之一的漏电风险，导致用户洗澡前都有随手关闭电源的习惯。"

东方麦田以此为突破点，与万家乐研发工程师进行合作，使电热水器在洗澡过程中能自动断开电源，达到彻底的无电洗浴，杜绝万分之一的触电风险。与此同时，东方麦田还为该款热水器重新设计外观，并为万家乐提供视频演示、产品发布、宣传推广等一系列的全案服务。"2016 年，上市第一年这款 S6 无电洗电热水器就销售了几十万台；2017 年，该系列无电洗电热水器的销量占万家乐全部产品销量的 60%，并且利润率比老机型有了很大的提升。"刘诗锋说。

案例2 潜龙携手天际创造40亿元产值，连续5年全球销售第一

广东天际电器股份有限公司是传统的生产加工企业，2007年起，园区入驻企业潜龙设计与天际开发合作设计开发隔水炖鱼电炖锅产品线，通过大量的用户调研，中心定于中式烹饪方式，为天际创造国内全新的产品品类。如今，天际新品从电炖锅延伸至隔水炖、电炖锅、养生壶、陶瓷饭锅系列产品，销售额从3000万元增长至近40亿元（2017年），全球销量第一。

（二）围绕制造业需求配置全球设计资源，推动国际化发展

设计产业发展正呈现从全球配置资源的态势，趋向全球化的设计资源配置、绿色可持续的设计观念、体验为主的设计目标、数字化非物质的设计对象、系统化的企业设计战略、定制化的商业设计策略、价值个性化的设计需求、交互性的产品使用界面，产业细分和高端化发展趋势明显。为此，广东工业设计城积极围绕珠三角地区制造业发展需求配置全球设计资源。过去十年，广东工业设计城先后和美国、德国、瑞典、日本、韩国等全球近30个机构建立战略合作关系，建立全球创新设计资源共享体系，引进德国、法国、韩国、土耳其等设计机构落户园区，更与国际设计院校签订合作协议。他们在园区的生存形态各具特色，“设计国际化”最终成为“制造国际化”。

如广东工业设计城和德国KurzKurz Design合作，通过国际化资源整合协助企业“定义”新产品。德国Kurz Kurz Design设计事务所具备国际视野，对产品的市场、用户的特点、制造业的工艺有着深入的了解。双方合作实现了资源整合，发挥了帮助制造业实现设计需求的优势，率先通过了以workshop的形式吸引国际设计企业为制造业提供多元化的解决方案。目前，主要服务的中国制造企业包括美的、小天鹅、悍高等。又如，广东工

业设计城和韩国·今今设计合作，将中韩设计资源整合，为本土制造业打造适销对路的产品，扩大内销、提升企业国内知名度，促进“韩式设计流程+全球化设计人才”助推中国制造。其国际化设计视野与风格，尤其熟悉东南亚市场，有助于本土制造业提高产品格调，将产品打入国际市场。目前，今今设计团队在国内创造出许多成功案例，为美的、海尔、公牛、海信、格力等知名企业提供高端设计服务。成熟的国际设计网络、优秀的设计人才、严谨负责的设计流程、稳定的合作模式，都成为企业选择今今设计作为长期战略合作伙伴的重要原因。

表4-2　广东工业设计城常驻国际设计机构一览表

编号	国家	企业名称	专注领域	落户时间
1	德国	库尔兹创意设计	家电/家居产品设计	6年
2	德国	瑞适达家具	家具设计、品牌策划	4年
3	法国	Hugo华酷科技	家居创意产品	8年
4	韩国	中韩设计中心	家电、家居、园林等	即将投入使用
5	韩国	今今设计	创意家电设计	8年
6	土耳其	迪赛元门	家电、汽车设计	2年

表4-3　广东工业设计城与别国及港台设计院校合作一览表

编号	合作院校	合作内容
1	美国中田纳西州大学	人才交流
2	德国科隆国际设计学院	人才联合培养
3	德国奥芬巴赫设计学院	人才联合培养
4	韩国清州大学	人才交流
5	韩国启明大学	人才交流
6	中国香港理工大学设计学院	人才交流、产学研合作
7	中国台湾云林科技大学	人才交流

（三）推动设计行业细分，打造服务制造的工业设计全产业链

设计多元化必然导致设计行业细分。工业设计在我国发展从最开始的提供“一揽子”设计服务，逐步细分为不同行业、不同品类、不同环节、不同功能的设计服务，涵盖电子商务、功能设计、结构设计、广告设计、品牌策划、空间设计、原型设计、全产业链服务、设计咨询服务和原创产品设计等，由此形成的错位竞争和协同创新，满足制造业不断变化的需求。

近年，广东工业设计城的设计企业也在不断梳理自身优势，寻找不同的定位以及服务方向。与此同时，园区在打造工业设计全产业链的过程中，不断引进新型设计企业，包括信息技术、生物技术、高端装备制造、新材料、新能源、节能环保、新能源汽车等。

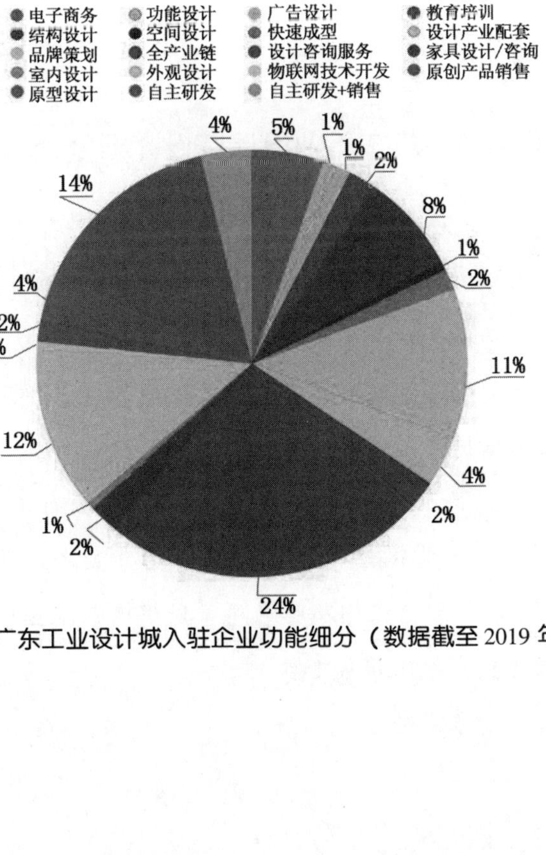

图 4-1　广东工业设计城入驻企业功能细分（数据截至 2019 年 2 月）

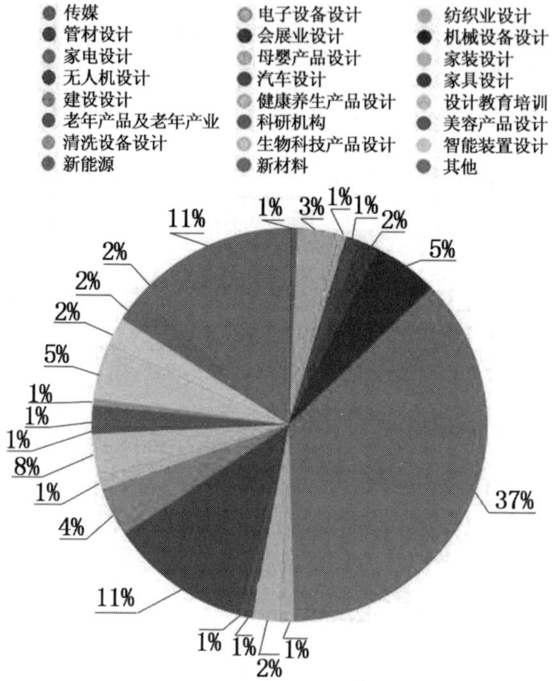

图 4-2　广东工业设计城设计企业服务行业细分（数据截至 2019 年 2 月）

专栏 4-3　广东工业设计城设计细分领域案例

案例 1　广东永爱：打造全国规模最大的老年产品提供商

针对我国人口老年化不断加剧，老年产业（老年用品、老年服务、老年公寓、老年药物等）等不断兴起，而珠三角的家电、家具、五金卫浴产业又具有雄厚基础，这为广东工业设计城开展老年用品设计及老年机构整体解决方案提供了条件。

2010 年起广东工业设计城先后承担了老年人出行工具研究等项目，2011 年成立“广东永爱养老产业公司”，致力于创新设计与老年产品及家居环境的改善，为养老机构及养老项目提供专业服务，现建有幸福生活体验馆（长者）和线上销售平台。

永爱公司联同园区企业开展老年用品设计及服务解决研究，利用周边完善的制造业配套生产各类适老产品，并与中国老年人协会合作开展相关行业标准制定。如今永爱公司已成为我国最大的老年人用品供应商及服务提供商，2018 年企业销售收入近亿元。

案例 2　米朗设计：只做办公椅专家

顺德是我国“家具之都”，家具设计是广东设计产业重要组成部分，在家具设计中已细分出众多类型。佛山市米朗工业设计有限公司就瞄准其中一个细分领域。

佛山市米朗工业设计有限公司成立于 2009 年，是一家专注于坐具设计，并致力于为合作伙伴提供更专业的坐具产业整体解决方案的综合性服务机构，服务超过 30 家国内坐具行业知名企业。作为专业用品的设计机构，总经理敖链认为：要做好一把椅子，至少要掌握人体工学、力学、机械学和美学四门学科，缺一不可。

针对产品的专业化设计，米朗提炼出包含企业基因的服务流程，让团队专注于该行业的研究，凸显竞争优势。“在越来越重视工业设计的今天，很多设计师仅仅从部件或超前的外观入手，用自己的思想创造不同的产品形式，这种缺少从整体出发的设计思维往往会导致实用性、工艺开发的缺失，甚至最终会影响消费者的体验”。

案例 3　华芯微特：做中国的智能化芯片

在人工智能化快速发展的今天，芯片设计研发、生产国产化已上升为是国家战略。华芯微特科技有限公司成立于 2011 年 1 月，是一家由美国硅谷资深技术团队为核心的中国芯片设计公司，是国内首家 ARM CORTEXTM 微处理器流片量产的公司。公司具有强大的研发实力，整个公司成员中研发人员占比超过 60%，拥有国内领先的芯片技术与应用技术开发优势的团队。

2017年，佛山华芯微特入驻广东工业设计城，为地方制造业提供智能化应用解决方案，公司在云平台、智能硬件、电机驱动、低功耗设计等多个应用技术领域具有多年的积累和独创性的解决方案。方案产品涵盖智能家电、新能源管理、工业自动化、医疗仪器等多个领域。佛山华芯微特产品已经成功应用于家用电器、LED照明、工业控制、汽车电子、医疗仪器等多个领域，美的、万家乐等知名制造业是其长期合作伙伴。

（四）充分利用制造业基础，“设计+科技”实现自主研发

强大的制造业基础是工业设计产业发展的重要土壤，近年工业设计企业正不断探索自身的转型升级，利用“设计创新+科技研发+本地完善的制造业配套”，实现产品的自主研发、生产，建立品牌。在这个过程中，设计企业自身需要不断优化人才结构、提升研发能力、整合供应链，用创新设计串联起设计、院校、制造业和渠道资源，形成创新设计生态圈，从而推动全产业的升级发展。近年，广东工业设计城注册自主品牌40余个，涵盖家电产品、母婴童产品、智能家居产品、体育（户外）用品、智能玩具等，每年形成数百款创意产品，园区从设计服务输出地成为原创产品的策源地。由此带动的科研能力提升，从广东工业设计城近年实用新型专利和发明专利数据中得以体现。

表4-4 广东工业设计城2015—2017年专利情况一览表

年份	发明授权专利（件）	实用新型专利（件）	外观专利（件）
2015	29	104	408
2016	40	196	257
2017	52	269	139

专栏 4-4　广东工业设计城自主设计产品案例

1. 便携式干衣架

宏翼设计孵化的第一款产品是为大众熟知的便携式干衣架，其市场利润已超过 1000 万元。从这款创新产品开始，宏翼设计持续推出了空气净化类、微孔加湿类、智能家居类、母婴类等多领域的原创设计产品。2015 年产值接近 2000 万元，2016 年 5000 多万元，2017 年突破 1 亿元，企业利润连续 3 年翻倍增长。宏翼设计通过创新要素的整合，“创新溢价”彻底改变了市场的价值主体，在创意产品孵化的过程中，其利润率为传统制造业的 5 倍，未来这将成为顺德创新企业持续发展的方向。

2. 小禾灭蚊器

利用科学成果颠覆产品设计，使斗禾电子科技成为灭蚊器市场的黑马。2016 年斗禾电子科技设计的“小禾幻影智能光控灭蚊器”一举成为灭蚊器行业单品的全网销售冠军。这款灭蚊器的创新源于南方医科大学对常见蚊子基因的破解成果。2015 年斗禾与南方医科大学合作，利用这一成果不仅在蚊媒监测设备开发应用、诱蚊剂研发生产等领域取得了突破性进展，还通过大数据分析，精准分析区域蚊虫活动的种类、时间，指导相关机构进行精准捕杀，与以往仅通过光源诱捕的方式有根本性的区别。

如今，斗禾相继推出了水母、卫士、闪电等灭蚊器补充产品线，家用灭蚊器产品线已经初步形成。未来，布局商用灭蚊器产品线，以及诱剂类产品线，逐步从点到线再到面的整体推进思路，最终完成整个灭蚊产业的布局。斗禾通过线上线下结合，产品在中国大陆、日本、韩国、中国台湾及东南亚、欧美等多个国家和地区受到了众多消费者的青睐，取得了巨大的市场效益。

（五）强化制造业和设计创新人才培养，夯实人才支撑

广东工业设计城助力制造业转型升级的重要表现还在于其发挥自身优势，建立了 D2C 缔创者设计实训平台，为在读学生提供设计实训机会，为佛山和大湾区制造业创新发展培育设计创新人才。D2C 缔创者设计实训平台由园区运营商——广东同天投资管理有限公司投资建设、运营，平台依托广东工业设计城和全国 8 个省份的 13 个创新设计园区为实训基地，联合顺德创新研究院、工业设计协会和全国 300 所知名院校，组建资深实训导师团队，整合各实训基地所在产业带的数千家优质设计机构和创新企业资源，通过理论技能教学、开放体验制造产业链全貌、传承分享实战案例及经验、导师企业游学演练、创业启蒙扶持、项目开发培育等多元培训模式，助力学员实现“产-学-研-创-投”的多点纵深互动。

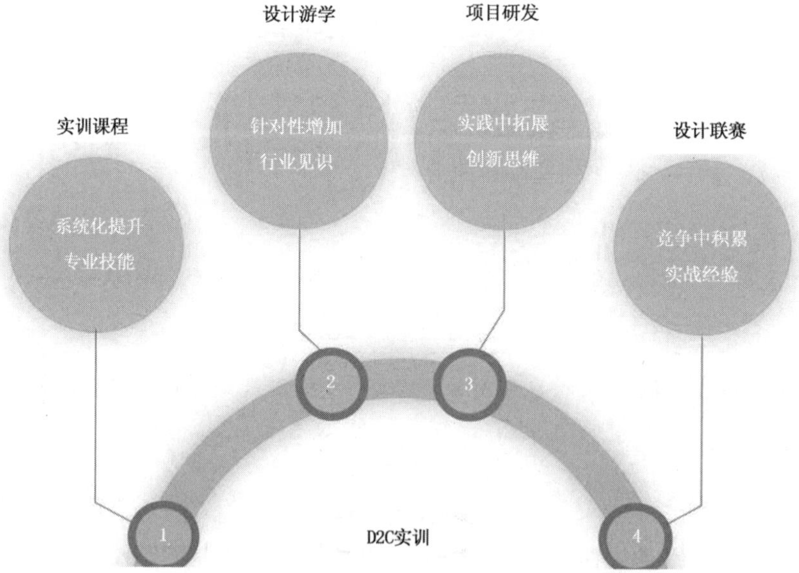

图 4-3　广东工业设计城 D2C 实训平台主要功能

平台主要服务于中国工业设计专业大学生、设计师、工程师、策划师等，以及全国各高校、设计研究院、设计协会、设计企业等。服务内容包括：设计企业战略咨询、工业设计技能提升培训、设计师岗前实训、项目孵化、投资咨询、政策申请、专利申请和高精尖产品研发辅导等。截至目前，平台拥有工业设计导师 63 名，开设课程 16 类，学员及会员 921 名，目前举办活动 62 场，产学游实训接待学生 1500 余名。

（六）服务地方经济发展，拉动作用强大

据统计，2018 年广东工业设计城共服务制造业 4370 家，设计服务收入为 8.3 亿元人民币，其中约 60% 服务的客户为珠三角中小制造业。根据联合清华大学、中央美术学院和中南大学在珠三角地区的分析研究显示：在广东，工业设计每投入 1 元钱，对经济的拉动超过 100 元，达到 1∶101.03，这意味着 8.3 亿元设计服务收入拉动经济达 830 亿元，在粤港澳大湾区产业升级过程中，广东工业设计城成为其重要的创新动力之一。

三、广东工业设计城的发展路径和成功原因分析

广东工业设计城拥有天时、地利、人和等重要机遇和条件，珠三角地区庞大的制造业转型升级需求是设计城发展的基础，政府强有力的支持是设计城发展的重要保障，高端设计人才的引进和培养为设计城发展提供了新生动力，完善的平台建设和服务是广东工业设计城实现专业化发展和形成竞争优势的关键。

（一）珠三角制造业升级的需求是设计城发展基础

珠三角地区是我国重要的制造业基地和对外开放窗口地区，制造业体量大，转型升级需求迫切，为广东工业设计城发展提供了重要基础条件。如，广

东省拥有医疗器械、人工智能、电子元件、机械装备、纺织、家电、五金卫浴等产业实力雄厚，仅医疗器械产业在全国就占有约1/6份额。此外，佛山是我国制造业最发达的地区，具有完善的产业体系，几乎覆盖国家制造业31个大类，所有的生产制造以顺德为中心的半径100公里范围内均可完成。目前，珠三角已经成为全球产业链上至关重要的一环，但在全球分工体系中主要是代工、贴牌生产，产业附加值还不高，争夺制造业价值链高端的市场、大力发展工业设计便成为广东工业发展所面临的必然选择。

现在国家大力推进粤港澳大湾区建设，也为广东工业设计城的升级发展带来重要机遇。大湾区产业发展要求工业设计与新技术融合发展。正是由于珠三角的产业不断升级，工业设计与网络制造深度融合正在推动传统制造向数字制造、智能制造、绿色制造和服务型制造发展，促进制造商、用户、营销和服务商之间的紧密合作与协同创新，服务日益壮大的信息技术、生物技术、高端装备制造、新材料、新能源、节能环保、新能源汽车等战略性新兴产业。

（二）政府强有力的支持是设计城发展的重要保障

广东工业设计城前身为顺德工业设计园，其主要使命就是为促进制造业转型升级而搭建。这一举措得到广东省、佛山市、顺德区、北滘镇等各级政府的大力支持。广东省经济和信息化委员会、顺德区人民政府、北滘镇人民政府签订合作协议，以顺德工业设计园为核心启动区共建“广东工业设计城”，是我国首个省区共建、规划面积最大的工业设计产业聚集区，省市共建的模式使得广东工业设计城成立之初站位就比较高，能够享受的政策优惠力度也比较大。

过去十年，各级政府通过产业扶持、企业聚集及孵化、设计人才引进及培养、公共服务平台的搭建以及系列活动策划，促进设计与制造业对接、融合发展。例如，广东工业设计城所在镇街北滘镇人民政府2009年率先出台《北滘工业设计扶持办法》，2010 年起顺德区政府把发展工业设计作为推动产业转型升级的重要内容，联合镇街出台了一系列支持工业设计发展的政策措施。

（三）高端设计人才的引进和培养为设计城发展提供新生动力

高端设计人才的引进及培养是提升设计水平的重要保障，也是广东工业设计城的核心竞争力。2009 年起，广东工业设计城陆续引入清华大学、中央美术学院、北京航空航天大学等数十所高校的资源，并促成了清华大学与广东工业设计城合作开办针对顺德及周边地区设计人才的清华大学工业设计工程硕士班。特别是 2014 年，在广东工业设计城研究生联合培养基地的基础上，设立广东顺德创新设计研究院，以创新创业孵化、企业科技服务和研究生联合培养为核心业务，以精密仪器研发、信息技术、机械自动化、工业设计等为主要研究领域，以“建设技术创新生态、服务顺德产业升级、培养高级复合人才”为宗旨，建设成为“政产学研”一体化的协同创新平台，为设计城发展引进培养高端设计研发人员。2017 年 9 月 15 日，研究院正式被全国工程专业学位研究生教育指导委员会（以下简称“工程教指委”）授予全国首个“全国工程专业学位研究生联合培养开放基地”荣誉称号；同时，研究院被省、市、区各级政府授予“广东省新型研发机构”“广东省学位与研究生教育学会理事单位”“佛山市众创空间培育单位”“顺德区融创 100 基地”等荣誉。截至目前，研究院已与 70 所国内外高校（学院）签订合作协议，共建联合培养基地，累计培养 2000 多名研究生，其中 2018 年培养学生近 500 人；研究院已成功与多所高校开展联合招生项目，招生计划近 300 人。与研究院合作企业达到 200 多家，项目总数 800 多个。

（四）完善的平台建设是广东工业设计城实现专业化发展的关键

紧紧对接制造业发展需求，不断完善公共服务平台建设，增强自身专业化能力，是广东工业设计城成功的关键。目前，在各级政府的支持下，广东工业设计城现有六大公共服务平台，包括交易服务平台、金融服务平台、知识产权转化服务平台、人才引进及培训服务平台、共性技术研发平台、品牌推介平台；设计城在此基础陆续建立 8 大子平台，包括色彩、材料、快速层型、虚拟现实等多个领域。为推动“设计+科技”协同创新，提升产品的竞争力，广东工业设计城共性技术平台在原有 8 个子平台基础上，建设广东工业设计城实验室和广东人因工效学实验室，通过工业设计专业培训，帮助企业在设计过程中融合新技术、新方法，让产品符合高端制造业的需求，符合市场发展的需求。园区常年为设计师提供专业培训，旨在让他们提高专业技能，开拓视野，仅 2016—2017 年园区与专业机构合作主办的培训与交流活动就有 18 场。

表 4-5　广东工业设计城共性技术服务平台子平台清单

序号	平台名称
1	创意产品孵化与市场推广平台
2	虚拟现实数据库平台
3	工业设计价值评价平台
4	基于工业设计的色彩标准平台
5	基于都市老人出行特征的交通工具研究平台
6	基于工业设计的人机工学（数据库、检测）技术应用及推广平台
7	工业设计快速成型技术的研究与应用平台
8	工业设计材料系统平台

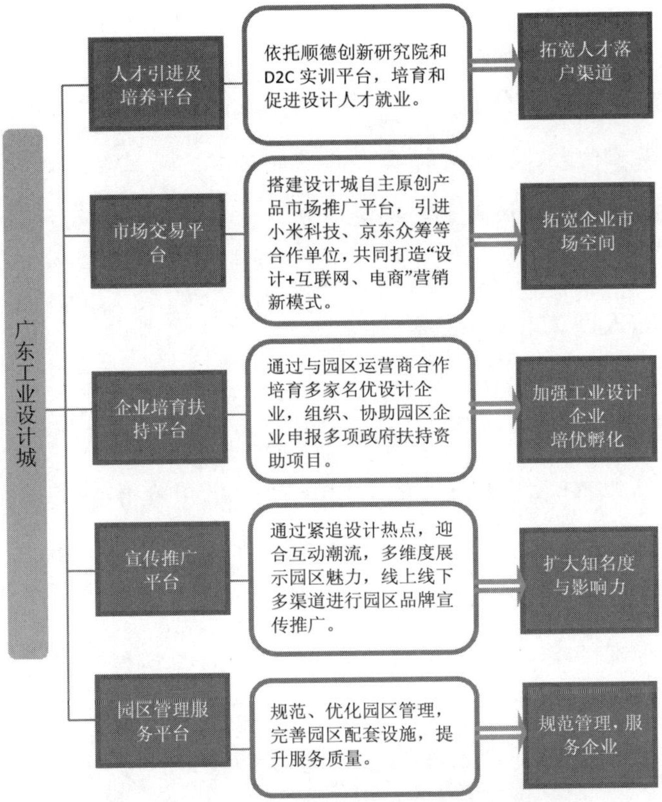

图4-4　广东工业设计城主要服务平台概况

专栏4-5　广东工业设计城实验室和广东人因工效学实验室介绍

1. 广东工业设计城实验室

广东工业设计城实验室项目在工业和信息化部的支持下，共计投资1090万元，建设面积1642平方米，主要分为制作实验区、展示检测区、用户体验区三大功能实验区，包括微型制造实验室、数据采集观察区、老年人产品体验区、色彩配比检测实验区四大功能性实验室，同时还配备3D打印展示、逆向工程技术3D扫描、设计材料数据等国内外引领当今工业设计的辅助性功能实验室。

广东工业设计城实验室的建设，不但可以供设计师从中产出样品，将设计草图变成目标模型，进一步分析产品的优缺点与可行性，为本地区企业提供可信的数据做支撑及产品性能保障，而且能为设计城带来创新活力，是设计城内核的重要组成部分，将极大地提升设计城的综合实力和竞争力。

2. 广东人因工效学实验室

广东人因工效学实验室为广东工业设计城乃至珠三角地区的企业提供适合中国人体特性数据以及工效学设计技术和标准，支撑企业产品人性化创新发展；促进工业设计与中国人体特性数据及工效学技术标准相结合，提升广东工业设计科技含量和技术水平。该研究中心将充分利用人因与工效学系统研究人与工具、机器及环境之间的关系和交互作用，对人的生理、心理、行为和社会属性与特点进行研究，并将结果应用于作业、产品、工业系统以及周边环境的设计与改善。一期拟设立健康家居工效学检测实验室、人体测量实验室、色彩工效学实验室等。

四、广东工业设计城发展面临的问题

广东工业设计城十多年的发展取得了喜人的成绩，为地方经济发展和区域制造业转型升级做出了应有的贡献，但设计城整体体量规模仍然偏小，发展层次有待提升，助力区域产业升级的作用有待进一步发挥，存在的主要问题如下。

（一）空间载体及软硬环境亟须改善

设计城园区目前的空间载体、环境载体和人才载体，已跟不上部分企业的高速发展。设计城核心区现有企业 268 家，但仍有超过 145 家技术研发及公共服务平台企业排队等待入驻，服务设施的供给能力亟待提升。

（二）设计企业服务能力和层次需要提升

制造业的需求不断提升，对设计研发要求不断提升，设计企业自主升级迫在眉睫。通过对工业设计服务外包产业多年的深耕细作，广东工业设计城占据了顺德地区家电和家居工业设计服务外包的 60% 的合同份额，承揽了美的集团、格兰仕、海信科龙、惠而浦、万和、万家乐、东菱集团、康宝电器、小熊电器、大自然、真智客等国内最知名的家电和家居企业大部分业设计服务外包项目，也培育出东方麦田工业设计、潜龙工业设计、中世纵横设计、六维空间设计、和壹设计、顺领设计、青鸟工业设计、宏翼工业设计、蓝翼创想工业设计等一批国内知名的顺德本土工业设计企业。但与珠三角地区庞大的制造业设计研发和升级需求相比，这些企业体量偏小、服务质量和知名度还有待提高，加快升级的需求非常迫切。

（三）人才引进培育有难度

设计行业是智力密集型和人才密集型的行业。受佛山本身城市能级和相关配套服务设施限制，广东工业设计城吸引国际一流设计人才和国内高端设计人才的难度较大，设计人才引进及培养存在难度，目前关于引进和培育设计人才的配套制度及园区内、园区周边的配套设施仍需完善。

（四）园区服务有待提升

广东工业设计城积极搭建工业设计公共服务平台，强化工业设计高端人才引进与培养，不断优化工业设计发展环境，切实提高工业设计整体水平和核心竞争力，促进工业设计更好地为产业转型升级服务。与一些先进园区相比，广东工业设计城能级还不够，在产品的研发、资源对接、精细化服务和产业生态打造等方面还有进一步提升的空间。需要强化园区企业需求调研、资产评估、意见收集等工作，加强院校或社会资源对接，完善设计企业上下游供应链。

五、下一步发展方向探讨

未来，广东工业设计城将进一步提升工业设计服务制造业的能力，着力建设实体经济、创新设计、现代金融、人才聚集协同发展的工业设计产业创新生态体系，深度参与“一带一路”、粤港澳大湾区、广深科技创新走廊等国家战略，进一步拓展设计企业市场空间。

（一）围绕客户需求，提供更加精准优质服务

展望未来，珠三角制造业的设计需求变化主要体现在“客户不是让你设计产品，而是一起定义产品”。工业设计不再停留在外观的漂亮、功能的创新，而是需要洞察行业及技术的发展趋势，倾听客户，将客户的需求融入新产品开发中，对细分市场特征和客户价值取向进行认真的调研和预测，增加市场需求分析的准确度，同时将模糊的需求转化成清晰的产品概念，并明确产品的关键成功指标，包括产品功能的取舍。

（二）促进设计与制造融合，探索新的业态

设计与战略性新兴产业融合发展，为制造业叠加新的发展方向，也带来新的发展机遇。广东工业设计城可继续发展智能设计、品牌设计、社会设

计、新媒体和体验交互设计等高端领域；通过“互联网+”和“设计+”的形式与新产业融合发展。主要包括“互联网+研发设计外包”“设计+体育装备”“设计+生命健康”“设计+珠宝装饰”“设计+文化”等商业模式和新业态发展，推动以设计要素聚合的园区不断裂变出新的产业形态。如，可以借鉴猪八戒网模式，拓展“互联网+研发”设计外包，发挥广东工业设计城贴近产业现实的优势，打造共生的平台模式，为政府、大企业和中小微企业提供品牌创意、知识产权、代理记账、营销策划及IT服务等一站式企业服务，实现线上线下联动发展，有效提升企业运行效率，增强核心业务竞争力。又如，发挥广东工业设计城现有合作基础优势，大力开展“设计+体育装备”创新设计，持续深化与国家体育总局、中体集团等我国体育专管部门和机构合作，参与推动体育装备的创新设计，促进我国体育装备制造业升级发展，也为地方引进新型产业，实现体育装备与创新设计融合发展。

（三）优化企业服务，打造创新生态圈

围绕着产业发展需求，广东工业设计城应着力助推技术革新、国际资源引进、设计企业细分以及创新产业形态培育，为企业提供更加精准的优化服务。如通过加强政策引导扶持，深化工业设计创新扶持办法，推动产业链、创新链、金融链、政策链高度融合。实施“引进来、走出去”战略，大力推进工业设计对接、成果交易平台建设，不断拓展工业设计企业市场空间，从而促进和引领园区企业的高质量发展。加大对“工业设计成果发布会”等活动的策划和投入力度，从而促进工业设计企业及设计师之间的创意分享交流，推动设计成果的转化，加强工业设计品牌的宣传推广力度，打响“设计顺德”品牌。持续推动国际资源的引进与整合，加快吸引德国、瑞典、日本、韩国等国外知名设计机构入驻，努力打造国际设计交流的前沿阵地。同时，

推动设计企业升级转型，从服务配套走向“服务+自主研发”，重新定义设计与制造业之间的关系，共同打造创新生态圈，实现制造与设计的互利共赢。

（执笔人：盛朝迅）

企业案例一

第五章

碧桂园：着眼长远开展多元化经营，高科技企业实现高质量供给

在2015年11月中央财经小组会议中，习近平总书记提出，“在适度扩大总需求的同时，着力加强供给侧结构性改革，着力提高供给体系质量和效率，增强经济持续增长动力，推动我国社会生产力水平实现整体跃升”。自2015年末提出“供给侧结构性改革”以来，此后连续数年至今，供给侧结构性改革都是中国经济工作的主线，围绕每年经济工作面临的实际形势和发展需要，不断确定调整供给侧结构性改革的任务重点。2016年全面落实“去产能、去库存、去杠杆、降成本、补短板”五大任务。2017年，继续稳步推进“三去一降一补”五大任务，深化供给侧结构性改革，推动“经济发展质量变革、效率变革、动力变革”。2018年，着重深化要素市场化配置，在“破”“立”“降”上下功夫。2019年，重点在坚持以供给侧结构性改革为主线不动摇，落实“巩固、增强、提升、畅通”八字方针。

加强供给侧结构性改革，推动经济高质量发展，是新时代中国经济发展的最强音。这是中央在综合分析国内外经济形势，对中国经济发展阶段性特征进行判断的基础上，所提出的新的战略任务。对于作为微观主体的企业而言，把握政策取向，结合企业战略，选择合适的发展道路，是新时代不断推动企业健康成长的正确选择。碧桂园控股有限公司作为地产企业，在加强供给侧结构性改革的背景下，面对市场新的变化趋势和新的形势要求，企业决策者做出符合市场要求的选择。

一、从机器人切入多元化经营

从房地产行业本身发展的态势来看，在经历了二十多年加速的城镇化建设阶段后，中国城乡建设规模和品质都得到大幅提升。全国人均住房面积从1978年的3.6平方米跃升至2018年的39平方米，增长超过10倍。建筑业发展成为国民经济支柱产业，2018年建筑业增加值达到6.2万亿元，对GDP的贡献率超过8%。近年来房地产投资占固定资产投资的比重维持在1/5左右，房地产企业房屋施工面积增速维持在5个百分点左右。中国房地产行业已在2020年逐步进入饱和阶段和分化阶段。简单而言，随着住房面积不断攀升，住房需求的供给问题已完全解决，已不存在没房住的难题；住房市场结构性分化加速，不同城市圈、不同地域、不同地段房产开发出现分化，住房需求差异化成为一个新特点。随着持续加强推进供给侧结构性改革，要解决实体经济与房地产失衡、实体经济与金融的失衡问题，货币政策对地产宽松的政策环境逐渐收紧，各地住房市场政策调控加码，作为地产行业的头部企业，碧桂园需要思考在新的市场条件和政策环境中，如何寻找企业发展的新机遇，找到适合市场需求、能够改善供给的产品结构和产业布局。

作为对新的发展环境变化的思考与回应，2018年，碧桂园控股有限公司宣布进军机器人产业，同时也提升了布局多年的现代农业在集团战略中的地位，在稳步发展地产业的同时，企业开始了多元化布局。2019年1月在碧桂园年会上，企业更新了自己的定位，提出“为全世界创造美好生活产品公司”。碧桂园集团所提出的新定位，正好契合了党的十九大所提出的解决“随着中国特色社会主义进入新时代，我国社会主要矛盾已经转化为人民日益增长的美好生活需要和不平衡不充分的发展之间的矛盾”的要求。碧桂园集团选择提供满足人民美好生活的产品，“美好生活”成为在供给侧结构性改革背景下集团进行转型升级的关键词。在企业看来，用机器人所集聚的高技术，贯通地产、现代农业、社区服务、新零售等多个业务板块，是企业在新时代的新使命和新追求。

（一）进军机器人产业

2018 年 9 月，碧桂园集团与顺德区政府签署协议，承诺在 5 年内投入 800 亿元，与顺德区共同打造涵盖机器人研发、生产制造、文化生活、科学研究于一体的顺德“机器人谷”，并成立集团全资子公司广东博智林机器人公司全面运营碧桂园集团的机器人产业。由此，碧桂园开始自地产与物管产业链向更具科技含量的智能制造与机器人母体研发领域转型。这是碧桂园集团在加强供给侧结构性改革背景下主动作为，适应经济发展新常态，立足补足企业技术短板，着力延长产业链条，推动企业高技术化的重大部署。正如集团主席杨国强所言，碧桂园“只有通过不懈的努力，才能不断推动发展机器人事业，把最先进的科研成果转化为安全、美观、经济、适用、耐久的高科技产品，为社会服务”[1]。

碧桂园集团进军机器人产业，聚集大量高技术人才，从建筑机器人入手逐步形成机器人生产制造与研发集群，不是心血来潮，而是与佛山市在供给侧结构性改革以来大力推进智能制造等战略性新兴产业密切相关。佛山市是珠三角乃至全国的制造业重镇，辖区内顺德、南海两区常年位居全国综合实力百强区，尤其以碧桂园集团总部所在的顺德区，已经连续七年位居全国综合实力百强区榜首。佛山市是在全国较早开展供给侧结构性改革的地区之一，率先出台了《佛山市供给侧结构性改革总体方案（2016—2018 年）》及五个行动计划。其中，尤其强调要为创新和产业升级建立良

[1] 赞！广东！博智林机器人公司总部启用［OL］. http://mini.eastday.com/mobile/190903200055184.html.

好的政策支持环境。佛山率先提出以智能制造引领制造业迈向中高端，提出要打造“面向全球的国家制造业创新中心定位”。2016 年，就推出推进机器人及智能装备应用“百千万工程”，开展传统行业智能化生产示范线建设和升级改造，机器人产业快速发展。

顺德区是全国较早开展制造业转型升级，强化智能制造、机器人等战略性新兴产业发展的地区之一。顺德区政府提出“建设全国一流的机器人教育、研发、制造和应用基地”。辖区内美的收购德国机器人明星企业库卡，并在顺德打造智能制造科技园。顺德全区制造业企业在供给侧结构性改革背景下，为适应劳动力成本上升及智能制造大潮，较早在全国开展“机器换人”。2014 年，顺德公布“机器代人”计划，这是广东省内首个明确以机器人替代人力生产的宣言书。借助位于顺德辖区内的中德工业服务区多年来确立的工业服务协作关系，德国库卡、瑞士 ABB、日本安川及川崎重工四大机器人制造龙头企业均在顺德形成产能。美的、格兰仕、万和等行业头部企业也积极与国外合作建造智能工厂。顺德区制定了一系列鼓励制造业企业进行机器代人改造的支持政策，家电家具、五金建材、汽配化工等多个产业集群企业被选中进行改造示范。

在制造业企业主动进行技术改造和机器人应用的潮流下，结合政府支持政策，顺德乃至佛山地区的大规模传统产业机器人化迅速展开。在这轮浪潮中，不仅企业应用机器人，而且培育了新的机器人制造产能，如顺德嘉腾机器人公司、佛山隆深机器人有限公司、利迅达等细分行业标杆机器人公司。整个佛山机器人制造已从工业机器人逐步向建筑机器人、农业机器人、冲压机器人、服务机器人等领域延伸。在这种背景下，碧桂园集团进军机器人行业也就顺理成章。建设一个能够与集团业务相结合，并且能够通过占据技术高端形成与顺德、佛山制造业企业生产应用相适应的机器人制造产能，逐步成长为国内一流的机器人制造企业，是碧桂园全力打造博智林机器人的原因所在，也是企业转型升级，适应经济新常态，从而进一步提升核心竞争力的价值所在。正如顺德本地多数企业所认同的，顺德在多个制造业行业均具备大规模推广机器人应用的场景，在产业的上下游都可以开发更加细分、更加定制化的机器人生产环节，具备形成机器人行业龙头企业的市场空间和条件。有望形成达到千亿产值的新产业集群。

（二）博智林机器人与全产业链服务商

碧桂园集团建立博智林机器人有限公司，不仅着眼于机器人本体的制造及机器人在建筑、房产开发等领域的应用，更重要的是，希望依托博智林开启的机器人本体制造及核心技术开发，进一步延伸机器人在制造业传统产业中的广泛应用，开发更多的应用场景。杨国强强调，“博智林是多元化业务的发动机”。因此，看待博智林不能只把企业看作是一家制造企业，而是要将博智林看作由技术赋能的创新企业，要打造全产业链服务商。正是基于这样的视角和思维，碧桂园依托博智林打造了机器人谷。

博智林机器人有限公司在多个方面发力，在短期内集中形成机器人产业研发、生产与应用为一体的业务模式。在人才招募、创新资源集聚、行业细分应用场景、园区运营等方面探索了一条新的道路。

第一，人才的集聚。碧桂园在进军机器人产业之初，就明确提出要集中全球最优秀的行业人才，通过人才资源的富集实现产品创新能力的快速提升。从最初成立博智林开始，碧桂园连续聘请沈岗、周小天来领军企业，两位专才均有着在海外著名智能装备和机器人企业从业经验，且本身就富有极强的研发能力，对国内市场也比较熟悉。通过聘任高端技术人才，博智林很快在建筑机器人领域形成地面铺贴、墙面铺贴、砖砌等多种专业机器人产品，一些产品进入现场测试。通过领军任务的加盟，博智林强化对高技术人才的招募和吸引。在成立后不到一年的时间内，博智林形成了近 900 人的研发团队，其中具有博士学位的研发人员比重超过 1/5。到 2019 年底，博智林研发队伍已超过 1400 人，具有博士学位的研发人员比重达到40%。

第二，集聚创新资源，强化应用基础研究能力。应用基础研究介于基础研究与产业应用之间，对于产品创新至关重要。良好的应用基础研究能力能够有效将实验室成果转化为可使用的工业产品。采用“企业+科研机构+高校”模式是常见的强化应用基础研究能力模式。博智林机器人有限公司在短期内快速与清华大学、浙江大学、香港科技大学、兰州大学等院校建立了合作关系，不断地在公司内部成立针对特定场景产品开发的联合研究院和事业部。据央视新闻报道，截至2019年12月，博智林成立的研究院已达到8家，递交专利申请超过1300项。在研建筑机器人项目58个，其中30款已经进入工地测试阶段。[1] 根据碧桂园集团公布的2019年年报，当年企业研发支出达到19.73亿元，增长61%；仅博智林递交的专利申请达1843项，获得授权327项，研发人才总量超过3200名，整个碧桂园控股有限公司员工中具有博士学位的员工数量也超过1000名。

第三，不断根据对行业发展的理解，深耕细分领域与产品。碧桂园集团是一家地产企业，多年来在房产开发与建筑行业积累了巨量的产品经验。博智林机器人公司成立后，最基本也是最重要的任务，是通过在地产尤其是建筑领域的快速技术积累与产品应用，形成与企业主营业务相契合的新应用场景。经过近两年的集中攻关，博智林首先在建筑机器人领域取得突破。通过对建筑行业工艺流程和生产流程的再规划，对砖砌、贴面、喷涂、物流运输等环节设计生产专门的可移动机器人产品。据媒体报道，博智林设计的建筑机器人品类已达到50多款，进入场地进行测试的有30多款。通过建筑机器人的应用，既节省了大量人力，达到了机器代人目标，同时也规避了建筑行业人工操作的安全风险等不确定因素，为整个行

[1] 博智林高质量发展 成立一年多递交超1200项专利 [OL]. [2019-12-27]. 中国新闻网.

业发展提供了更具技术性能和安全保障的标准。更重要的是，博智林发掘了建筑机器人作为可移动机器人在更多场景应用的可能性。通过对可移动机器人信息数据、信号数据、感应性能等建模分析，博智林逐步开发出涉及建筑、装修、家居、制造、仓储、物流、安防、保洁等多个行业可应用的机器人品类。

碧桂园创始人杨国强认为，“机器人会颠覆传统的地产行业和建筑行业，未来一定会给企业带来巨大的价值”。博智林机器人产品品类的多样化，可移动机器人在不同行业生产与服务环节中的广泛应用，实际上在带来新的市场前景的同时，也帮助碧桂园其他板块业务创造了更多价值。如，机器人在安防、保洁、物业管理、酒店服务、农业、餐饮等领域的应用，就对碧桂园旗下的相关板块业务有着较强的促进作用。碧桂园集团正在从专业的地产商转型为涵盖地产、酒店、物业、建筑等多领域的全产业链服务商，机器人作为龙头、枢纽，将集团主业与上下游服务环节相连接，形成了强大的协同效应。

（三）千玺机器人餐饮集团

2019 年 5 月，碧桂园成立千玺机器人餐饮集团，这一动作可视作碧桂园控股有限公司将可移动机器人成熟技术与产品向跨主营业务行业转型应用的典型案例。千玺机器人餐饮集团自成立开始逐步形成超过 700 人的研发队伍，开发出中餐、火锅、快餐、煲仔饭和粉面店等五种产品线，形成 400 余项专利，企业投入的研发费用超过 2 亿元，核心技术实现了自主研发，形成机器人设备和软件系统 80 余种，有 61 款已投入使用[1]，在不到一年的时间内迅速成长为国内餐饮机器人企业中的佼佼者。2020 年，在全

[1] 多元业务稳步推进 碧桂园高科技产业版图初具雏形［OL］.［2020-03-31］. 东方财富网，http：//dy. 163. com/v2/article/detail/F90VLM9N051986N4. html.

国支援武汉抗击新冠肺炎疫情的关键时刻，由碧桂园新研发成功的集装箱煲仔饭机器人就成功在武汉得到应用，并收获大量好评，被称赞为科技助力人类生活的典型案例。这充分说明碧桂园成立千玺机器人公司，选准了新需求的痛点，也完全通过高技术解决了痛点、难点，将科技技术转化为有形的供给产品，是一条正确的产业升级之路。

据新闻媒体公开报道，千玺机器人主要功能是将餐饮制造标准化、程式化，将餐饮制造全工序融合在机器人工作流程中，实现了服务机器人在餐饮行业的全面应用。2020 年 1 月，碧桂园控股有限公司在广州成立 Foodom 机器人中餐厅旗舰店。该餐厅全面使用有千玺集团开发生产的服务机器人，从餐饮店面的食材选用、初步加工、冷链运输、烹饪制作到自动送餐、自助支付，全链条使用机器人完成，形成全国第一家“机器人餐厅的全链条系统全链条运营模式”[1]。从技术需求来看，餐饮机器人实现了在餐饮全流程细分领域的专业化服务。如，食材储运和标准化生产，在适应中国博大精深的饮食文化方面，餐饮机器人也开发了独特的应用程式，比如对“顺德菜”名厨烹饪手法的程序化模制。更将产品制造细分的领域延伸至诸如甜品、调酒、汉堡，并且餐饮机器人的程序模式可根据需求实现更新，应用领域、范围、适用性都得到提升。从业态模式来看，餐饮机器人餐厅可广泛应用在社区、酒店、写字楼、学校、养老院等人群集中区域，可实现集体就餐分散化、个性化定制配送，对人力替代的成效十分显著，同时也具有规模复制的成熟化模式，市场空间十分巨大。这是碧桂园控股有限公司在建筑机器人领域发力后利用集成创新的技术模块，切入餐饮服务领域的大胆尝试，从运营的效果和现有的社会评价来看，千玺集团餐饮机器人及机器人餐厅初步获得了市场的认可。

[1] 碧桂园自主研发首家千玺机器人餐厅落地广州 将细化量产向全国拓展门店［OL］.［2020-01-13］. 搜狐科技.

餐饮机器人研发生产和大规模应用很好契合了当前我国经济进入服务经济时代，人口红利逐步缩减，人工成本上升急需新模式降低成本费用的时代需求。尤其是作为餐饮行业，人力资本流失率较高，而酒店食肆的租金成本、管理成本近年来也不断上升，必须寻求新的供给模式来满足不断增长的细分市场需求，并不断创造新的管理体系和服务方式来实现投入产出的均衡与高效。服务机器人的产品特征集中满足了替代人力、智能服务、高效管理的新需求，对传统产业的升级提升效应十分明显。

（四）碧桂园控股有限公司进军机器人产业的启示

当碧桂园控股有限公司宣布进军机器人产业的时候，也许很多人对此表示愕然。因为对于所有人而言，碧桂园给人的形象认知始终停留在地产商层面，作为一家成功的地产企业，碧桂园开发出了成千上万的新潮住宅，使许多城市见证了具有岭南特色等典型碧桂园设计风格和印记的园景社区。碧桂园在我国城镇化加速阶段迅速扩张，从位于珠江西岸顺德的一家镇街企业成长为行业巨头，迈进世界 500 强行列。碧桂园已经成为这个时代中国风驰电掣发展的代言者或者说是一个时代烙印。当这样一家企业宣布进军机器人产业时，没有人能够预知是否能够成功。但 800 亿元的巨额投资以及推动建立顺德机器人谷，在短时间内形成以建筑机器人和餐饮服务机器人为主的机器人产品序列，并拿到一系列专利，聚集大量产业人才，碧桂园进军机器人产业应被称之为初战告捷。在中央加强供给侧结构性改革，推动经济高质量发展的新要求中，碧桂园站在了时代前沿，选择了一条对企业来说风险巨大但又极具野心和责任的产业升级之路。

正如集团主席杨国强所言，“机器人事业是一个从无到有的过程”，“未来的发展潜力不可想象”。任何新技术的出现和应用总要经历时间的检验，但敢为人先者，更能适应时代需求的创新者，总能在风险中看到机遇和成功。新技术的产生与发展不是一帆风顺，但看准了需求和方向，就能够占得先机。新技术的推广和应用会有日积月累的过程，在积累的过程中，新技术与经济的结合将会变得更加紧密。“较老的方法和组织消失了，新的过程在市场经济中扩散。随着时间流逝，演化出一个全新的系统；相关的经济活动以适合新技术的方式发展，使其社会生产率更高、经济效益更好”[1]。机器人作为一种智能制造产品，是一系列新技术集成的成果。机器人构造的精细化、智能化，机器人零部件生产的高端化，对工艺流程和材料选用的严格管控，以及对生产精度、零部件强度的要求，都决定了机器人产业的门槛比较高。进军机器人产业，需要决心、信念，也需要强大的资本支持，更需要适合企业战略的切入点。碧桂园控股有限公司把握了这样的机遇，通过 2018 年、2019 年短短两年的时间完成了在机器人产业领域的根基搭建，形成了研发新技术、应用新技术的产品线，而契合碧桂园地产服务、物管服务、现代农业等业务线中的应用场景，决定了碧桂园在产业升级和提供高质量供给方面，有了不一样的未来图景和市场空间。

二、布局现代农业

现代农业是碧桂园控股有限公司在加强供给侧结构性改革背景下，寻求企业多元化经营模式的第二个重大布局。2018 年 6 月，碧桂园集团董事会主席杨国强在广东顺德举行的中国（国际）农业科技创新论坛暨碧桂园现代农业品牌发布会上正式宣布将进军现代农业，并且宣布了对碧桂园现代农业的定位：“是乡村振兴战略的直接参与者，是探索中国特色现代农业之路的先行者，是引领世界先进农业生产技术的排头兵。”[2]

---

[1]（美）乔纳森·休斯，路易斯·P. 凯恩. 美国经济史［M］. 7 版. 邸晓燕，邢露，译. 北京：北京大学出版社，2011：468.

[2] 碧桂园集团进军现代农业［OL］.［2018-06-16］. 环球网，https：//finance. huanqiu. com/article/9CaKrnK9uSv.

（一）农业供给侧结构性改革与发展现代农业

“民以食为天”，农业是国民经济的基础，农业发展的重要性毋庸置疑。推进农业供给侧结构性改革，提升农业发展的质量、效率、效益，不仅有助于更好满足人民对美好生活、对高质量农产品不断增长扩大的需求，也有助于增加农民收入，弥合城乡发展差距。2017 年初，农业部发布《关于推进农业供给侧结构性改革的实施意见》，提出要围绕农业供给侧结构性改革稳定粮食生产、推进结构调整、推进绿色发展、推进创新驱动、推进农村改革。在加快农业供给侧结构性改革的背景下，如何优化农业体系、发展绿色可持续、增强农业科技要素配置以及创新农业农产品产供销现代模式成为亟待破解的重大任务。而发展现代农业，恰好涵盖了对农业生产组织模式、体系、要素投入、可持续等方面的相关要求，成为农业供给侧结构性改革中适合企业投资投入的关键领域。

碧桂园集团进入农业领域不是一个偶然。作为中国著名地产企业，碧桂园在企业社会责任建设方面一直是行业内的佼佼者。据不完全统计，自 1997 年以来，碧桂园集团社会捐资数额超过 33 亿元，其中有 13 亿元投向教育扶贫，创造了著名的职业教育扶贫模式。多年来，碧桂园集团持续对贫困地区进行专项产业扶贫、教育扶贫。可以说碧桂园集团一直心系乡村、心系农民。在推动与广东清远、海南等地农业帮扶与扶贫过程中，碧桂园集团深度融入农村农业发展，深刻认识到农业要转型要发展，就必须有资本的投入和产业模式的升级创新。而推动农业供给侧结构性改革，无疑为碧桂园投身现代农业，创造了良好的时代机遇和政策环境。

（二）全面推动建设农业全产业链

2018 年 6 月，碧桂园控股有限公司成立了二级集团公司——碧桂园农业控股有限公司（以下简称碧桂园农业），并明确将农业作为碧桂园集团三大主营业务之一。碧桂园农业全面推进建立农业全产业链，业务范围涵盖种业、农机、种植生产、平台供销、农发超市、社区门店多个环节，“致力于成为现代农业系统方案的提供者和服务商”。

育种研发。种业是农业发展的关键环节，通过改良育种，培育优质高产的作物品种，是实现单产提高的重要手段。国际上，种业巨头均通过育种改良实现技术垄断和产业增值，牢牢把控农业发展的核心环节。我国多年来在作物育种、物种基因领域持续投入，获得了良好的收益，实现了种业的长足进步。但与国际巨头相比，我国作物种植资源的技术投入、资本投入仍有较大差距，通过发展种业实现农业生产仍有巨大的潜力可供挖掘。碧桂园农业将种业作为发展现代农业的基础，2018 年 6 月碧桂园集团宣布进军农业后，仅一个月时间就与袁隆平院士团队在湖南长沙签署合作协议，“设立第三代杂交水稻研究中心，共同推进第三代杂交水稻育种技术研究”[1]。这是碧桂园涉足种业研发的初步尝试。碧桂园也通过参股形式与海南润达合作建设海南陵水现代农业科技示范基地，目标是建设“集热带特色农业、现代高效农业、生态科技农业、休闲观光农业为一体的先行示范区”[2]。此后，集团加快了对专业人才的招募力度，聘请具有国际种业巨头和行业成功经验的高级管理人才出任碧桂园农业高管，打造了专业化领导团队。碧桂园农业与广东省农业科学研究院、华南农业大学、华中农业大学等国内农业科研机构签署了合作框架协议，同时也与荷兰、以色列等国农业企业签署了合作协议。通过这些合作，碧桂园农业希望提升在种业领域的科技实力，并进一步依靠资本和技术向国际市场进发，延伸产业链条和市场空间。

---

[1] 碧桂园携手“杂交水稻之父”袁隆平，共建第三代杂交水稻研究中心［OL］. 搜狐网，https：//www. sohu. com/a/240524798_ 100116740.

[2] 碧桂园作农业是认真的，已经开始招兵买马［OL］. ［2018-08-06］. 农业行业观察，https：//www. sohu. com/a/245456650_ 379553.

农业种植生产平台模式。作物品种决定单产高低，但个体分散种植却无法实现规模效益和技术效应。因此，建立更大规模、更具技术协同能力的规模化农业种植生产平台，就成为发展现代农业必须要迈过去的坎。2019 年 10 月，碧桂园农业与建三江管理局签署合作备忘录，共同在黑龙江二道河农场建设无人操作的大型示范农场。2020 年 1 月，碧桂园农业投资的中国（武汉）种谷项目开工，在这次开工活动中，碧桂园集团副总裁梅永红提出碧桂园农业打造“农业中国芯”的根本目标，力争在武汉的“中国种谷”，通过技术与创新资源的协同，用科技赋予种业发展新的路径与模式，打造高端化种业平台。2020 年 3 月，碧桂园农业认缴 4 亿元，收购华大农业 80% 股权，成为华大农业控股股东。作为国内种业研发的头部企业之一，华大农业对外投资张北华大农业综合开发有限公司等 6 家企业，业务范围涵盖动植物新品种培育、农业种植、农产品深加工以及微生态研究与应用领域。拥有专利 199 件，建立了“农业基因组学国家重点实验室”和“基因组学农业部重点实验室”，以及多个省市级重点实验室。[1]

收购华大农业完成了碧桂园农业在种业领域的最重要一块拼图，至此碧桂园农业拥有了实力雄厚的种业技术研发与试验平台。同时，“公司+农户”的生产种植模式长期来看将发展成为以农业产业园、“现代农场+农户+前端高品质品种与种植技术服务”为一体的农业种植生产平台模式。可以说，碧桂园农业进军农业的每一步，都是围绕打造科技赋能的农业平台模式积蓄力量。从农业供给侧结构性改革的角度来看，碧桂园农业不是简单在种业和种植生产两个环节进行单一的技术升级或者改良，而是通过将技术整合为底层的支撑系统，从品种改良、种植生产到规模种植、平台服务都贯穿了技术与平台的集成效用，从而实现了农业产业链科技赋能效应

[1] 历时一年半落地 碧桂园控股华大农业［OL］. ［2020-03-12］. 新浪财经，https://baijiahao.baidu.com/s?id=1660938654462125074&wfr=spider&for=pc.

的放大。或者简单来说，碧桂园农业的布局，不仅补上了育种的技术短板，也实现了优质农产品的规模化、平台化、精细化种植生产，使其质量可追溯、品质有保证，无形中形成了品牌价值。

（三）流通销售网络

碧桂园农业要做高科技农业，高科技的内涵不仅是在品种培育等技术层面，还有在生产、管理、流通、服务等层面的合理化、高效化模式，也是决定农业企业质量、效率、动力及未来规模的科技内容。在碧桂园控股有限公司关于碧桂园农业的简介中，明确碧桂园农业的发展主旨是“做行业资源的整合者、产业结构的提升者和现代农业的服务者，着力打造科技型、平台型、国际型农业”[1]。其中，就蕴含着要通过全产业链的生产与服务集成，体现链条的协同效用，实现产品价值增值的内涵。简单来说，高效协作的系统，也是科技要素配置水平的体现，本身即意味着价值。

正因如此，碧桂园农业必须拥有一个高效的流通销售网络，或者说需要有一个网络化的用户终端，才能够形成系统的闭环，才能够实现产业布局、产业链条的最大效用。碧桂园农业打造了自己的品牌连锁超市“凤凰优选”，来实现农产品的终端销售目标。“凤凰优选”社区门店的最大特点是从碧桂园自有的种植基地或通过市场采购直接销售已经甄选过的高品质农副产品，这种直营模式完全体现了碧桂园农业产供销一体化、全链条的运营思路，打通产地与终端销售社区的联系，通过以销定采满足社区居民对高品质农副产品的需求。在这个模式中，凤凰优选可以借助碧桂园在全国已建成的项目社区，短期高速布局社区门店，形成跨地域的流通与销售网络，降低了成本，同时实现了高效服务。据媒体报道，到 2018 年碧桂园

[1] 碧桂园农业控股有限公司简介［OL］. https：//www. bgy. com. cn/product. aspx？type = 37.

凤凰优选社区门店数量已超过1000家，覆盖全国30多个城市。从凤凰优选的品牌口号来看，凤凰优选立足为碧桂园小区业主和社会提供好吃、好用、省钱、安全的产品。依靠碧桂园遍布全国的品牌小区，凤凰优选可以便捷快速在全国铺设直接对准客户需求的生鲜供应网络，通过客户需求精准选取产地直供模式，提供差异化的中高端供给，满足城市居民不断增长的对餐桌饮食品质的追求。使用在线下单、在线支付的智能化模式，实现产地、仓储、物流、终端客户的一体化链条。品控能力和精准营销成为凤凰优选社区门店模式的核心竞争力。

凤凰优选社区门店模式可以视作碧桂园进军新零售的发轫之作。相比于网易严选、苏宁门店、京东生鲜等在线新零售模式，凤凰优选的不同之处在于对上游供应环节的全面把控。从田地到餐桌，实现了健康、绿色、安全等城市居民新消费需求中最为关注的品质要求。依靠农产品供销和自有社区商业的精准结合，碧桂园全面切入城市居民服务，可供发展的业务种类繁多。按照相关媒体报道，依靠社区门店，凤凰优选还将提供金融、医疗、旅游、房屋租赁、家政服务等新服务模式，最终将致力于在服务领域打造“做中国更好社区生活服务商”的目标。

三、对碧桂园多元化经营战略的评价

实现质量变革、效率变革、动力变革，是加强供给侧结构性改革的目标。我国经济进入新时代，要着眼于经济中高速增长背景下更加贴近新消费需求和高品质美好生活需要的供给体系建设。逐步深化要素市场化配置来进一步畅通经济与产业循环，实现要素配置的最优化和效率最大化，用优质的产品与市场的认可来检验企业发展的成效。在推进供给侧结构性改革，推动经济高质量发展进程中，企业既要对传统的业务模式和技术、管理模式进行调整调适，来实现成本与效益的均衡；也要关注国内市场不断涌现的新需求，不断与时俱进增加新供给，才能够获得生命力与竞争力。在这个过程中，发端于新一轮技术革命与产业革命的各种新兴技术与业态、模式，成为未来决定企业竞争力的核心要素。用技术创新和模式效应形成的新的竞争优势，已成为决定一个企业乃至整个行业发展的关键。

运用新技术，使用新模式，将潜在的消费需求激发出来，形成新的促进企业效益提升的现实动力，将“规模取胜”转变为“品质取胜”，“实现由低水平供需平衡向高水平供需平衡跃升”。那些能够准确理解和认识到供给侧结构性改革和经济高质量发展内涵要义的企业，将一定能够把握时代机遇，获得发展先机。对于碧桂园而言，选择多元化经营战略，大手笔进军机器人产业和布局现代农业，围绕地产开发和社区居民新消费需求，通过农业全产业链和服务机器人新模式，从住房开发商转型成为城市消费服务商，应该说是极具前瞻性的选择。

在地产开发领域，碧桂园无疑是胜者、强者。2017 年，碧桂园创下史上最高销售规模，荣膺销售最好的中国房企。2018 年，碧桂园再次在营业收入、毛利润、净利润、股东应占利润等多项指标中获得大幅增长，在我国三、四线城市的销售占比接近 60%，继续稳固地产行业龙头地位。刚刚过去的 2019 年，碧桂园连续第四年实现公司净经营性现金流为正，现金余额近 2900 亿元，创下历史新高。更为重要的是，碧桂园控股实现了上市以来连续 12 年净借贷比率维持在 70% 以下，这在整个地产行业中绝无仅有。健康的财务状况和连年增长的市场份额与销售收入，为碧桂园推进产业转型和多样化经营建立了坚实的支持基础。在可预期的未来，以博智林为代表的顺德机器人谷将会成为碧桂园服务机器人关键技术研发与应用的高端创新平台。按照碧桂园控股决策者的设想，博智林和顺德机器人谷要在 5 年时间吸引 10000 位顶尖和高端研发人才聚集，投入 800 亿元打造机器人全产业链高地。千玺餐饮机器人将会在机器人关键技术研发和应用领域，继续形成新的技术创新和运营业态，技术外溢的效应也将愈加明显。通过对机器人产业持之以恒的不懈投入，在经过技术积累和研发的平台期后，必然会产生和形成极大的技术红利；而深入渗透社区服务，从建筑建设转向现代农业、社区经营、社区服务，用全链条、可掌控的服务模式满足城市居民不断增长的新消费需求，可以说是从技术、模式、业态进行了全面的新探索。尽管可能在企业调整战略思路和经营方向的过程中，也会遇到波折和新的挑战，但这种转型经营的眼光、思路、勇气，执着于以“高科技企业”实现高质量供给，无疑是极具前瞻性的选择，可以被认为是供给侧结构性改革背景下企业自主选择转型转向的样板。

（执笔人：田栋）

企业案例二

第六章

溢达集团：40年坚守实业推动纺织服装业实现高质量发展

溢达集团成立于 1978 年。40 余年的时间顺改革开放的大势而为，在传统纺织服装领域不断探索与发展，终成为传统制造业实现高质量发展的典型代表。佛山传统制造业转型升级，要翻越三座大山：一是夕阳行业如何做出朝阳业态；二是朝阳行业如何实现生态发展；三是高质量发展如何实现人的全面发展。溢达集团用 40 年坚持不懈的探索，努力攀登这三座大山，并交出了卓越答卷。

一、高质量发展定位

高质量发展的内涵是，创新成为第一动力、协调成为内生特点、绿色成为普遍形态、开放成为必由之路、共享成为根本目的。过去 40 年，溢达集团始终将高质量发展作为企业的发展定位，并一直践行推动企业的高质量发展。

（一）专注于纺织的传统制造业企业

溢达集团是中国纺织行业中最早进入内地的港资企业。在进入内地纺织行业后利用自身优势在投资合作、利用外资、出口创汇等领域开展了积极的尝试。在此期间溢达集团始终坚持自身专业纺织企业的定位，不断寻求企业在生产规模、生产方式、产品种类和产品质量等方面的发展，最终形成了集规模、质量、人才、技术、品牌于一身的纺织业高质量企业典型。

对传统纺织业的坚持与专注来源于溢达集团创始人出身纺织世家的深厚情结。现任溢达集团主席兼行政总裁、香港行政会议成员、第十至十二届全国政协委员杨敏德女士，1952 年于香港出生，毕业于美国麻省理工学院数学系并取得哈佛大学工商管理硕士学位，1978 年回港协助父亲杨元龙创办了溢达集团。作为溢达集团创始人，杨敏德的父亲杨元龙是香港乃至东南亚著名的纺织工业家及贸易专家，香港棉业咨询委员会委员，为香港关税及贸易总协定（General Agreement on Tariff and Trade，简称 GATT）和多种纤维纺织品协议（Multi-Fiber Agreement，简称 MFA）谈判作出重要贡献。杨元龙出身于近代实业之家，其祖父和父亲均是纺织行业著名企业家。其岳父蔡声白更是民国著名丝织工业家及国货运动重要领导人，主办了作为丝织业界巨擘的美亚织绸厂。纺织世家的熏陶和渲染使杨元龙与杨敏德父女始终秉持着创办实业、服务国家的诚挚初心，这种深切的情怀也成了支撑溢达集团不断发展壮大的精神力量。

1. **成立初期在投资、合作与补偿贸易领域的发展**

1978 年 8 月，溢达集团与中国纺织品进出口公司江苏省分公司签订了中国纺织业第一笔补偿贸易合同，也是该省最早利用外资的项目。在出口创汇方面，溢达集团大力发展制衣出口加工。从最初的补偿贸易、来料加工方式逐渐向多样化的出口形式转变。在投资合作方面，溢达集团在江苏、湖北等地均进行投资合作，包括出资购买先进设备、引进先进生产线、指导生产和出口创汇等多种形式。1978 年，在与江苏省签订补偿贸易合同的基础上，溢达集团出资 240 万美元与无锡光明内衣厂等三家服装厂合作，通过引入先进生产线实现了企业技术水平的飞跃，为企业创造了巨大的经济收益。1979—1981 年，三家服装厂总共创汇 4500 万美元，上交国家税收 819 万元，在全国外资利用会议上得到了高度的表彰。1980 年，溢达集团在湖北省签订出口加工贸易合同，出资与黄石服装厂、鄂州服装厂合作，帮助两家企业发展成为康赛集团和多佳股份两家上市公司。至此，溢达集团在成立初期进行的投资合作与补偿贸易方式取得了显著回报与巨大成就。

同期作为采取“来料加工”、“来料装配”、“来样加工” 和 “补偿贸易”的“三来一补” 贸易形式的代表性企业还有成立于东莞虎门镇的太平手袋厂和成立于顺德容奇的大进制衣厂。太平手袋厂于 1978 年 7 月成立，是东莞县第二轻工业局的太平服装厂与港商合作创办的。是全国首批成立的“三来一补” 企业之一。在生产设备、生产方式、外贸转型、销售模式和管理模式等方面率先进行了积极的探索与创新，成为改革开放具有标志性和代表性的“三来一补” 企业的发展典型。

2. **发展扩张阶段在产品、技术等专业优势方面的培育**

在补偿贸易取得成功之后，溢达集团开启了在全国各地创办合资企业的进程。1985 年，溢达集团与蒲圻纺织集团、湖北国际信托投资公司等共同兴办了天龙国际针织企业有限公司。1986 年，溢达集团又与湖北省服装进出口公司、鄂州市服装厂合作成立了鄂州市制衣有限公司。两家合资公司均取得了显著的发展与成就：天龙国际针织企业有限公司成了湖北省第一创汇大户，而鄂州市制衣有限公司的管理模式也得到了《人民日报》的专文宣传，号召国内其他企业效仿。

在合资企业取得了骄人成绩的基础上，为了进一步向从事高端化生产的合资企业目标迈进，溢达集团于 1988 年投资 9950 万美元，与地方政府合资在广东省佛山市高明区建立了高丰纺织染联合企业有限公司，从事高档面料生产和出口。期间，持续加大投资与生产规模，至 1995 年已发展成为产值高达 7.6 亿元的广东最大型纺织企业。当年完成利税 4200 万元、出口创汇 6000 万美元，为地方经济发展作出了重大贡献。1996 年高丰成为溢达独资企业，2000 年高丰改名为“广东溢达”，成为拥有资产 13.75 亿元的大型纺织企业联合体，销售额达到 12 亿元，出口创汇 1.2 亿美元，完成利税 1 亿多元人民币，成为跻身于中国 500 强企业之列的外商投资“双优企业”。在此期间，溢达的合资企业也向着专业化方向发展。1993 年，溢达集团与常州第一服装厂、江苏服装进出口公司等共同建立了常州溢达服装有限公司，投入资本 600 万美元，专门生产梭织服装。1994 年，中外合资的常州溢达针织公司也正式投产。同时，在浙江宁波，溢达投资 300 万美元与地方企业合资成立宁波溢达服装公司，主要承做日本成衣订单。

3. 发展成熟阶段在原材料、人才、技术和发展战略方面优势的形成

优质原材料是纺织企业产品质量的重要保障，溢达集团在企业发展阶段对优质原材料的生产和供给进行了积极的探索与尝试。从 1995 年开始，溢达集团重金投资新疆出产的优质原材料——长绒棉，建立轧花厂、棉花种植和棉种培育基地。经过多年的发展，新疆原材料基地具备了创造稳定年产值的能力，有效保证优质原材料的供应，从源头上实现了产品的高质量发展。

人才和技术是传统制造业企业实现高质量发展的另一项重要判别依据。溢达集团在企业发展的各个阶段都重视技术的提升和人才的培育。溢达集团积极引进国际上最先进的设备与管理技术，生产机械多来自日本、德国及意大利等纺织业发达国家。引入全自动的裁剪床、全自动染料添加系统等大量的高精尖设备，每年都投入超过两亿元的资金用于各种类型的研发。2000 年，广东溢达被广东省科技厅授予“高新技术企业”称号；2008 年，再被授予“国家高新技术企业”称号。在企业人才培育方面，溢达集团从海外聘请纺织及相关专业的专家到各地工作。此外，集团每年从全国各类高校招收百名优秀大学毕业生加入，包括不少有海外留学背景的人才。广东溢达从 1993 年开始就每年举行大学校园招聘。多的时候每年 100 多人，最少每年也有 50 多人。员工从加入公司开始，就会接触各种岗位培训和能力培训。公司为不同的职位也都设计了相关的培训课程，每年都有全员的培训计划，让很多有能力的员工得到晋升。溢达集团处处体现着“以人为本”的理念。有人情味、相对宽松的工作环境和融洽的同事关系越来越成为新一代从业人员的需求，以此集聚了各类人才，成为溢达最强的竞争力。

一流发展战略为企业高质量发展提供了目标和指引。溢达集团是国内纺织业最早一批致力于实现自动化生产和节能减排的企业之一，积极打通原材料、纺织、制衣、分销等全产业链的各个环节，形成纵向一体化的生产体系。近些年顺应“工业 4. 0”发展要求，溢达集团在智能制造、现代物流和“互联网+”等领域展开积极探索，打造“制造业+生态”的集特纺、制衣、物流、体验中心等元素于一体的新模式、新产业与新业态。由此形成的现代、智能、绿色、可持续的未来发展战略与“中国制造 2025”和传统制造业高质量发展的战略要求相吻合，为新时期溢达集团的发展提供了明确的方向。

（二）打造全产业链布局的高端生产体系

打通上下游产业、实现全产业链布局是传统制造业转型升级的必由之路，也是高质量企业的重要特征。溢达集团经过几十年的发展，在生产体系的各个环节进行不断的探索与拓展，已形成了集原材料、生产管理与分工、研发、分销等各个生产环节为一体的全产业链体系。

1. 原材料环节

1995年溢达集团在新疆建立棉纺企业，后来又发展至棉花育种、种植、轧花等上游生产链。在将近20年的时间里不断扩大在新疆的投资，建立了自己的轧花厂、棉花种植和棉种培育基地。2004年，阿克苏溢达棉业有限公司成立，拥有全套美国轧花设备，在国内最先应用最先进的RFID技术，使皮棉收购加工程序更加优化。为了提升新疆的优质棉花种植水平，溢达集团在1999年就建立新疆溢达农业科技有限公司，从事有机棉种植技术的研究和推广。在能源供应方面，溢达集团拥有自备热电厂，采用严格的清洁标准为企业生产提供充足的电力能源。溢达集团按照“超洁净排放”的能源生产排放标准，先后对热电厂进行了包括脱硝工程和脱硫除尘改造在内的多项提升能源生产绿色环保、清洁生产水平的工程，既确保了能源的持续供应、降低能源成本、避免过剩产能，又保证了从原材料环节开启溢达集团绿色环保的全产业链生产模式。

2. 生产、分工与管理环节

溢达集团拥有纺纱厂、针织厂、梭织厂、成衣制造厂、辅料及包装厂，实现了从原材料到成衣制造出厂的一体化生产流程。无论是溢达集团在国内开设于新疆、广东、广西、浙江、江苏的生产基地，还是海外工厂、销售网络及分支机构，均高度符合“一带一路”倡议，按照合理产业分工布局，发挥各自优势，达到企业与各地政府、社区的互利共赢。最近几年，溢达集团更加强了在“一带一路”重点节点地区的投资力度，以实际行动响应国家战略部署。与很多企业不同，广东溢达的主要生产管理系统都是自主开发的。因为对流程的了解，其管理系统可以涵盖从下单到出货的所有过程，每一道工序的生产状态、品质检验报告、出入仓情况等均可以通过内部局域网获得相应数据。公司内部、公司同集团、公司和其他兄弟企业之间实现了真正意义上的实时信息共享。同时，广东溢达也是率先将无线射频识别技术（RFID）应用到制衣车间跟踪管理的企业，未来的信息系统将面向生产制造层面的制造执行系统、自动监测和动态精细化管理系统，以及物流和供应链管理等。

3. **研发环节**

溢达集团拥有独立的研发中心。在与生产相关的众多环节上，溢达投入大量研究基金，包括棉花培育、污水处理、染纱和面料生产工序、循环经济、制衣生产技术等。2000 年，溢达集团在高明成立研发中心。2011 年，在新疆成立研发中心。目前溢达集团每年研发投入占销售收入的 3%。截至 2018 年底，溢达申请的专利已达 1738 项，其中 1241 项已获授权，在已授权中国专利中，发明专利有 446 项，成为广东省工业界有名的“专利富豪”。

4. **分销环节**

溢达集团通过精心的管理与经营，拥有稳定而广泛的客户群体，保证了产品分销的自主性和稳定性。为建立相互信任的客户关系，溢达集团引进准时交单率（On Time Delivery，OTD）指标，并努力达到 99.5% 以上的交单率水平，保证了企业按时向客户交货，在极其重视按时交货的服装行业赢得了众多客户的信任与青睐，为产品分销的自主与稳定性提供了基础条件。为建立透明可控的分销体系，平衡周期性产能，控制纺织行业的季节性风险，溢达集团积极与客户进行交流，共同制定产能计划，并提前预留相应产能，既能让客户协助填补产能的空位，又能预见产能的不足，为扩大产能提前做准备，在实现双赢的同时保障了产品分销环节的稳定性。

为创建独立自主的分销方式，从 1984 年开始，溢达已积极发展自己的衬衫品牌——“派”，2016 年更推出“十如仕”，作为溢达集团的自主品牌，为提升企业对分销环节的掌控，打通含分销环节在内的全产业链发展模式提供了重要条件。

（三）着眼全球价值链布局的世界工厂

1. 主要海外投资国家

溢达集团早在 20 世纪 70 年代，就开启了其海外发展历程。首先进入的海外市场是马来西亚和毛里求斯。溢达集团在马来西亚开办的制衣厂是马来西亚最大成衣制造商之一。溢达运营的东方制衣厂，目前仍是当地最大的成衣制造企业。毛里求斯是亚非经济走廊的明珠，目前是中国对非洲投资的重要平台。毛里求斯政府也积极响应中国“一带一路”的倡议，欢迎中国企业的投资。考虑到毛里求斯能够享受到欧洲国家的纺织品免税、免配额的优惠，而且受益于《非洲增长与机会法》，在毛里求斯制造的产品可免税进入美国市场。溢达集团早在 1978 年就进入该国开办制衣工厂，目前在当地仍有四家工厂在运营。由于 40 年的投资历史，溢达集团与毛里求斯主管工业发展及贸易事务的官员一直保持着良好关系，对中国企业进入毛里求斯以及非洲投资与经营具有充分的借鉴意义。

斯里兰卡被视为海上丝绸之路的关键节点。纺织服装业曾经是斯里兰卡工业化的先行产业，目前仍是该国经济支柱。1983 年，溢达收购了斯里兰卡 Polytex 企业 35% 的股权，负责工厂的具体运营及经销事务。2005 年，生产出口到美国与欧盟的男女针织衬衫 50 万打，在斯里兰卡出口服装企业中排名第二。2018 年 3 月，Polytex 由溢达集团全资拥有，并于 2018 年 12 月 29 日更名为 Esquel Sri Lanka Ltd.，以体现溢达在斯里兰卡经营的承诺，也肯定了斯里兰卡在集团发展中的战略性地位。

越南是中国“一带一路”南线中第一个与中国接壤的关键国家。溢达从2000年开始就已经在越南部署建厂，先在平阳省投资2500万美元建立Esquel Garment Manufacturing (Vietnam) Company Limited，随后又增资3500万美元扩建工厂。2010年、2012年溢达又分别在同奈省及和平省建立新厂，目前越南工厂员工已逾万名。

2. 海外客户及全球业务

除了上述国家和地区，溢达集团业务遍布美国、英国、德国和日本等，在全球共有5.7万名员工。2017年，集团营业额达13亿美元，其中分别有41%和27%来自美国和欧洲，14%来自其他地区，13%和5%来自国内及日本。销售网络遍及美国、欧洲、中国、日本及韩国等。集团每年向Ralph Lauren、Tommy Hilfiger、Hugo Boss、Muji及安踏等世界知名时装品牌供应超过1亿件衬衫。

二、关键时点主要矛盾及破解思路

（一）扩张发展阶段（1986—1995年）

1. 出口配额对纺织品出口的约束

20世纪50年代末期，发达国家着眼于谋求本国利益，开始对纺织品实施高保护政策。以美国为代表，在GATT第15届缔约方全体会议上指责从几个发展中国家进口的纺织品对其国内市场造成“扰乱”，这一指责得到关贸总协定的肯定后，纺织品贸易不仅被排除在GATT法律规则之外，还衍生出大量国际贸易争端。出于出口配额的考虑，溢达在成立初期就在马来西亚、毛里求斯等国进行投资并开展业务，以应对该时期的配额限制。

2. 国内发展扩张投资策略的选择

改革开放初期，溢达选择在国内发展，主要通过与国内企业合资，从事来料加工生产的方式进行出口创汇。随后逐渐向打通纺织到成衣制造的上下游产业发展。1989 年后，有的外资从国内撤走，原来与溢达合资投建高丰纺织染联合企业的日本东棉公司也决定撤走，但溢达集团选择继续留在国内发展，并加大投资额，逐渐向染色、高档布生产等高质量多样化领域拓展。

（二）可持续发展阶段（1995—2008 年）

1. 优质原材料的制约

优质原材料是企业生产的基础，也是企业高质量发展的基石。在可持续发展阶段，原材料约束是我国传统制造业企业所面临的突出问题之一。溢达集团在这一阶段就面临着国内市场上的低支纱难以满足高质量产品需求的困境。而在国外市场进行高质量棉采购尝试后发现，几个主要海外原材料产地均无法有效满足溢达集团对优质原材料的需求，如以秘鲁为代表的棉花交期不稳定和以埃及为代表的棉花采购成本高等。相比之下，在新疆出产的长绒棉作为中国最优质的棉花刚好能够满足溢达的需要。因此，1995 年溢达集团作出到新疆投建纺纱厂的决定，以此突破优质原材料的制约。从这一年开始，溢达集团先是在新疆建立棉纺企业，后来又发展到棉花育种、种植、轧花等上游生产链。

首先，溢达集团完成了在原材料产地建厂的目标。1995 年 7 月，在获得了吐鲁番建厂批文后，溢达集团投资 5000 万美元建立了吐鲁番溢达纺织有限公司。溢达集团的初步尝试取得了成功，投产不到一年，这家企业就成为新疆首家同时获得 ISO 9002 国际、国内双认证的棉纺厂。

其次，溢达集团扩大在原材料产地的投资，进一步提升原材料产量。1998 年溢达集团投资 4.5 亿元，收购经营困难的新疆绿洲长绒棉纺织有限公司，建立新疆溢达纺织有限公司。在投资兴办合资企业方面，1998 年，溢达投资 1458 万美元，与新疆生产建设兵团农三师共同投资组建新疆丰达农业有限公司，拥有4万亩长绒棉基地，是新疆生产建设兵团最大的农业合资企业，丰达也成为兵团对外开放窗口。

最后，溢达集团在原材料产地持续投资，不断提升原材料生产的技术水平。溢达集团于1999年建立新疆溢达农业科技有限公司，以提升棉花种植和出产质量为目标，从事有机棉种植技术的研究和推广。与新疆农科院合作，开展长绒棉转基因技术的研究，实现了太空育种。在新疆、海南建立了4个育种基地，培育出新海33号、新海50号（元龙5号）、新海55号等高技术含量的自有品种，并为棉农提供高水平的种植技术指导，有效提升了新疆长绒棉的质量和产量。此外，溢达集团分别于2001年和2007年增加对吐鲁番溢达纺织有限公司的投资，将其建设为拥有亚洲最先进纺纱技术的“紧密纺”纱生产基地。2004年，溢达集团投资成立了拥有全套美国轧花设备和国内最先应用射频识别（RFID）先进物流和信息识别技术的阿克苏溢达棉业有限公司。从2009年开始，溢达集团共投资5600万美元在昌吉投资建立并发展成为全国首个全流程智能化纺纱工厂。

2. 企业绿色发展的要求

2019年3月5日，习近平主席在十三届全国人大二次会议内蒙古代表团审议时提出生态文明建设可以用“四个一”来概括：在“五位一体”总体布局中生态文明建设是其中一位，在新时代坚持和发展中国特色社会主义基本方略中坚持人与自然和谐共生是其中一条基本方略，在新发展理念中绿色是其中一大理念，在三大攻坚战中污染防治是其中一大攻坚战。生态文明建设的重要地位决定了生态环境保护同样是企业高质量发展的重要条件和要求，在“绿水青山就是金山银山”的理念下，企业高质量发展要求企业不能以牺牲资源和环境为代价来实现自身经济效益的提升和发展，必须走高效节能环保的绿色高质量可持续增长之路。溢达集团作为符合高质量发展要求的典型企业，将环保意识摆在企业文化的首要位置，从20世纪80年代开始就开启了对绿色发展的探索之路，为中国企业实现绿色高质量发展提供了重要借鉴。

首先，在应对废水废气等污染物排放方面，溢达集团所从事的纺织行业具有典型的重污染特征，排污一直是困扰行业企业的重要问题。废气处理方面，溢达集团自2002年起投入大量资金开展包括循环流化床锅炉、热电联产电厂和尾气脱硝等废气处理在内的绿色生产项目。2010年，投资150多万元将所有燃烧重油的锅炉改为燃烧天然气，使二氧化硫和烟尘的减排率接近100%。此外还升级了高耗能、高排放的老旧设备，使用清洁天然气替代重油老式动力锅，显著控制了生产废气的排放。废水处理方面，溢达集团先后在2008年、2011年和2013年投资3000万、1800万和4000万元在污水处理项目上，分别完成了污水处理厂扩建、印染污泥减量和污水提标排放改造。2015年，溢达累计投资近2亿元的新水质净化中心启用，成为全行业投资力度最大的污水处理设施，年运行费用高达5000万元，每年可减少COD二氧化碳排放量3000余吨。水质净化中心启用一年后，投资高达7000万元的污水深度处理提标项目完成，使COD二氧化碳排放又减排50%，并在国际上为中国企业争得了更多的积极肯定。印染污泥减量及干燥项目，使得每天产生的污泥量从130吨减至40吨，污泥含水率从80%降至30%。

其次，在节约能源消耗方面，2005—2017年间，溢达在全球的企业生产能源单耗降低49%，生产用水单耗减少67%。溢达投资4200万元用于回收中水循环利用项目，中水回用系统每天可处理废水5000吨，其中有3000吨回收到对水质要求严格的染纱车间。据统计，截至2012年底，广东溢达单件产品的能耗已在2005年的基础上减少了45%，单位产品水耗下降59%，“十一五”期间共节约标准煤6万多吨，成为广东省节能先进单位。2005—2014年，溢达总计共节省了5.3亿千瓦时电能、1400万吨水，减少了53万吨有害温室气体排放。溢达集团通过打造纵向一体化的绿色流程，建立起一整套绿色供应链体系，带动了全行业在绿色制造方面的转型升级：在棉花种植阶段，溢达通过棉种培育、基因测试、滴灌技术等减少了水和农药的使用；在棉花染色阶段，溢达采用低温漂白工艺，缩短棉花增白时间，从而降低了能源以及化学品的使用量；在面料生产阶段，溢达研发新技术，大幅度减少水、能源和化学品的使用；甚至于在建筑节能方面，溢达也使用各种方法来降低在建筑中所使用的能耗。溢达从采购源头、生产流程等环节提前入手，最大程度确保绿色环保，坚持向所有与企业有关联的合作伙伴传递环保意识，连续多年被授予“环保诚信企业”“清洁生产企业”称号。

最后，在环境管理体制方面，20 世纪 90 年代以来，溢达集团是行业内最早也是最多获得与环境保护有关国际认证的纺织企业。从 1995 年开始，溢达引入并建立 ISO 14001 环境管理体系，推行公司的环境方针。2000 年广东溢达公司顺利通过了德国莱茵 TUV 的 ISO 14001 环境管理体系认证。2014 年溢达集团在中国佛山的两家重要生产基地成为中国首批获得可持续纺织品生产 STeP 认证的企业；2017 年广东溢达公司获得 CITI 绿色供应链第四名。溢达也是国内企业中最先引入能源管理系统（EMS）管理的企业。一直以来，溢达都坚持绿色环保理念，在企业环保领域的投入可谓不遗余力。数据显示，2005 年以来，溢达在能源管理方面累计投入超过 1.5 亿美元，并涌现出许多环保专利发明。如荣获“2016 年度佛山市科学技术奖”一等奖的泡沫整理技术，采用泡沫方法代替水来浸湿布料，节能效果显著。目前溢达在环保方面的投入已超过 2 亿元，且溢达自身的排放量都远严格于国家标准，甚至严于欧美国际排放标准。污水出水 COD 含量国家标准是 80mg/L，溢达常年稳定在 45mg/L 左右，远低于标准水平。

3. 人力成本提升下的转型压力

在我国经济高速增长阶段，人口红利所形成的较低的劳动力成本是经济快速增长的重要条件。随着人口红利的消失和劳动保障制度的逐渐健全，在当前新的发展阶段，有效应对劳动力成本提升成了企业高质量发展的重要问题。由于行业特殊性，溢达一直以来对劳动力依赖都很大。时至今日，广东溢达在职员工仍有 2.3 万人之多。溢达集团采取多种方法对劳动力要素进行改善和替代，在有效应对人力成本提升的同时，还显著改善和提升了企业的生产结构和生产能力。

首先，通过员工培训和人力资本培育应对人力成本提升。溢达集团将人才培育作为提升竞争力的关键手段，同时也是应对人力成本提升的重要方式。一方面，溢达将努力吸纳优秀人才加入作为提升人力资本和劳动力水平的重要途径。溢达每年从全国各类高校招收百名优秀大学毕业生加入，此外还有不少有海外留学背景的人才。溢达集团研发中心拥有一支由数十位纺织服装行业各个领域专家级人物组成的研发团队，不断吸收高学历专业化人才从事研发活动，先后被授予“国家级企业技术中心”和“博士后科研工作流动站”等荣誉；另一方面，溢达同样重视对已就职的员工进行人力资源培训与员工内部学习环境的建设，尤其对技术型员工的成长特别关注。溢达集团为员工提供大量学习培训的平台，通过多元化人才结构战略，溢达亦成为一个具有高学习精神的团队。数据显示，目前溢达纺织每年在人才培训上的投入超过 1000 万元，其中针对一线工人专门推出了“溢达助力计划”。项目自 2015 年启动以来，已为近 900 名职工提供了学历提升服务。溢达重视发挥生产一线员工的积极性和创造性，每周举办“精益接待”，听取员工的合理化建议和创意“金点子”。制衣厂车间小部件的创新和改良，80% ~90% 的创意都是来自一线员工。溢达集团于 2014 年设立 600 万美元/期的“创新基金”，用于支持企业研发人员高风险的创意；为鼓励员工科技创新，溢达每年都会在集团范围内举行“创意 2000 竞赛”，举行年度技术创新颁奖典礼等，激励每一位溢达员工主动投身到创新中去。

其次，通过提升自动化水平应对劳动力成本的提升。溢达集团每年投入 2 亿元引入自动化设备。对于纺织行业耗费人力成本较高的如衬衫袖侧像箭头的那块硬长条布被称作“三尖”领域，溢达集团积极开展以提高生产效率为目标的自动化探索，并于2011年开发出第一代封“三尖”自动化机器，但它每天仅能生产50件“三尖”。之后溢达花费两年的时间，推出第二代升级的设备，设备单日产量已经提升到500件，超越了传统熟手工人的生产效率。而到了第三代，每天的产量更是达到了700件。实际上，对于纺织行业来说，自动化设备的引入不仅能够提高效率，还能够大大提升产品的质量。数据显示，截至2018年5月，溢达通过自主研发，已成功实现梭织制衣工序自动化覆盖率达77%；针织制衣工序自动化覆盖率达39%。溢达集团在五年前一条衬衫生产线至少需要43名工人。但在今天，每条衬衫生产线只需要30名员工。更重要的是，人数虽然减少了30%，但生产效率却比原来高出了40%。溢达制衣车间拥有自动化程度很高的机器设备，如利用机械手臂自动抓取裁片进行缝制、自动验针、利用红外线技术自动裁片、将视觉识别技术运用到制衣与面料生产环节等技术均已在溢达车间实现。以缝制袖侧为例，传统的做法需要工人一边折叠、一边缝线、一边转动，手、眼、脚互相配合，一条生产线6名工人，一天能生产袖侧1200件左右。如今，利用溢达自主研发的自动袖侧机，2名员工就能实现1800件/天的产能，整条生产线的生产效率比原来高出40%。有些以前很复杂的工序，如今工人只需要按照工程师设计的模具摆好裁片定好位，按一下按钮，整个车缝工作就可以自动完成，一个工人还可以同时操作2~3台衣车。

最后，提升技术水平应对劳动力成本的提升。尽管溢达集团通过提升劳动力素质和提升自动化水平等方式应对劳动力成本的提升，但是纺织企业仍处于传统制造业范畴，无论如何都对劳动力存在着一定程度的依赖性，高素质劳动力和自动化生产所起到的替代劳动力的作用仍然有限。而技术创新在应对劳动力成本提升方面的优势在于，一方面技术创新水平的提升带动企业生产模式的转型，纺织企业通过实现向高端制造、智能制造的转变，进一步降低对劳动力要素的依赖和需求；另一方面技术创新通过提升企业生产效率、降低企业生产成本的方式增加企业的整体效益，有效地解决了劳动力成本上升所带来的企业整体成本提升问题。溢达每年用于新产品、新工艺和新设备开发的科研资金投入占年销售额的 3.6%，硬件和人才的投入，为溢达搭建了一个高水平科技创新平台。在这个平台上，溢达集团每年都投入超过 2 亿元的资金用于各种类型的研发，通过提升生产、管理等各个方面技术水平有效应对劳动力成本的提升。

（三）高质量发展阶段（2008—2019 年）

1. 企业研发创新要求

按照创新引领高质量发展要求，溢达集团始终重视研发、人才、科技创新在企业发展中的作用，通过研发创新实现传统制造企业的转型，有效应对资源、环境、生产成本、成产效应等方面的问题和挑战。

首先，在生产技术的提升上，溢达集团从原料到分销的各个主要环节均通过自主创新显著地提升了技术水平。在原材料环节，进行以棉花培育、有机棉种植技术的研究和推广为代表的技术创新；在纺织和成衣环节，拥有了全球最细的 700 英支纯棉纱线，具有防皱、拒水、除臭、芳香、免烫、防油污、单向导湿、印花效果、绣花效果、拼接效果的面料，并掌握全自动裁剪床、染料添加系统和面料后整理车间等高精尖技术；在节能减排环节，采用了先进技术对废水、废气和中水回收进行了改造；在分销环节，自主开发了生产管理系统，通过应用网络技术和无线射频识别技术（RFID）对下单到出货的每一道工序的生产状态、品质检验报告、出入仓情况等进行信息掌握与信息共享。

其次，在人才水平的提升上，专业化研发人才是企业从事创新行为的基础。溢达集团的各个研发团队涵盖了行业内专家以及国内外知名高校和科研机构的高水平、高学历人才，在纺织行业研发领域具备足够的能力与丰富的经验，为企业技术创新能力提升提供了重要保障。此外，溢达集团引进的管理类人才为企业管理和生产方式创新做出了巨大贡献。溢达的人才战略保证了企业在创新方面处于行业领先水平，不但推动集团的发展，许多人才也在流动中散布于全国的纺织业界，成为生产技术骨干与管理精英，为整个纺织行业生产技术的提升作出了重要贡献。

最后，研发与专利方面，溢达集团分别于2000年和2011年成立了高明研发中心和新疆研发中心。2011年，溢达出资1600万元与中国科学院上海生命科学研究院、上海基因组研究中心、南京农业大学共同开展海岛棉基因测序研究项目。经过四年的艰苦努力，该项目于2015年正式完成，相关成果以论文形式于2015年9月30日发表于英国学术权威杂志《自然-科学报告》，使中国站在了棉花高新生物技术的前沿。目前，溢达建有国家级企业技术中心和博士后科研工作站，以及广东省棉染织、后整理工程技术研究开发中心，设有六个实验室和一个经国家权威机构认证的物理测试中心。目前，溢达的一件普通衬衫就可能包含数十项专利。溢达还参与和主导了15项国家标准和行业标准的制定，在“2017中国企业创新能力100强”排行榜中，广东溢达凭借强大的科研创新能力，成为唯一跻身百强名单的佛山企业。此前，溢达还连续四年入选佛山十大专利富豪榜，其中三年位居前三名。未来溢达将继续投资搭建更灵活的、可配置的、更大限度承载企业未来转型升级发展需求的供应链智能配送中心。同时，溢达集团在现有的基础上还在不断提升创新实力，优化生产流程，关注绿色环保，改善办公环境，提供优质就业，让企业发展更稳健，让员工成长更有前景。广东溢达因为有完整的供应链和人才链，将持续在科研方面占主导地位，很多立项的科研项目正在进行中，比如无缝线成衣粘合、无水染色、天然植物染料应用等。

2. 生产方式转型要求

一是通过积极对接“工业4.0”，引入关键技术实现生产方式的转型升级。《中国制造 2025》所部署的制造强国目标要求“以加快新一代信息技术与制造业深度融合为主线，以推进智能制造为主攻方向”。以制造业智能化、自动化和数字化转型为主要特征的“工业 4.0”作为提高工业智能化水平、提升工业竞争力的新一轮工业革命，与《中国制造 2025》制造强国战略形成了深度的合作与对接。在“工业 4.0”制造强国的背景下，一方面溢达集团作为传统制造业企业，本身就具备顺应生产方式转型和制造业升级的需求。劳动力成本的提升、粗放型生产方式的损耗和信息化技术水平的不足是我国传统制造业长期面临的重要难题。因此，以“工业 4.0”的物联网技术为代表，通过构建智能化、信息化和数字化的生产方式对传统制造业进行改造和升级成了解决传统制造业难题的重要途径，同时也成为溢达集团当前和未来发展的必经之路。另一方面未来我国制造业普遍顺应“工业 4.0”发展要求，改善和转变生产方式，形成一大批具备新产业、新技术、新业态和新模式的“四新”产业与企业，也对溢达集团向智能化、信息化和数字化等方向转型升级、提升企业综合实力和维持行业竞争力形成明显的“倒逼”效应。溢达集团顺应“工业 4.0”发展要求，采取了重要举措。如 2012 年开展了以生产模式智能化改造、“生态旅游+工业”新业态等为代表的溢达“十如”项目。这一项目以溢达集团 2011 年对老牌国企——桂林银海纺织集团的改制为基础，在 2012 年正式更名为桂林溢达纺织有限公司后，溢达集团开始投资 20 亿元在桂林兴建“十如”项目。首先，在“新技术”层面，桂林溢达集团紧随“工业 4.0”步伐，积极开展了对“智能工厂”“智能生产”模式的构建与探索，以提供个性化、数字化和智能化的产品与服务为企业转型目标，陆续完成了纺织工艺中心、国内首个全流程智能化车间和成衣工艺中心等智能化生产单位的建设。其中全流程智能化车间依托最先进智能化传输系统，实现了从原料到半成品再到成品纱线的全流程自动化生产，车间使用最先进的集成信息监控系统平台（IMS），使车间内部的人、机、料、法、环等生产要素实现联通，使桂林溢达集团成了行业内最先进行“工业4.0”生产模式探索与应用的先进企业。同时，在广东溢达公司，自动化智能生产已经普遍推行。在制衣流程自动化的基础上开展了积极的智能化尝试和应用。除制衣外，公司还在生产管理的其他环节利用了机器人技术，如RPA报关机器人、自动化中央厨房。此外，以广东溢达供应链智能配送中心、内部推行纺织企业资源计划系统TCT项目（Total Cycle Time）为代表的智能物流也得到了充分的开展和运用。其次，在“新业态”层面，桂林溢达在纺织、制衣的传统企业功能的基础上与物流、体验中心和低碳生态旅游等功能相融合，构建出一个相互带动、良性融合的可持续发展工业园区，为传统制造业新业态发展提供了重要借鉴。最后，在“新模式”层面，桂林溢达集团紧密结合集道德操守（ethics）、环境意识（environment）、开拓求新（exploration）、卓越理念（excellence）、学习精神（education）为一体的5E企业文化，在生产环节打造集纺织工艺中心和成衣工艺中心、访客中心、创新中心、交流学习中心、办公区、员工餐饮/休闲中心和物流中心为一体的充分把握和突出企业文化精髓的生产模式。

二是通过出售和出租高端设备、技术和服务的方式实现生产方式的转型升级。从全球制造业转型成功的企业来看，存在着以通用电气、IBM、苹果等为代表的诸多通过出售设备、服务与技术等方式实现制造业服务化和高端化转型的案例。溢达集团虽然处于传统制造业领域，却在生产设备、技术和服务等方面占据着行业领先优势。因此，溢达集团具备通过出售高端设备、技术和服务实现传统制造业由产品生产向高端设备和服务企业转型的关键条件，也成了企业未来发展的又一选择。

三是通过积极对标标准化生产实现生产方式转型升级。积极对标标准化生产模式，对于企业进行现代化生产、科学化管理、优化产品结构、扩大市场份额、提升技术水平、符合贸易标准以及提高产品质量均具有重要的意义。作为国内传统制造企业高质量发展的典型、国内外知名服装品牌的重要供货商和纺织业的“黄埔军校”，溢达集团本身不仅具备对标国内外先进标准化生产要求的能力，甚至为当地标准化的形成与制定提供重要参考与借鉴。2016 年，浙江省获批成为国内首个标准化综合改革试点，对标“德国制造”等世界高端标准，布局省内制造业标准化战略。2018 年，山西、江苏、山东和广东四省同时获批为标准化综合改革试点，全面实施标准化战略，加快形成推动高质量发展的标准体系。广东省标准化综合改革方案与佛山溢达尤其相关，要求“建成先进标准体系示范区。适应省情、与国际接轨、核心技术指标先进、引领带动现代产业发展、符合绿色发展要求的先进标准体系基本建立，地方标准、团体标准、企业联盟标准和企业产品标准核心技术指标明显优于国家标准、行业标准，先进标准在农业、工业、服务业和社会事业各领域的覆盖率明显提高”。此外，“先进标准+转型升级”作为标准化试点的主要任务，特别强调“实施传统产业标准提升工程，在家电、陶瓷、纺织服装等传统制造业领域，通过政府引导、行业协会组织、企业参与的形式，组建产业标准联盟，制订实施先进的团体标准和企业联盟标准，推动技术改造与先进标准互融互促，按照‘先进标准-技术改造-做强产业’模式，促进传统产品向智能化产品转型”。溢达集团作为传统制造业、纺织服装行业高质量发展的典型代表，既能为广东省标准化试点建设提供重要借鉴，又能借省内标准化体系建设之机，为产品打上“标准化生产”的标签，进一步提升企业的认可度和综合实力。

四是通过改善代工贴牌生产结构、打造高端自主品牌实现生产方式的转型升级。一方面，溢达集团代工贴牌生产结构明显优于其他纺织行业。从 2017 年的数据来看，溢达集团的营业额中，国内的销售份额仅占 13%，美欧的销售份额多达 68%，产品的销售范围遍布全球各地。代工贴牌生产的委托方和合作方包括 Calvin Klein、Tommy Hilfiger、Nike、Jack & Jones、Hugo Boss、Muji、安踏和李宁等众多的国内外知名的优秀品牌，在有力印证溢达集团作为纺织行业“黄埔军校”的企业综合实力和企业地位的同时，又反映出企业为不断提升和优化代工贴牌生产结构所作出的不懈坚持与长期努力。现阶段溢达集团继续不断地提升在产品生产各个环节的研发投入和技术水平，在代工贴牌生产持续转型升级的同时持续扩大代工贴牌生产规模，在优化结构的同时做大做强。另一方面，以雄厚的生产能力与过硬的产品质量为基础，溢达集团积极打造具有明确定位的自主品牌，作为进一步提升产业链地位的重要尝试。先后创立“派”和“十如仕”两个自主高端品牌，并长期保持稳定的销量和市场认可度。在接下来的发展阶段，溢达具备实力将自主品牌打造成为国内优秀品牌甚至世界优秀品牌，作为企业生产方式转型的重要发展目标，引领溢达向生产自主品牌的高质量企业积极转型。

3. 贸易保护主义与境外势力蓄意侵害的风险

随着全球经济的发展和国际竞争的日趋激烈，以美国为代表的西方国家为保护本国产业、扭转贸易逆差，采取贸易保护主义，制造贸易摩擦，对我国纺织企业造成了不可忽视的影响。回顾近一阶段中美贸易战中纺织企业所受到的主要冲击，美国政府自 2019 年 5 月 10 日起，对从中国进口的 2000 亿美元清单商品加征的关税税率由 10% 提高到 25%，从 9 月 1 日起对价值 3000 亿美元的中国进口商品加征 10% 关税，两次加征关税的清单涉及我国对美出口纺织产品的全部份额，总计约 450 亿美元。溢达集团作为全球化布局的纺织企业，在马来西亚、斯里兰卡、毛里求斯和越南均有投资工厂，具备通过将产品转移至第三国规避贸易战影响的条件。此外，溢达集团的合作伙伴遍及中国、美国、欧洲、日本和韩国等主要国家和地区，合作伙伴的多样化和全球化确保了企业在面临来自个别国家和地区的贸易摩擦时，拥有更多的选择。溢达集团应对纺织行业贸易保护主义的经验值得同行业其他企业学习与借鉴。

溢达集团作为全球化布局的中国高质量企业的代表，同样承受了境外势力的无端诬陷和蓄意抹黑。溢达集团早在新疆投资初期就将改善当地低收入群体经济状况作为企业的重大社会责任之一，不仅为棉农提供培训、工作岗位，甚至与渣打银行合作，主动为低收入棉农提供小额贷款，截至 2017 年底为约 2000 户棉农提供贷款。溢达集团不仅在解决就业、减轻贫困和培养专业技能等方面为新疆提供了有利条件，更是早在 1997 年就开始启动溢达小学公益项目，至今已在新疆各地捐建 22 所小学。此外，溢达集团 2002 年启动溢达图书网公益项目，2003 年在新疆建立溢达杨元龙教育基金会，2004 年开展“环保万里行”活动，2005 年启动乌鲁木齐地区艾滋病家庭儿童关怀项目，2010 年开展“溢达–诺华健康快车万里行”公益项目。2012 年开展“明眸计划”视力筛查公益项目，在吐鲁番、伊犁、阿克苏三地为中小学生进行专业视力检测，并为视力不佳学生免费配发眼镜。截至 2018 年底，计划共帮助了逾 1 万名儿童检测视力，提供了 3000 多副眼镜，并协助约 150 位儿童接受视力矫正手术。溢达也一直坚持各民族共享发展成果，在企业经营中，保持汉族与少数民族员工的平衡比例，溢达集团在新疆聘用员工中少数民族所占比例始终保持 40% 左右。集团也鼓励不同民族的员工和谐共处，友好合作，曾获国家民族宗教事务委员会颁发的民族团结示范点称号。然而，2019 年 3 月，陆续有国外媒体针对新疆溢达纺织企业进行一些不实报道。结合近些年国外媒体屡次做出关于新疆的颠倒黑白、无中生有报道的行径，不难发现，虽然新疆溢达集团是公认的培养人才、解决就业、减轻贫困、互惠双赢的优秀企业的典型，也难以摆脱蒙受“不白之冤”的厄运。作为欧美业务占据核心业务 66% 份额的全球化企业，不实报道为企业造成了额外的风险与挑战。

三、总结及启示

（一）具备打通从原材料到最终产品上下游全产业链的产业和资源整合能力

溢达集团拥有从原材料生产、能源供给到最终产品销售的纵向一体化全产业链体系，是其提供合理有效产能、降低企业生产成本和维持生产的持续与连贯性的重要保证。全产业链体系为溢达企业充分调配和整合原材料、资金、设备、人才、信息、品牌等资源提供了条件。作为传统纺织企业，纵向一体化各个产业环节与整体产业链条的异质性、稀缺性和不可完全模仿性也为企业提供了持续的竞争优势和战略优势。结合高质量发展“质量第一，效益优先”的要求来看，打通全产业链的纵向一体化生产模式对于企业在产品生产的各个环节采用统一的高标准把控产品质量、整合和优化配套、提升生产效益具有极为重要和关键的作用。此外，全产业链的生产模式为企业“创新驱动”发展模式提供了充足的空间和关键的条件。纵向一体化企业可以在各个生产环节积极开展研发和创新活动，为企业提供和创造了更多的创新动机与创新行为。相比于单个生产环节的创新行为，纵向一体化企业着眼于提升产品的整体创新水平，更容易实现创新驱动企业高质量发展的目标。

（二）坚持以人为本的社会价值驱动

从企业的发展经验来看，人是第一战略资源和生产要素。企业的高质量发展必须坚持以人为本的发展理念，既注重企业生产效益，又注重企业创造的社会价值。溢达集团以人为本的发展理念是企业社会价值驱动的重要表现形式，同时也为企业提供了内生性的发展动力。以人为本的社会价值驱动是溢达集团坚持价值导向和高质量发展的重要表现，体现了溢达集团明确企业自身使命、重视企业在经济和社会发展过程中扮演的角色、有效把握社会需求和着力对社会经济做出贡献的高质量发展重要特征。溢达集团将以人为本的社会价值驱动转换为实际的利益，为企业人才培育、生产效率与质量提升、品牌和文化塑造提供了重要条件。

（三）提供和生产高质量服务与产品

“质量第一”是企业高质量发展的首要要求。产品质量作为衡量企业产品生产核心职能的重要指标，是企业充分发挥其社会功能、具备足够工匠精神和实现自身高质量发展的重要依据。与传统纺织企业不同，溢达集团不走扩大产量的规模化路线，坚持打通全产业链的纵向一体化生产模式，保证原材料、研发、纺织、成衣和分销等各个环节的高质量生产，最终通过提供高质量的产品和服务为企业创造利润与声誉。溢达集团通过建立高质量优势实现自身的发展，与行业其他通过扩大生产规模实现自身发展的企业相比，不仅在降低生产成本、避免过剩产能、提升技术水平、降低污染能耗等方面占据明显优势，还在品牌、声誉和附加值等方面获取了丰厚的回报。因此，持续提升产品质量既是企业的高质量发展要求，又是企业的发展目标，与企业未来的发展利益相一致。

（四）具备现代化产供销体系

我国制造业面临着紧迫的转型升级压力，加快建设智能制造与现代物流相结合的现代化产供销体系是纺织企业实现高端化发展的重要条件。溢达集团将数字化、信息化的订单系统与满足生产需求的纵向一体化生产体系相结合，形成了产供销一体化的现代化生产体系。既满足了多元化需求，又满足了季节性服装产品对生产和供给时间的要求，在充分利用自身纵向一体化生产优势、降低生产和分销成本的同时，也为需求方企业提供了供货时间和产品质量等方面的保障与优势。溢达集团在智能制造和现代化物流体系方面的积极探索既实现了新技术在纺织行业的应用，又为纺织行业的转型升级和未来发展方向提供了重要借鉴。

（五）拥有行业领先的技术与人才优势

创新是引领企业高质量发展的重要方式，技术和人才是企业实现创新驱动的核心条件。人才及技术通过推动企业技术创新、制度创新、业态创新和管理创新的方式，提升企业效益、推动企业转型升级、提供企业发展新动能，最终实现企业高质量发展。不同于国内传统制造业企业普遍难以具备技术和人才优势的特点，溢达集团作为当地的“专利富豪”，在研发创新与生产应用方面具备明显的优势，同时拥有人才引进、人才培育和人才运用的完备人才体系。溢达集团在产品生产的各个环节都充分发挥了企业的技术和人才优势，在绿色制造、智能制造、“互联网+”、自动化生产体系、产品设计、现代化管理体系、现代物流和“制造业+旅游”新业态发展模式等生产的各个流程均实现了同步的高质量发展，为传统行业实现高技术特征的高质量发展方式提供了重要的借鉴。溢达集团在创新引领发展过程中积累和获取的技术与人才优势为企业未来创新水平的持续提升创造了新的有利基础，最终形成了良性循环的高质量发展模式。

（六）拥有以绿色制造和可持续发展为代表的高质量生产体系

长期以来传统制造业粗放型增长方式对我国资源环境状况造成了巨大的压力。转变传统纺织企业的生产方式，实现低污染、低能耗的绿色制造和可持续发展模式，是实现企业高质量发展的必然要求。溢达集团在以企业环保为代表的绿色生产和以资源开发和循环利用为代表的可持续发展方面均具备国内一流水平。在节能减排方面，溢达集团以严格的标准对废水、废气的排放水平进行把控，实施中水回用系统、集团自备热电厂等项目，打造绿色产业链，极大地降低了污染水平，提高了资源的综合利用率。在绿色生产方面，溢达集团在提升企业技术水平的同时，推动传统制造业企业生产方式的转型升级，为绿色生产提供了有利条件。在节能减排能力不变的情况下，实现了企业绿色发展水平的提升。在绿色新兴产业培育方面，溢达集团积极培育“制造业+旅游”的绿色新兴产业，形成新的绿色生产模式和绿色增长点。

四、相关政策支持

（一）激励创新与高质量发展

政府应进一步出台政策，在创新和高质量发展方面，对以溢达集团为代表的优秀企业实施有效的奖励、补贴等措施，以此激励企业加大从事创新和高质量发展的力度，并在行业内部形成积极的示范效应，推动全行业向以高技术特征为代表的高质量发展迈进。支持传统制造企业在新产品、新技术、新工艺、新业态等领域的创新活动，降低研发成本，奖励成立自主研发机构的企业和在基础技术、关键技术、重大技术上取得优秀成果的企业，对企业引进高层次人才提供支持和补助，建立研发和科技创新的容错机制，激励企业加快创新引领的高质量发展。

（二）降低企业生产成本

对于溢达集团这样的能够实现纵向一体化生产方式的高质量企业而言，虽然在抵御企业生产成本上升方面具备更高的能力，但仍然会受到诸如棉花配额等企业原材料成本制约。除此之外，物流、融资、税费、人工、制度性交易成本仍然可能成为阻碍企业高质量发展的重要问题。因此，进一步降低企业生产成本仍然是政府鼓励高质量企业发展的重要方法。一方面，政府应着重解决纺织行业所面临的特有、重点问题，如原材料环节的棉花配额对企业成本和企业生产方面的制约。由于高质量企业的产品具有“质量第一”的特征，对优质原材料的需求也相对较大，因此政府应构建高质量企业的评测体系，对符合条件的高质量企业实行配额补贴等有助于解决高质量企业生产困难的政策。另一方面，在企业生产的各个其他方面进一步降低企业成本。进一步贯彻落实党中央、国务院实施大规模减税降费的决策部署，降低企业用能、物流等费用的一系列企业成本。

（三）加强企业配套

溢达集团的发展经验证明，人才和技术是企业实现高质量发展的关键要素。为了进一步提升企业人才和技术集聚的能力，政府应着力做好关键要素的配套。在人才配套方面，溢达集团的工厂多处于工业园区中，做好人才配套工作对于改善高素质人才生活质量、提升高素质人才的长期工作生活意愿、促进企业留住人才具有极其重要的意义。因此政府应进一步出台地方人才引进的奖励政策，并加强企业周边住宿、交通、教育、医疗、购物等生活服务与公共服务配套强度。在技术配套方面，作为纺织行业的高技术企业和“专利富豪”，以溢达集团为代表的高质量企业在各自行业具备较强的专业化技术创新水平。有效保持、扩大和运用高质量企业的专业化创新优势对制造业技术水平的整体提升具有重要价值。因此，政府应进一步引导企业与科研院所、高技术企业的交流合作，为企业技术提升提供有效的支撑。

（四）帮助企业抵御风险

随着全球贸易不确定性和国际形势复杂程度的加剧，以溢达为代表的全球化出口企业所承担的风险与日俱增。在大环境的影响和驱动下，企业所能起到的作用非常有限，甚至成了“逆来顺受”的弱势群体。在这种情况下，政府为企业提供的帮助与保护就显得尤为关键和必要。因此，政府应首先厘清出口企业所承担的各种风险，分别出台相应的处理机制与方法，在企业遭受风险的情况下迅速提供行之有效的服务与措施，切实增强高质量出口企业应对风险的能力。

（执笔人：张燕生 金岳）

企业案例三

第七章

维尚家具：传统产业供给侧结构性改革典范

佛山维尚家具制造有限公司成立于2006年，其诞生于家居设计软件公司。从IT行业跨界“逆行”进入传统家居制造业，维尚家具诞生之日就是供给侧结构性改革的实践之时。十多年来，依托自身具有的信息技术基因优势，与时俱进不断探索模式创新和推进制造升级，维尚家具突破传统家居行业的供给瓶颈，实现从“匹配需求”向“引领供给”和“创造需求”迈进。作为我国全屋家具定制行业的开创者，通过引领具有典型“传统”特征的家具制造业演进为极具“朝阳”色彩的新兴制造业，维尚家具成为传统行业里推进供给侧结构性改革的成功典范。

一、与生俱来的“供改”践行者——维尚家具简介

作为我国全屋家具定制行业开创者，维尚家具拥有“维意”和“尚品宅配”两大核心品牌，为消费者提供整体家居空间的家具个性化设计、生产与安装一体化服务。从软件公司圆方软件转型做定制家具，依托强大的IT技术与互联网技术支撑“前端设计”和“后端生产”以及“全程专业服务”。在国内创新性地提出数码化定制概念，自主打造的基于数字条形码管理的生产流程控制系统，“秒”级的加工控制评估，通过技术和生产模式创新，开创了“大规模个性化定制生产”新模式，有效攻克了传统家具制造中的“个性化定制”与“大规模生产”之间的固有矛盾，实现了从“单件家具定制”升级到“全屋家具定制”。被时任广东省委书记汪洋誉为“传统产业转型升级的典型”。近几年来，维尚紧密地围绕习近平总书记提出的供给侧结构性改革总体部署，制造端深度变革满足消费前端个性化需求，实现个性化营销、柔性化生产、社会化物流的“C2B+O2O”商业模式。依托IT技术创新“大规模定制”先进制造模式，快速实现了信息化与工业化的两化深度融合，工业4.0智能制造先进模式在企业落地生根。通过打造新居网O2O在线设计服务平台、基于图形图像的虚拟现实云计算以及移动互联大数据，消费互联网及工业互联网深度融合，致力于构建“协同家居生态平台”，大幅提升了企业内部效率和对外个性化服务能力。

总体上，维尚家具从IT行业跨界“逆行”进入传统制造业，通过敏锐洞察和满足客户需求，以需求反导供给，同时通过主动创新为引领，以供给创造新的需求。维尚家具是与生俱来的供给侧结构性改革践行者，从“单件家具定制”升级到“全屋家具定制”，从提供产品向提供创意服务，从“匹配需求”向“引领供给”和“创造需求”迈进。其在供给侧结构性改革方面取得了巨大成功，具体可归纳为五个方面。一是通过探索模式

创新，实现生产模式和商业模式双转型；二是推进制造升级，实现从传统制造向智能制造迈进；三是突破行业供给瓶颈，实现“个性化定制”与“大规模生产”兼具；四是强化要素供给，借力资本市场直接融资；五是着力增效降本，实现“以销定产”、“零库存”和效率显著提升。

二、维尚家具三次关键性供给侧结构性改革

回顾维尚家具的前世今生，梳理其推进供给侧结构性改革的整个过程，不难发现，实际上，自维尚家具诞生之日起，就已然开启了供给侧结构性改革之旅。维尚家具是从软件公司圆方软件（维尚家具的前身）转型做定制家具，也就是从 IT 转型家居，相当于向传统行业“逆行”。依托“软”技术拥抱“硬”制造，立足实体制造，探索和拥抱新模式，以需求为导向牵引新供给，通过推进生产模式和经营模式双转型，维尚家具在不断深入推进供给侧结构性改革中前行。正是在供给侧结构性改革引领下，维尚从一家名不见经传的民营 IT 公司发展到如今市值高达 100 多亿元的智能制造引领者。总体上，维尚家具不断推进和深化供给侧结构性改革，既有主动求新求变的因素，也有被动而为的成分，维尚家具推进供给侧结构性改革，或几次关键转型与行动，既非常必要，也恰逢其时。

（一）第一次重大供给侧结构性改革——应对需求“天花板”转型

圆方软件公司（维尚家具的前身）面向家装公司开发的软件产品，因为简单易学，家装公司曾经普遍采用圆方软件进行设计，国内竞争对手逐渐不见，这也就意味着圆方软件公司取得了巨大的成功。此时圆方公司却认为如果继续按照原有路径发展，下一步消失的或许就是圆方公司自己。正是这种忧患意识和前瞻性的敏感度，促使圆方公司求新求变。事实是，随着家装行业内外部环境变化，市场上逐渐出现了一个令圆方软件公司感

到惊讶的现象。一方面软件客户从家装公司转向家居公司，不少企业购买圆方的软件却并没有很好地用起来；另一方面家装公司逐渐减少购买圆方软件。其中一个很重要的原因是，大量院校的专业设计师出现，应用国外软件为国内企业进行设计。也就是在圆方软件逐渐触碰到天花板之际，第一次做出重大的供给侧改革探索——亲自上阵做设计做家具卖给消费者并检验圆方的软件，同时敏锐洞察到顾客个性化、定制化的需求。然后从需求反导供给，公司也就开始了设计衣柜、橱柜，加大设计环节研发投入力度，结合消费者个性化需求进行设计。同时在理念上进行创新，注入互联网思维，即使顾客只购买一组衣柜，也免费为客户提供整个房间的彩色效果图，为顾客在买家具、做装修之前呈上整体效果图。随着家具行业进入定制潮，这种免费设计和服务深受客户欢迎。维尚起初也只做橱柜定制设计，将订单外包给下游家具厂。对公司而言，挖掘了市场需求，很快打开了市场。这次供给侧改革的成功，使得不用再推销圆方软件业务，公司销量也能快速上升。佛山维意定制（这是佛山维尚家具制造有限公司的核心品牌）也正是在这样的背景下于 2003 年应运而生。公司这一次供给侧结构性改革，是顺应家具行业的第一次革命，即定制潮与免费设计和服务的结合。

（二）第二次重大供给侧结构性改革——弥补“制造”短板发力

由于需求日益多元化和个性化，家具行业定制化潮流也不断深入。依托互联网思维，发挥免费设计和服务的优势，作为一个从 IT 跨界到服务再到营销的企业，维尚走定制化道路，营销业务非常可观。对维尚而言，考虑到广东特别是佛山有众多的家具制造企业，委托加工没有库存压力，走“轻资产”之路是企业发展的捷径，但同时也存在成本高、质量相对参差不齐、交货周期长且无法保证等问题。这一时期维尚主要是依托自身设计而“定制”，通过委托加工制造。意想不到的是自 2006 年开始，凭借设计和服务的供给优势，销售体量不断增大，大量订单接踵而至。然而，原先的合作伙伴却拒绝继续合作，主要原因在于个性化产品生产太复杂，大的家具制造企业不愿承揽这种“代工”。这对维尚造成了巨大冲击，甚至面临陷入困境的风险。这昭示了“无制造，不定制”的逻辑，也就是，如果自身“无制造”，个性化定制销量越大，风险也越大。正是在这种背景下，维尚决定成立自己的家具制造工厂，于是佛山维尚家具制造有限公司于2006年正式成立。显然，这次供给侧结构性改革的出发点是弥补自身制造能力不足的发展短板。比起已在行业中积累几十年的同行友商，维尚家具进入实体家具制造相对较晚，但凭借与生俱来的信息技术和互联网基因优势，维尚家具探索用IT技术改变传统家具设计、生产、服务模式，把前端设计与后端生产的数据打通，通过流程信息化改造，实现流水化生产，逐渐支撑大规模定制。通过模式创新，在家具行业探索“O2O+C2B”模式，并从“橱柜定制”向“全屋家具定制”迈进，掀起第二次家居行业的革命。同时致力于“制造创新”以更好匹配模式创新，进而有效满足个性化、定制化需求。由此维尚家具从生产制造端发力，改变制造模式，实现柔性化生产，破解“个性化定制”与“大规模生产”之间的固有矛盾，补上了制约行业跃升式发展的制造短板。

（三）第三次重大供给侧结构性改革——“供需互促”引领前进

维尚家具这次供给侧结构性改革具有强烈的宏观时代背景，即：我国经济告别过去持续高速增长的“超常态”，进入增速相对放缓、结构调整优化、动力接续转换的新阶段。党中央、国务院为此作出了深化供给侧结构性改革，推动经济高质量发展的战略部署，以新发展理念推动经济发展质量变革、效率变革、动力变革，各级地方政府和各行各业不断深入实施。包括以云计算、大数据、物联网、人工智能、工业互联网等为代表的新兴信息技术和应用创新不断涌现，工业化和信息化“两化”深度融合，信息技术凭借自身具有的渗透性、带动性、倍增性作用，对传统制造业转型升级注入源动力，传统制造业拥抱互联网、拥抱信息技术，推动制造业向服务化、网络化、数字化、智能化方向发展。

因此，对维尚家具而言，与前两次供给侧结构性改革不同，这次供给侧结构性改革具有更鲜明的时代背景，既有从生产领域依托技术、产品、模式、设计、服务等多维度创新，加强优质供给的“引导”，通过供给创造新的需求；也有紧扣时代发展阶段、“代际”特征突出的更加个性化、品质化的“需求”因素的反导作用，提高供给的适应性和灵活性；还有通过强化要素供给，借力资本市场直接融资助力做大做强，施以机器替代人，提升整体效率和效能。总之，维尚家具这次供给侧结构性改革是在“供需互促”双重作用背景下的时势引领性“前进”。一方面避免陷入同质化竞争，重在供给侧上做文章，要在求新求变中茁壮成长。维尚家具不断深入推进“全屋家居大规模个性化定制”智能制造，探索率先推出“第二代全屋家居定制”，打造 HOMKOO“整装云”赋能平台，构建“协同家居生态”。同时，通过数字化赋能，有效挖掘、传递和满足顾客的个性化家居定制需求。另一方面，维尚家具采用云设计、网络协同设计、智能设计等，丰富创意设计和服务的内涵，通过提升优质供给创造新需求。

三、维尚家具供给侧结构性改革的主要表现与特征

（一）探索模式创新：生产模式和商业模式“双转型”

生产模式创新。供给侧结构性改革以前，维尚家具的作业流程是：用户需求反导产品信息系统将不同消费者的设计方案集中–汇集数据–向上游板材厂商进口物料–拼凑设计图纸（使相同板材的切割最大程度集中，提高板材利用率），工人只能以手写记录不同板材的归属，这对较小生产规

模相对容易，而对订单量大、个性化需求差异度大时，既容易乱套，效率也相对低下。为解决这一个性化定制与大规模生产兼具的难题，维尚家具搭建起大规模家具设计定制生产系统，并为每一块配件提供专属的二维码身份标签，对同类型同材质同厚度的板材进行混合排产。通过制造模式的转型升级，维尚家具已经形成新的作业流程：受理订单–工厂自动拆单–工厂智能排产–车间机器指挥人生产–车间包装–分区仓储–按需发货。

商业模式创新。首先，维尚在家具行业中率先创立了中国家居行业“C2B+O2O”商业模式。通过建立家具直销电商平台“新居网”，充分利用互联网线上优势，布局线下的直营店和加盟店，实现线上与线下打通。此外，值得一提的是，维尚也是第一个提出将门店开在大型综合商场的家具企业，并取得了巨大成功。其次，维尚推出了“大规模个性化定制”模式。从模式演进上可以归纳为从“橱柜定制”到“全屋定制”，再到“第二代全屋定制”。2004 年，维尚率先在家居行业内提出“橱柜+衣柜”定制，开创了家居行业定制时代。2007 年，维尚首创“3 房 2 厅”全屋定制模式，由此开创了第一代“全屋定制”模式，也引领了行业进入“全屋定制”时代，整体解决了书房、厨房、卧房，以及客厅、餐厅的定制。实际上，自从全屋定制开始以来，一直到 2018 年，第一代“全屋定制”模式经历了不断升级，但主要还是以品类扩充、功能延展、风格多样化为主。然而，随着全屋定制蔚然成风，尽管定制家居行业蛋糕也足够大，但由于行业竞争越来越激烈，价格战如火如荼，产品同质化也越发严重。基于上述背景，维尚又积极探索创新，并于 2019 年推出“第二代全屋定制”商业模式，以更高层次、更富内涵覆盖了橱柜、定制家居、成品家居、家电、软装等全屋配置，实现从柜类定制到全品类定制的变革和换代。总体上，相较于第一代全屋定制，第二代全屋定制主要从五个方面发力。一是全屋配齐，所见皆可得，一站式配齐；二是生活美学，从功能型定制升级到了对美学生活方式的定制；三是极“智”服务，基于消费互联网与工业互联的无缝对接，数据打通了消费端、生产端及售后端，全服务流程透明化，消费者对定制产品可以进行实时追踪；四是 AI 云设计，由基于数据库的方案设计升级到基于 AI 技术的智能云设计；五是智能家居，定制个性化的智能家居方案。总之，求新不断，探索不停。2018 年，维尚致力于构建“协同家居生态平台”，又推出 HOMKOO 整装云赋能平台。凭借生产及供应链管理能力，以产业赋能者的身份进入整装领域，这无疑是家居行业又一重大商业模式创新。

正是依托生产模式和商业模式的双创新，近几年维尚家具迅速成长为家居定制行业的头部企业。数据显示，2004—2019 年的 15 年间，维尚营收规模年复合增长率超过 50%，营收规模增长超过 100 倍。2014—2018 年，维尚家具的前端品牌尚品宅配的营业收入分别为 19. 12 亿元、30. 87 亿元、40. 26 亿元、53. 23 亿元和 66. 45 亿元。显然，无论是规模还是增速都非常迅速。

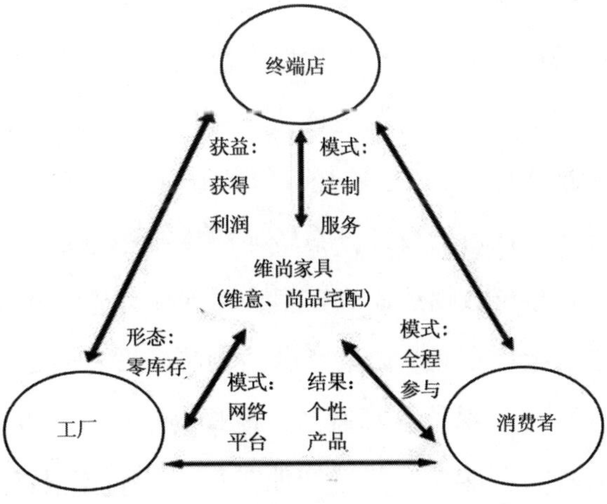

图 7-1　维尚家具商业模式图

（二）推进制造升级：从“传统制造”向“智能制造”迈进

维尚从 IT 行业“逆行”进入传统家具行业，充分发挥先天具有的信息技术基因优势，推动原本地地道道的传统劳动密集型制造业，向自动化生产、智能化制造转型升级，实现从“传统制造”到“智能制造”迈进，让传统制造业不传统。凭借自身在工业化和信息化“两化”深度融合方面的实践和积累，同时顺应国家智能制造战略方向指引，2014 年维尚家具新一厂落成投产，机器人技术及智能化立体仓投入使用，拉开了维尚家具在智能制造领域的全新探索。2016 年，在佛山维尚家具成立的第十个年头，同时也是佛山维尚家具制造有限公司第五分厂正式开业之际，维尚家具智能制造试点示范“全屋家居大规模个性化定制”项目正式启动。“全屋家居大规模个性化定制”成功入选工业和信息化部发布的“2016 年智能制造试点示范项目”，成为本批次佛山入选的智能制造项目，全国仅 63 家，也是全国家具行业入选的首个项目。显然，作为佛山的代表性企业、国内家具行业的头部企业，维尚家具在智能制造创新方面也走在了全市、全行业的前列。

总体上，就智能制造具体实施和内涵看，维尚家具智能制造主要体现在三个方面。一是借助云计算、大数据、边缘计算、人工智能、工业互联网等新兴技术和应用，为智能制造注入更多“智能因子”，形成维尚家具生产制造的“智能大脑”。二是依托计算机仿真技术实现虚拟制造。数据处理中心把经过客户认可的设计方案转换成生产指令数据，生产数据再传输到工厂，工厂把生产数据还原成模型，再变成有生产指令的图形和数据的结合，然后进入生产车间。如果经过几次转换没有问题，那么生产制造也就没有问题，从而实现了虚拟制造，既提高了效率，也降低了出错率。三是通过智能装备与智能系统打造智能工厂。维尚家具的智能排产系统、原材料分拣机器人、智能开料机、双边封装机、RGV 运输线、智能立体仓储等，构筑了维尚家具智能化制造图景。其中，通过使用不同规格尺寸同时裁切的智能开料机、利用三维坐标精准控制钻孔位置和深度的智能机器手，以及按不同类别和时段自动分配进出货的智能立体仓等智能化装备，大大提升了维尚家具智能制造水平。通过信息技术打通生产系统，构建维尚“全屋家居大规模个性化定制”制造平台，将设计方案计算机指令化、指令的机械自动化、部件的编码化，以及物流的自动衔接，维尚家具的智能生产车间改变了原本以“人力为主，机器为辅”的生产模式，变成了“机器为主，人力为辅”的自动化、智能化生产，实现了过去由“人指挥机器干活”变成“机器指挥人干活”。开料、钻孔、封边等各个环节中，加工设备与设计系统实现无缝对接，机器扫描二维码就能自动进行下一道工序制作，而工人只需按照显示屏的相关信息，根据电脑提示进行搬运和放置板材即可。此外，基于电子开料锯、CNC 数控加工中心等设备信息化改造，通过使用自动化智能审单、拆单、排产、供应系统以及基于二维码的过程控制系统进行流程控制，并运用物联网技术获取每个生产设备的状况，实现生产资源与生产任务的动态匹配。从而实现车间生产线从“批量流动”转向“单片流动”，形成超级柔性化智能制造，减少零部件的等待时间，减少或避免每一个工序浪费产能，大幅提升机器利用率、材料利用率、人力利用率。因此，维尚家具的生产制造工厂也被誉为最接近“工业4.0”的智能化生产车间。

(三) 突破供给瓶颈：“个性化定制”与“大规模生产”兼具

与传统批量式生产的成品家具不同，定制家具要根据不同的空间格局或是某些特定要求，为顾客生产个性化的家具产品。因此，定制家具曾经被视作只能是小批量生产的作业模式。定制家居行业最大的难点在于满足个性化的需求，从销售、设计、生产到仓储、物流、安装，每个环节都是个性化的。传统的生产制造方式无法满足上述精细化的定制需求，唯一的办法就是通过信息化、数字化、网络化和智能化打通全部链条环节，形成大规模定制生产系统。维尚家具就是借助数字化技术对传统家具业务流程进行彻底的信息化改造，将巨量数据转化为信息资产，将条形码引入到供应链体系，实现供应链全生命周期信息化，将方案设计、订单控制、拆单排产、仓储包装、按需发货等环节信息化、数字化、智能化贯通。总体上，维尚家具通过聚焦和打通方案设计、订单控制和拆单排产等三个关键环节，形成维尚家具“个性化大规模生产交付系统”，有效解决了“大规模生产与个性化定制”的固有矛盾，实现“个性化定制”与“大规模生产”兼具。

（四）强化要素供给：借力资本市场上市直接融资

资金是供给侧的主要要素，借助资本市场上市直接融资，更是企业做大做强的重要支撑。尽管企业上市不是终极目的，但企业上市直接融资具有诸多重要作用。总体上，上市直接融资，可通过资本市场获得更多的低成本资金，有助于增加关键环节的资金投入，扩大企业业务布局和规模，提升企业知名度和行业影响力，促进企业更好更快发展和做大做强，进而增强企业综合实力和竞争力。

经过十多年的快速发展，维尚家具得到了市场和消费者的广泛认可，在家具定制行业，尤其是全屋定制领域已形成较强影响力。尽管维尚家具发展迅速，财务状况优良，但无论是聚焦于当下的业务支撑与较大力度投入，还是着眼于未来的战略布局和推进，维尚家具需要与时俱进谋求更高层次、更深领域、更大范围的业务发展与布局，需要与之相适应的资金配套和支撑。然而，由于我国金融体系相对欠完善，多层次资本市场相对欠发达，虽然维尚家具是优质民营企业，但或多或少仍然面临融资难、融资贵等问题。因此，维尚家具将目光投向了资本市场，借力上市直接融资，助力企业做大做强。2017 年，维尚的前端品牌“尚品宅配”成功在创业板上市，与资本市场顺利对接，资本市场将在前端营销、后端制造供给等方面为维尚提供更充足资源，为企业实现业务扩张、产能建设、智能制造、品牌强化等提供强力支撑。上市后，公司业务发展更加迅速，智能制造等方面的投入力度也更大，影响力也更广泛，供给能力更强。从营销扩展看，直营店和加盟店发展迅速。数据显示，截至2019年上半年，尚品宅配直营店总数为100余家；加盟店总数2268家，而在2016年底加盟店数量仅为1000家左右。从营业收入看，业绩稳步扩大。上市前的2016年营业收入为40.26亿元，上市后的2017年和2018年营业收入分别达到53.23亿元和66.45亿元。这无疑凸显了上市后带来的显著变化。

（五）着力增效降本："以销定产"、"零库存"和效率提升

传统家具企业停留在"以产定销"阶段，意味着企业要实现一亿元的销售额，就必须要有一亿元的库存，导致库存多、货物周转慢。而维尚家具则是"以销定产"，按需生产，成品"零库存"。实现这一点的关键是维尚打造了全流程的智能化生产系统，能快速、井然有序地按需供给，这得益于每个订单独有的身份证——"二维码"。每一个二维码，伴随着整个订单从板材切割、部件生产、分包入库、物流配送、上门安装全过程。同时，维尚家具在国内家具行业中首先实现了按"部件即产品"原则进行零部件的混流生产。即，零部件在生产中不跟订单走，而是将几十个订单作为一个批次，然后将一批次订单中的零部件打散，按最优组合智能排产加工，既充分提高了板材利用率，也提高了生产效率。

总体上，维尚家具的生产效率比传统模式提升8~10倍，材料利用率达到93%，产品出错率从行业平均水平5%~8%下降到1%以下，交货期从传统的30天缩短到7天，年资金周转率提升到10次以上，远超传统同行2~3次的平均水平，企业销售收入连续多年快速增长。此外，依托生产自动化、数字化、智能化，维尚家具大大压减了人工投入，传统模式需要投入1000多人的产能加工，维尚家具只需要投入100多人就能实现。

四、维尚家具供给侧结构性改革成功的原因与评价

维尚家具诞生于家居设计软件公司，从 IT 行业跨界“逆行”进入传统制造业，通过敏锐洞察和满足客户需求，以需求反导供给，同时主动创新引领，以供给创造新的需求。维尚家具不断创新求变，在供给侧结构性改革中取得巨大成就，已成为国内家具制造行业的头部企业。究其供给侧结构性改革成功的原因，或者其转型升级成功的原因，关键在于以需求为导向的新供给思维，持续提供高品质的产品和服务。

（一）以满足客户需求为导向，需求反导供给

个性化、定制化、品质度、参与感等是家具消费领域逐渐兴起的热点和焦点，对消费者而言，其既希望满足个性化定制，拥有时尚和品位度，但又希望获得批量化适宜的价格，这从本质上就凸显了要从供给侧解决“个性化定制”与“大规模生产”之间的矛盾或难题。维尚家具也正是看准了客户的这一需求“特质”，致力于从供给侧做文章。一方面，维尚从线上家具设计，推进全屋家具定制等关键举措入手，提升顾客的参与感和互动互促，抓准了消费者的需求痛点和着力点。另一方面，借助信息技术，打通供应链各环节，形成流程数字化、生产智能化，打造维尚“个性化定制大规模生产”系统，突破供给瓶颈难点，打通供给堵点。此外，随着经济社会快速发展、生活水平的提高，高品质化、时代感和“代际”特征的家居需求也日益凸显和更加多元。特别是随着“90 后”年轻一代逐渐成为家居消费领域的重要力量，其消费潜力和影响力越来越大。

“90 后”群体的消费习惯和特征与老一辈和中生代显著不同，其具有鲜明的标签化、一站式和参与感特征，即家居环境和全屋布局要具有标记个人风格的调性，愿意为“时尚”品位甚至标新立异风格埋单；同时又图

省事，热衷于“一站式”的整体解决方案，而“一站式”又要兼顾结果和过程，要将其“DIY”的成分注入家居定制或全屋定制的过程中，体现参与感又不能太烦琐和复杂。2016年，维尚家具开始致力于深入挖掘和准确把握消费者的需求“内核”，成立了生活方式研究中心，深入研究了百万级的样本，围绕消费者在“不同阶段”的“不同需求”，推出了单身贵族、二人世界、伴你童行、学业有成、家成业就等系列全屋定制产品，将服务回归到消费者需求的本质，最大限度地满足消费者的个性化需求，进而带动了消费。总体上，以需求为导向的新供给思维，是维尚供给侧结构性改革成功的重要原因。

（二）以实体制造为立足之本，服务与制造相辅相成

维尚家具是从软件服务业进入传统家具行业的，是服务与制造完美结合的典范。维尚从最初的方案设计和委托加工“定制”到自身开厂设店进行实体家具制造，同时依托模式创新，在家具行业推行“O2O+C2B”模式。对外，通过免费设计、线上互动、线下服务，提供多样化、个性化、增值化服务。对内，以信息化改造整个生产服务流程，延展制造业服务内涵。

回顾维尚的整个发展历程，不难发现，维尚不仅在服务环节不断下功夫、做功课，同时更在实体制造方面出实招、做文章。可以说，囿于家具行业自身固有的属性，如果维尚没有在实体制造上出实招和不断探索突破，就没有维尚成功的今天，离开实体制造的纯模式创新，或许很难“走得稳”和“走得远”，实体制造才是维尚的立足之本。同时，如果维尚在服务上未能把握时代脉搏，未能以服务带动和提升制造品质、对接需求和增强价值粘性，就无法让“传统制造不传统”，维尚也只能是传统家具行业中的传统一员。维尚的供给侧结构性改革取得巨大的成功，原因之一正是其以实体制造为立足点的基本盘，将制造与服务完美结合，实现服务与

制造相辅相成、相得益彰。

（三）以强化优质供给为引力，供给创造新需求

从微观视角看企业生产活动，优质产品和服务的有效供给不仅是满足需求，而是更能创造和开拓新的更大需求空间。维尚家具供给侧结构性改革取得巨大成功，正是除了瞄准需求和通过需求反导供给外，另外一个重要的方面就是，以强化优质供给为引力，供给创造新的需求。

维尚通过免费提供创意、设计、服务，并叠加在线互动设计，持续强化优质供给服务，主动为消费者提供多元化的选择。同时，通过模式创新，推出独具特色、不同定位、主题风格差异的系列全屋定制产品。如，维尚推出单身贵族、二人世界、伴你童行、学业有成、家成业就等系列全屋定制产品，通过这种主动供给“引力”让消费者选择匹配，然后再在细化的设计过程中融入消费者的个性化定制需求。总体上，维尚家具是凭借“传统制造思维不传统”这一优势，从“单件家具定制”升级到“全屋家具定制”，从提供产品向提供创意服务，从“匹配需求”向“引领供给”和“引领需求”迈进。维尚家具通过强化优质供给，创造和开拓新的更大需求。

（四）以多维度创新为支撑，时势引领前进

创新是供给侧结构性改革成功的关键一环。创新既是企业发展壮大的需要，也是企业提供高品质供给的重要支撑。创新不仅仅是产品和技术的创新，还包括创新客户服务模式、创新营销模式、创新供应链模式、创新生产制造过程的模式等。维尚家具的创新就是涵盖上述各方面综合创新。无论是起初“逆行”进入传统家具行业，还是后续实现弯道超车，成为行业的头部企业，都与维尚家具在创新方面矢志不渝的投入和推进息息相关。维尚家具依托多维度的创新，成为传统家具行业供给侧结构性改革的

一颗闪亮之“星”，更被时任广东省委书记汪洋誉为“传统制造业转型升级的典型”。

总体上，维尚家具的创新引领主要有三个方面。一是推进模式创新。从最先的“橱柜定制”到首创的“3房2厅”（即书房、厨房、卧房，客厅、餐厅）全屋定制模式，再到“第二代全屋定制”；从“新居网”到HOMKOO“整装云”赋能平台，构建“协同家居生态”；此外，借助“设计岛”管理模式创新，形成设计“新势力”，依托仿真和虚拟设计制造、智能和网络协同设计，以及全流程数字化贯通等，形成个性化大规模全屋定制模式，维尚家具也因此成为国内全屋家居定制引领者，更被誉为中国“O2O+C2B”样本。二是持续技术创新，攻克供给难题。给在开料、钻孔等环节引进的机器设备“装上人脑”，通过自主开发软件与接口实现对接，让机器能智能灵活作业；通过技术创新，车间生产线实现从“批量流动”转向“单片流动”，实现超级柔性制造，提高提升机器利用率、材料利用率、人力利用率；通过自主创新开发智能混合排产系统，破解“个性化定制”与“大规模生产”之间的固有矛盾等等。既提升了维尚家具智能制造水平，又打造了维尚家具独具优势的综合竞争力。三是把握创新潮流，利用新兴技术形成持续、引领性的创新。将云计算、大数据、移动互联网、物联网、工业互联网、人工智能等新兴前沿技术应用到维尚家具设计、生产、制造、营销、供应链管理等各环节、各领域，不断加速企业创新。如，维尚家具正致力于构建基于家居定制行业的工业互联网，承担了广东省2019年“面向家居定制行业的工业互联网标识解析二级节点”、国家2019年“面向MES的工业互联网标识数据采集与互通系统”等项目。

五、从维尚家具“供改”成功样本看佛山制造业未来

（一）数字化赋能是佛山制造业转型升级的重要手段

维尚家具的成功经验表明，数字化对改造提升制造业，特别是推进传统制造业转型升级具有至关重要的作用。佛山工业体系完整，制造业品类相对齐全，且既有行业中相对较大的头部制造企业，更有无数众多的中小制造企业，推动制造业转型升级和高质量发展，是佛山供给侧结构性改革的重要目标。因此，对佛山而言，要紧紧把握时势趋势，以数字化赋能作为佛山制造业转型升级的重要手段，推动有条件的中小企业加快数字化的改造，实现精益生产、敏捷制造、精细管理和智能决策。鼓励和引导相对较大的企业，通过数字化向敏捷创新和业务智能转型。建议佛山出台数字化技术和管理提升制造效能的专项行动，搭建数字化公共服务平台，对制造业企业数字化转型提供通用性的解决方案，为制造业企业数字化赋能提供助力，切实提高制造业企业的数字化水平，塑造佛山制造业未来竞争新优势。

（二）增强综合创新是佛山制造业转型升级的关键支撑

创新是制造业立足之本，也是激烈的市场竞争中赢得优势的关键，维尚家具成功之处在于生产制造与营销模式等多维度的综合创新。尽管佛山制造业相对发达，新兴的先进制造业与传统制造业相互并存，也形成了特色突出的各类产业集群，但总体上佛山制造业仍处于全球价值链的中低端，在全球价值链的“垂直分工”地位仍旧偏弱，尤其是众多的企业缺乏关键核心技术，缺乏“硬品质”自身底气，导致同质化现象突出。为此，唯有持续加强综合创新投入力度和提升综合创新能力，强化优质创新要素

供给，修炼创新内功，增强创新后劲，才能为传统制造业转型升级注入源动力和提供关键支撑。佛山应根据自身不同品类制造业的特征和所具有的优劣势，将协同创新和单点创新相结合，尤其要注重与省内外各类主体组建创新联盟，搭建创新网络和协同创新平台，从行业层面共同攻克关键共性技术和公共技术服务、基础研究和应用研究的关键性短板，为企业提供更高起点的创新平台和创新能力，推动佛山传统制造业与新兴先进制造业深度融合、相互协调，形成高质量示范带动，培育和打造佛山制造业新高地。

（三）智能制造是佛山制造业转型升级的主攻方向

借力云计算、大数据、人工智能、工业互联网、5G等新一代信息技术改造提升传统制造业，进而致力于实现智能制造、柔性制造和虚拟制造相结合，是制造业转型升级和高质量发展的主要方向。为此，佛山要实现从制造大市向制造强市转变，矢志不渝切实将智能制造作为佛山制造业未来发展的主攻方向。当前及今后一段时期，尽快推动佛山制造业通过应用先进装备和生产流程、过程控制等实现自动化、网联化、智能化改造相结合，聚力发展智能化先进制造，柔性化服务型制造，以及实体制造与服务深度融合的“新制造”。

（四）强化优质供给是佛山制造业转型升级的现实抉择

贯彻落实新发展理念，构建现代化产业体系，推动经济高质量发展，从供给侧为高质量发展提供支撑是题中应有之义。对企业而言，无论是以满足客户需求为导向，需求反导供给，还是以强化供给为引力，供给创造新的需求，高品质提供技术、产品和服务，是企业赢得市场竞争和实现可持续发展的重要前提。佛山制造业具有显著的“草根”性特质，过去是凭借敏锐的市场嗅觉在激烈的竞争中扎根发芽、茁壮成长起来的，自然具有顽强的一面。如今，随着制造业进入转型升级和高质量发展新阶段，佛山制造业要与时俱进，以强化优质供给为着力点，推动制造业与科技创新、现代金融、人力资源协同发展，既要强化优质要素的新供给，也要强化优质产品和服务等方面的供给，要在质量变革、高质量供给上下功夫、出实招、见成效，形成佛山制造新的品质优势，打造佛山制造优质品牌特区。

（五）思维不传统是佛山制造业转型升级的源动力

思想指引行动，理念左右发展。要让传统制造思维不传统，才能为制造业转型升级和高质量发展注入新的源动力，这是维尚家具供给侧结构性改革的成功实践留下的可资借鉴的重要经验。尽管佛山新兴产业和战略性产业已经谋篇布局，并在不断深入推进，但佛山传统优势制造业已显疲态但仍是主力，这也是不争的事实。对佛山而言，庞大的传统制造业“底盘”，不应让其成为负担和累赘，相反应让其成为优势和潜力，关键就是要突破传统思维，让传统制造思维不传统，理念不落后不落伍。这就需要借鉴和参谋维尚家具的成功之道，引导和鼓励企业拥抱互联网，拥抱数字化和数字经济新蓝海，拥抱智能制造新未来。这不仅是让传统产业老树发新芽，而是将似乎逐渐“夕阳”的传统制造业演进为极具“朝阳”色彩的新兴制造业。

（执笔人：蒋钦云）

企业案例四

第八章

坚美铝材：民营制造企业供给侧结构性改革的佛山典范

世界铝材看中国，中国铝材看佛山，铝材加工产业是中国制造业最为典型的代表之一。传统行业、制造行业、民营企业，坚美铝材又是这个典型的“典型”，某种程度上是佛山民营制造供给侧结构性改革的浓缩。坚美抓住了市场需求变革，敏锐把握了未来发展趋势，主动推进产品高端化、服务定制化、应用升级化、生产智能化、管理精细化和企业绿色化发展。坚美改革转型之路，即是供给侧结构性改革的生动实践。坚美铝材的改革具备案例价值典范。

一、坚美铝材是传统制造企业推进供给侧结构性改革的案例价值典范

“管中窥豹，可见一斑”。企业是市场的细胞，透过一个企业的微观案例，可以洞察供给侧结构性改革的本源和发展。供给侧结构性改革的基本初衷是针对性解决普遍存在的产能过剩、产品品质不高、企业及行业效益不好等突出问题，尤以制造业最为典型。佛山是我国制造业的典范。铝行业内流行着这么一句话：世界铝业看中国，中国铝业看广东，广东铝业看佛山。广东坚美铝型材厂（集团）有限公司是佛山传统制造产业的代表之一，坚美铝材推进供给侧结构性改革的案例，能在很大程度上反映佛山传统制造业在这场改革中的缩影。

（一）传统行业的成功典范

商业和制造业，是一个地区竞争力的重要组成。在某种程度上，制造业承担着更加基础性的作用。佛山是一座以实体经济为主、制造业为基础的城市，制造业是佛山经济发展的根与魂。当今世界正处于百年未有之大变局，全球供应链不断重塑，产业转移呼声不断，佛山始终坚守制造业，从传统制造业到先进制造业，佛山走出的明星企业不胜枚举。

佛山是传统制造业城市，百强企业是当之无愧的佛山脊梁，推动着佛山不断向前发展。在众多企业努力下，佛山创造了陶瓷、微波炉、冰箱、消毒碗柜、电风扇、热水器、空调、铝型材等八个产量世界第一，诞生了许多制造业环节的“隐形冠军”。

广东坚美铝型材厂（集团）有限公司（以下简称坚美铝材）创建于1993年，坐落于全国唯一铝合金型材产业知名品牌创建示范区——广东省佛山市南海区，是改革开放发展壮大起来的珠三角民营制造企业的缩影，

也是认真贯彻落实新发展理念，推动制造业高质量发展的优秀企业代表。

经过 20 多年的稳健快速发展，坚美铝材现已发展成为一家致力于为中国和世界高端建筑与重要装备提供高质量和人性化的专业铝材产品和服务的优秀民营企业。公司目前拥有科研生产基地占地 1200 多亩，企业员工 5000 多人。产品广泛应用于高端建筑、交通运输、电工电子、国防军工等领域，覆盖了全国 30 多个省市，远销全球 70 多个国家和地区，在国内外分布近 700 个经销网点。

（二）民营制造的成功典范

作为以民营制造业拉动经济增长的成功典范，佛山当之无愧为中国制造版图上的地标，总是引人注目。近几年，佛山经济持续增长，2014 年佛山实现地区生产总值 7561.37 亿元，2018 年达到 9935.88 亿元，2019 年迈上 1 万亿元台阶，全市实现地区生产总值 10751 亿元，成为广东省第三座万亿元 GDP 城市。

佛山是全国民营经济最为发达的地区之一，民营经济成为拉动佛山城市经济发展的重要力量。截至 2018 年末，佛山共有各类市场主体 76.2 万户，其中民营市场主体占比达 96%。对全市经济的贡献可概括为“六七八九”的特征，即贡献了六成以上的地区生产总值、七成以上的税收、八成以上的工业增长率、九成以上的企业数量。佛山拥有美的、碧桂园、志高、万和、坚美等知名骨干民营企业，2018 年共有 6 家企业上榜“中国民营企业 500 强”，14 家企业入选广东省百强民营企业，是名副其实的民营经济大市。佛山民营企业根植性稳定性较强，有力支撑了佛山经济持续健康发展。

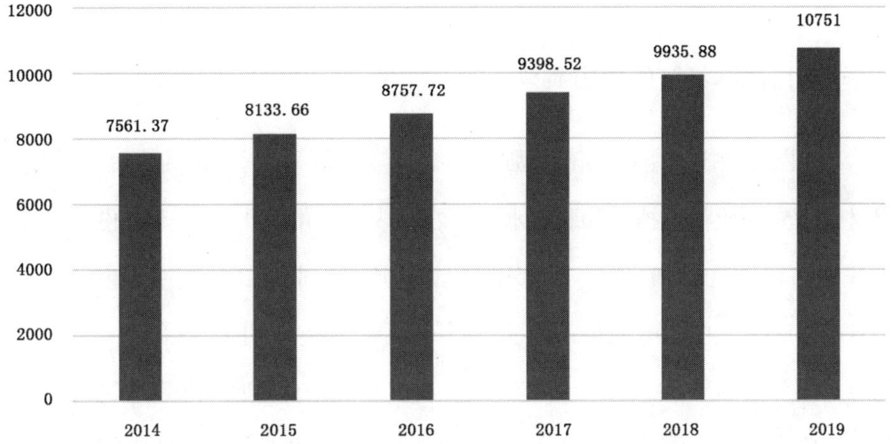

图 8-1　2014—2019 年佛山市经济总量（单位：亿元）

资料来源：佛山市统计局。

制造业是佛山市地区生产总值突破万亿元大关的重要动力，家用电器、金属制品、陶瓷建材等行业规模均排在全省首位。数据显示，2019 年佛山规模以上工业增加值增长 7.0%，高于 2018 年 0.7 个百分点。制造行业对全市工业的支撑作用大，其中汽车制造业增长 9.9%，电气机械和器材制造业增长 11.9%，通用设备制造业增长 12.2%，金属制品业增长最快，达到 13.1%。先进制造业完成工业增加值 2423.58 亿元，增长 8.7%；高技术制造业完成工业增加值 293.12 亿元，增长 5.6%。

铝型材业是佛山制造业的一个典型。在佛山百强企业中，制造业企业特别是民营制造业企业占据了绝对优势。而在佛山百强企业中，坚美铝材产品应用于全球第一高楼迪拜哈利法塔。佛山具有铝材产品市场交易、行业会展、信息交流以及国际经济技术合作平台的完备产业体系。坚美铝材荣登“2019 年佛山企业 100 强”，这份荣誉对坚美铝业来说是实力与影响力的肯定。坚美铝材是佛山地区土生土长的民营企业，始终秉承民营制造创业初心，坚持高质量发展，以创新引领企业前行，是佛山地区优秀企业经验和企业家精神的代表。

（三）品牌经济的中国典范

中国要从制造大国走向制造强国，必须走质量第一、品牌强国之路。坚美铝材以领先的质量、技术和服务水平，占国内高端市场13%以上的份额，全球10座著名超高建筑中，有5座选用坚美铝材产品。此外，还应用于包括人民大会堂门窗改造、中央电视台新台址、钓鱼台国宾馆、香港国际商业中心、多哈迪拜大厦等国内外4000多个著名建筑工程。坚美是行业唯一荣获中国质量奖提名奖及广东省政府质量奖的企业，也是行业内唯一集工业和信息化部“全国工业品牌培育示范企业”“国家技术创新示范企业”“工业企业质量标杆”“绿色工厂”于一身的企业。参与制订、修订国际和国家及行业标准143项，品牌价值达111.17亿元，居行业前列。2017—2019年，连续获评为中国房地产开发企业500强铝型材类供应商十大首选品牌。

图8-2　坚美铝材与全球十大摩天大楼

二、坚美铝材转型发展与推进供给侧结构性改革背景

坚美铝材企业转型是基于市场需求和内在发展的主动改革，也是迫于

外界环境改变，行业竞争压力的被动改革。坚美开展供给侧结构性改革的背景，主要有以下几个方面。

（一）经济环境改变

改革开放40多年来，中国创造了当代经济高速增长持续时间最长的奇迹，我们用几十年时间走完别人上百年的历程，“中国制造”影响了世界，并使中国成为制造业规模最大、品类最全的国家。麦肯锡全球研究院编制的“中国-世界经济依存度指数”显示，2000—2017年间，世界对中国经济的综合依存度指数从0.4逐步升至到1.2，而中国对世界经济的依存度指数则在2007年达到0.9的最高点，2017年下降至0.6。中国贡献了全球制造业总产出的35%。改革开放给“中国制造”提供了绚丽夺目的舞台，也给中国铝产业创造了蓬勃发展的机会。中国铝加工产业一路高歌猛进，与国际市场及跨国铝业公司接轨和融合，走完了工业发达国家约100年所走的路程。中国铝材产量持续快速增长。其中，2011年以前，铝材产量始终保持12%以上的高速增长，最近几年也保持着8%左右的较高增速。

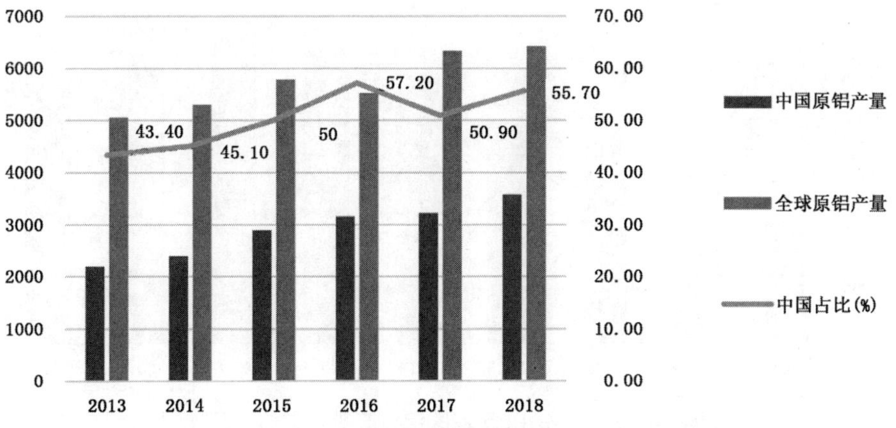

图8-3　2013—2018年全球和中国原铝产量情况（单位：万吨;%）

资料来源：国际铝业协会（IAI），2018年全球原铝产量数据为推算数。

近几年来，我国经济步入了新常态，经济增长也从高速转为中高速，经济结构及国际形势的变化、贸易保护主义的抬头，中国制造面临欧美发达国家“高端回流”和新兴国家“低端分流”的双重挤压，这使得我们相当部分的中低端产能严重过剩。在铝消费两大领域的房地产和汽车行业增速均出现大幅下降的情况下，中国铝工业迎来了消费换挡期。即传统消费下降、新兴消费尚未形成规模的关键时期，铝的需求量首次出现了负增长。从2011年下半年到2015年底，铝行业在需求不足、供给过剩的大环境下经历了长达4年的低迷期，大部分铝企亏损严重，月产量环比出现负增长。在这一背景下，各大铝企纷纷开始了自身的改革措施，大范围实施弹性生产，使得铝价触底反弹。2016年起，中央提出推动供给侧结构性改革，以煤炭行业、钢铁行业为首的旨在削减无效产能、规范行业发展的改革迅速开启。

受结构调整、国际贸易摩擦、环保等因素的影响，我国铝材产量自2010年以来首次下跌。2018年，我国铝材产量4554.61万吨，较2017年的5832.39万吨下降21.9%。在“总量控制”的监管思路下，总产能得到有效控制。

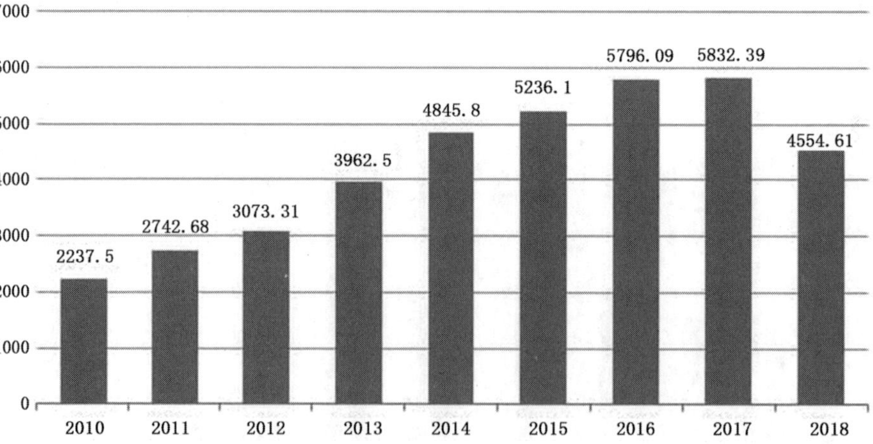

图8-4　2011—2018年我国铝材产量（单位：万吨）

资料来源：wind。

经过40年改革开放，中国培育出拥有近4亿中产阶层的大消费市场，党的十九大提出社会主要矛盾已转为人民日益增长的美好生活需要和不平衡不充分的发展之间的矛盾。过去生产什么都赚钱、生产什么都能卖出去的情况一去不复返，消费结构升级也迫使包括铝行业在内的各行业技术变革加快，以提供人们追求更高质量的产品及更优质的服务。

（二）行业竞争加剧

过剩加剧竞争，竞争倒逼企业进行改革。我国铝型材生产企业按照其生产的产品可以分为三个层次：第一个层次主要包括中国忠旺、兴发铝业、罗普斯金、利源铝业、亚太科技以及南山铝业，这几家企业主要以铝型材生产为主，且正积极向深加工领域发展。在这一层次中，竞争相对缓和。第二个竞争层次包括栋梁新材、闽发铝业、豪美铝业、伟业铝厂、华昌铝厂等（本报告分析中的其他企业），这些企业铝型材产品具有一定的品牌知名度，但规模相对第一层次的企业小，研发创新能力也有一定的差距。处于第三竞争层次的企业众多，这些企业以低端产品生产为主，竞争激烈，创新能力不足，规模也相对较小。

铝型材加工行业作为广东省级佛山市传统优势产业，在行业规模、效益、市场占有率、品牌和技术等方面在国内乃至全球都具有明显优势。铝型材是佛山制造业的重点行业之一，产量占到了全国的近四成。佛山市拥有铝型材企业200余家，年产量300多万吨，加上各类辅材生产和加工企业，年综合产值超1000亿元，已形成具备规模和品牌优势的产业集群，佛山市南海区也成为全国唯一一个铝合金型材产业知名品牌创建示范区。

我国铝材产品结构严重失衡，低端产品、同类产品相互厮杀，高端铝材产品供不应求，整个行业处于中低下的水平。这些年受到国内房地产市场调控、各类辅材及人工涨价、环保趋严等因素的影响，也使得铝型材行业低端产能过剩，竞争进一步加剧，铝材行业正陷入“最困难的时期”，传统铝材加工产品利润率已从2006年的6%～8%下降到2016年5%左右，目前约2%，而且利润空间还在进一步被压缩，铝材行业转型升级和进行供给侧结构性改革迫在眉睫。

（三）应用场景拓展

铝应用的新兴市场在不断拓展。在传统建筑领域，铝的应用增长持续放缓，在新能源汽车、交通轻量化、建筑模板、消费电子、人行天桥、铝制家具等新兴市场中越来越备受瞩目，各行业对铝合金工业材的需求迅猛增加，还有很多新的应用领域待开发。在铝型材行业的下游，门窗行业经过几十年的粗放发展，产量及用量已占全球一半以上份额，但产品质量和性能差距较大，劣质门窗给无数家庭带来诸如漏风、漏雨、安全性差的烦恼。现在房地产行业投诉最多的集中在门窗方面，开发商、门窗制作、施工单位，以及铝材、五金、配套件供应商互相扯皮，不知道该找谁负责。这种情况的发生，主要是因为门窗企业生产的门窗产品不是用系统概念进行设计和生产制造的，而是买各种辅料东拼西凑出来的结果。中国系统门窗使用率不到1%，而欧洲发达国家已达到70%～95%，整个行业对系统门窗的认识与欧美先进国家差距巨大，中国铝门窗行业向个性化、绿色化、高端化发展及向服务业延伸是大势所趋。

1993年，坚美诞生时正赶上中国铝型材市场爆发式需求期。由于需求大、产能有限，当时的市场无论质量如何，只要生产出产品来就有利可图。是选择生产低档产品或做某个环节的加工甚至走当时盛行的用废铝做原料、低成本赚快钱，还是坚持走自己的高质量产品品牌路线？坚美公司秉持“要么不做，要做就做到最好”的价值观，坚持用符合国家标准的铝锭、硅锭、镁锭做最好的坚美铝型材，将高端系统门窗产品及高性能工业铝材产品的研发作为企业供给侧结构性改革及转型升级的两大重点方向。20多年来，坚美铝型材出口日本、新加坡、中国香港、俄罗斯、美国、欧盟等国家和地区，没有发生过一次质量问题，接受过成百上千次的监督检验，没有一次不符合国家标准、国际标准、用户标准。坚美品质美誉全球，成为行业的佼佼者。

铝为第二大类金属，铝制品在生产生活中随处可见，并不断向新兴市场和新兴产业流入，在中国将出现更多应用场景。例如，从室内居室到建筑外立面，在“以铝代木”“绿色环保”等理念一直被倡导的时代，铝合金框架结构的家具、全铝家具、定制家具等满足人们的个性化需求，造型外观的设计上也颇具美学价值，全铝家居的零甲醛、健康环保等，使铝质家具不断出现在我们视野中。铝作为建筑装饰材料，门窗作为建筑的基本构成部分，各类不同建筑风格中，门窗无一例外地成为表现手法之一。推拉门、折叠门、景观窗、采光窗、落地窗、玻璃幕墙等，不管是新建筑还是既有建筑的改造，通过对建筑门窗幕墙的设计和改造，能够使建筑物散发出新的活力。铝产品顺应了建筑工业化、规模化、标准化发展的趋势需要，对推进建筑节能环保和建筑工业化进程起到重要作用并具有现实操作意义。

铝是“未来金属”，它与新兴产业有着密不可分的依存关系。新铝材在新兴市场中的场景化消费潜力巨大，从走路骑行到上天入海，涉及的汽车轻量化用铝型材、集装箱用铝型材、航空航天用铝型材、轨道车辆用铝型材、船舶用铝型材，这些都是利用铝合金的重量轻、力学性能强以及防腐蚀性等特点，让铝行成为极佳的选择材料。随着交通运输轻量化以及战略性新兴产业、国防科技工业发展，铝的消费领域将不断拓展，铝需求仍将保持稳定增长。

（四）技术变革加快

我国铝材加工企业，数量众多、分散、装备落后、产品质量不高、低档产品的产能过大、产品积压滞销，大多数企业开工率不足，经济效益不高，高档产品的产能明显不足，需大量进口。仅佛山市南海区就有几百家铝材企业，不仅规模小，产品基本雷同，大多生产建筑用型材。国家应出台优惠政策，扶优助强，引导有一定实力的企业，以资本为纽带，进行强强联合和资产重组，使有能力的企业做大做强，增强竞争实力和抗风险能力。同时促使有能力的企业组建技术中心，联合高校和科研院所，开发新的工艺技术和新产品，缩短与国外同类企业的差距。

随着产业变革及互联网技术的快速发展，传统的单一营销、大批量生产经营模式已不能满足市场用户的发展需求，“互联网+”及大数据、智能制造等技术的发展，对企业生产经营的影响也日益凸显，传统制造业向服务业延伸也是大势所趋。与世界领先水平相比，中国铝工业技术在某些单项上还比较落后，比如智能化技术、3D 打印技术、高端铝加工技术等，特别是一些高端铝合金材料还依赖进口。所以，新技术的出现会加快行业的转型升级，甚至迅速地拉开企业之间的差距，这些也是企业在供给侧结构性改革中必须重视和提升的方面。

（五）政府治理转型

“春江水暖鸭先知”，佛山在推进供给侧结构性改革的过程中，正是一大批民营企业扮演了先行者的角色。佛山是民营经济改革的先锋城市，民营制造的改革基因。供给侧结构性改革所要解决的最大问题，就是提质增效，佛山政府深刻地认识到“中国制造”的出路就是由低品质、低附加值转向高品质、高附加值，于是立足自身实际，针对自身短板，以智能制造为主攻方向，开启了一条由“佛山制造”向“佛山智造”转型升级的蝶变之路。

佛山市政府在“制造”变“智造”的路上可谓下足了功夫，激发了民企活力潜力。重在以改革引领厚植民营经济高质量发展环境，推进形成“世界科技+佛山智造+全球市场”发展模式，以智能制造为基础，以数字化、网络化、智能化融合发展为方向，“转的是生产方式，升的是质量和效益”，经过一系列的改造升级，佛山智造的方式、结构焕然一新。

佛山市先后推动实行“百企智能制造提升工程”和机器人、智能装备应用“百千万工程”专项行动，遴选具有代表性的龙头企业率先进行智能化生产设备应用，陆续建成一批智能化生产示范线。据佛山市有关部门测算，智能化生产能够降低企业用工成本 10% ~30%，产品质量明显有所提升，制造业企业生产效率、精准程度、规范度、良品率明显抬升。装备制造水平也有显著增强，陶瓷机械、塑料机械、金属成型机械等一批装备制造细分行业逐步占领行业中高端。

佛山始终在改革中由内到外，由政府到企业寻求自我突破，实现转型发展。自上而下的层级控制链条将不同层级的政府捆绑在一起，地方政府要完成层级政策指标和承担纷繁事务，在逼仄的政策空间腾挪以满足地方治理需要。政府的治理发生变化，不是盲目要 GDP，而是要好的 GDP，要高质量、高效益，要佛山品牌，要世界级竞争力的产品和企业，不要污染要绿色发展等。政府要转变思路，给大家提供社会公共产品和服务。政府的治理结构，也在与时俱进中更加先进和现代化。大到治理国家，小到治理企业，其实大道至简、殊途同归，都有内部价值经营和外部价值体现的过程。

三、坚美铝材推进供给侧结构性改革的主要做法

铝型材在佛山有着非常特殊的核心地位，既是中国民用铝型材发源地，又是中国产业规模最大、产业链最完善的铝型材产销集散地。而坚美铝材又是佛山乃至整个中国铝材响当当的核心品牌。坚美铝材依靠地域优势和商业历史底蕴，发展为铝型材行业龙头企业之一。坚美铝材通过发展新供给、创新服务模式，实施大规模定制生产，打响了中国铝材行业供给侧结构性改革头炮。公司引进世界先进技术与设备，内部推行现代化企业

管理，同时公司不断地提升企业的节能和环保，从源头消减污染、节约利用资源。在复杂多变的国际形势和激烈的市场竞争中，坚美铝材在企业战略、技术研发、品牌策略等方面能稳健而超前地发展，树立了民营企业转型升级的典范。

（一）产品高端化

在佛山，众多实体企业和行业在推动供给侧结构性改革过程中，通过创新驱动转型升级提高企业内生动力。以重点产业铝型材为例，包括坚美铝材、华昌铝材等众多企业都从单纯的提供商品到进行全方位的服务改革。坚美铝材进行全方位的转型创新，向产业链下游终端产品转变，即主动推进传统产品向高质量转型升级，从传统铝材门窗向坚美高端系统门窗产品转变。

从建筑铝型材转向家装铝型材系统门窗是比较普遍的，因为家装建材技术比较成熟，市场也比较稳定。相比之下，坚美铝材认为，工业铝型材的想象空间和替代的产品范围会更广。在中央提出供给侧结构性改革前，坚美就已从市场的变化中对自身经营和发展方向进行了调整，提出了两大发展路径，向价值链中高端环节进行转型升级。其中一个重要方面，就是向铝型材产业链的下游延伸，打造坚美高端系统门窗产品，为终端用户提供个性化门窗系统解决方案及服务。

向门窗深加工方向转型。从 2012 年开始，坚美组建了国内外专家组成的研发团队，从系统门窗的设计、型材、五金配件、密封系统及辅件、组装加工、现场安装和售后服务七大方面着手，构建设计标准、质量管理、人员培训三大体系。并采用系统化的研发设计、标准化的物料、模块化的制造和安装工艺、自动化的设备，以及生产过程的信息化，确保产品品质在设计、采购、制造、包装、物流、安装等环节人为因素影响降到最低，保障门窗品质。

（二）服务定制化

定制化是消费领域变革的新趋势。从生产消费层面看，中国已成为世界上门窗企业数量最多、门窗产能和销售市场最大的国家，但质量和性能方面与发达国家还有较大的差距。诸如没有设计、没有标准、杂乱拼装，粗制滥造、不规范安装，质量、功能、性能差等问题普遍存在。坚美可以根据用户的性能指标要求来定制服务，例如根据不同地区设计最合理的产品。

坚美铝材通过提高技术含量，发展一种全新的供给产品。坚美铝材组建了包括来自欧洲、日本专家在内的30多人的研发团队，发挥长期积累的经验，以系统的理念，结合不同环境、气候特征中不同人群及项目的需求，进行了门窗系统产品的研发。目前其产品功能涵盖防蚊、防盗抢、防爆、防弹等功能近20项40多个产品系列，拥有国际、国家专利97项。

坚美铝材在行业内率先创新采用“传统制造业+互联网”的运营模式。通过互联网、实体店及智能工厂的结合，构建O2O服务平台：从线上线下预约、上门量尺到线下的方案设计及方案确定、合同签订、定制生产、上门安装、售后服务，全程实现“专业，面对面，一对一”的个性化需求定制服务，引领门窗行业向服务业延伸。并推出网络销售平台及在全国开展加盟商实现全国市场布局与覆盖。

在成效方面，已研发出6大系统68大系统的门窗系统产品，其中23个系列国内领先（如推拉系列气密性≤1.5$m^3/m^2 \cdot h$、外平开系列水密性≥1000pa、内平开系列保温性≤0.8$W/m^2 \cdot K$，均比国内同系列产品高两个等级），3个系列国际领先（如推拉系列气密性≤1.2$m^3/m^2 \cdot h$，内平开系列水密性达700pa，比国际同类系列产品高一个等级）。研发出国防岛礁建设用系统门窗（耐高盐、高湿、高温）、“三防门窗”（防弹、防爆、防撬）系列产品。获得1项国际专利及10余项国家发明专利在内的150多项专利技术。坚美门窗系统产品还先后荣获国家重点新产品、中国门窗行业金奖及全国建材行业技术革新奖等殊荣。目前，在全国已建立体验店70余家，未来5年预计完成“千店计划”，实现跨越式发展。

（三）应用升级化

坚美不断拓展新需求，前瞻性开拓中国工业铝材强大新应用场景。商业界广为流传的一句名言是，一流企业卖标准，二流企业卖品牌，三流企业卖产品。坚美铝材近几年大力推行“标准化”战略、“转型升级带动品牌提升”战略，带动坚美铝材实力明显提升。从1998年开始，坚美铝材便着手参与国家标准的制定工作。多年来，“标准化”战略以强大的内生动力始终推动着坚美铝材稳步前进，赢得了国内外市场上非常高的声誉。

在供给侧结构性改革过程中，坚美及时适应市场需求变化，从以生产建筑型材为主向与生产特殊工业材并重发展，加快向特殊工业材和大截面工业材方向升级。针对我国特殊工业型材生产技术和应用不能满足用户需求的现状，坚美铝材组建了工业材事业部和工业材厂，配套针对性的工业材质量保障体系，组建了含中、日、意多国专家组成的国际研发团队，配合了9000T、5000T等系列大型高端挤压装备及铝棒连续均质炉等先进设备，突破了高纯净大规格铸锭熔炼、大截面中空铝型材挤压模具设计、紧密在线淬火等工业材核心技术，并通过提供前期技术服务、个性化产品研发、全方位性能检测和后期使用跟踪等一整套针对性服务措施，获得了顾客的信赖和认可。坚美自主成功研发出了轨道交通用铝合金型材的生产工艺技术，攻克“和谐号”CRH6型列车框架型材的生产技术。产品已在汽车轻量化、5G基站、光伏太阳能、机械装备、电子电器等高科技领域得到了产业化应用。近三年，工业铝材年均销售增长率均超过50%。其中太阳能与工业用轻量化产品，已经出口到日本等国家。

专栏 8-1　坚美工业材应用场景

由于铝材有价格低、重量轻、可回收性强等优点，在国家强调节能环保的前提下，中国铝型材市场长期需求巨大。世界制造业转向中国，有效促进了中国的飞机、交通运输、汽车、集装箱、机械制造、电子电器、石油加工、能源等工业部门的发展，加上国家的政策导向也是促使工业铝材发展迅速的原因。工业铝型材在交通、家电、电子及机械设备等领域未来的市场十分巨大。

近年来，坚美集团投入超过 2 亿元用于铝合金新材料的研发，已经研制出铝制车用踏板、电池托盘、电机壳、门槛梁、行李架、纵梁等部件，产品终端应用于一汽解放、BYD、长城、东风、小鹏、吉利、本田、特斯拉等车企；已经成功研发了“和谐号”列车用铝材等产品。凭借光伏逆变器、5G 天线、5G 基站散热材料及热传动解决方案等，成为华为和爱立信的材料供应商。

（四）生产智能化

当代新科技革命和产业变革一个显著标志是智能化迅猛发展，坚美铝材积极抢占潮头，开展装备自动化、智能化和信息化升级。信息化技术的应用是工业制造企业提高生产效率及产品品质的有力武器。工业化与信息化融合的关键就在于打通企业信息的脉络，让有效的信息到需要的地方去。坚美从一开始就意识到信息化对于企业的重要性，并积极开展将信息化应用到实际生产中去。2003 年，坚美组织相关科研力量开展 ERP 系统的开发，并于 2004 年正式应用到从日本引进的立式氧化电泳生产线，使生产指令畅通无阻进入到设备中去，实现生产设备自动化和企业信息管理系统成功对接，有力减少了人力成本，提高了产品的质量。

2015 年国务院发布《中国制造 2025》战略规划以来，坚美公司高度重视。这几年，公司组织出国考察新技术、新装备应用不下 30 次，也依据《中国制造 2025》战略规划相关内容，制定了适合自身发展的《坚美制造 2025 规划》。在新发展理念指导下，努力打造领先的智能、绿色示范工厂，形成全行业最完善且处于国际领先水平的生产装备。如，建立了 5 条全世界自动化程度领先且具备自主知识产权的立式氧气电泳生产线，引进了世界一流的全自动液压铸造设备、全自动连续均质炉，筹建了 9000 吨、5000 吨大型自动化挤压装备，以及建立行业领先的自动化成品仓、模具仓及半成品物流仓储系统，建立能源管理系统及时监测和分析应用情况，升级 ERP 信息管理系统提升生产效能和信息准确率，应用“互联网+技术”打造“传统制造业+互联网”的运营模式等，为企业转型升级、绿色制造和提质增效打下良好的硬件基础。坚美也先后荣获“广东省优势产业转型升级示范企业”、“佛山市升级标杆民营企业”、佛山市“中国制造 2025 试点示范企业”等殊荣。

表 8-1　坚美铝材装备智能化升级典型案例及成效

序号	典型案例	实施内容
1	高效节能环保熔铸生产线	（1）采用国内领先的蓄热式燃烧及余热回收系统； （2）配备国际领先的电磁搅拌、透气砖设备及在线除气技术； （3）引进世界一流的美国全自动内导式液压铸造设备及工艺； （4）采用先进的自动化日本连续均质炉及自主研发的消烟除尘核心专利技术。
2	智能模具制造及仓储升级改造	（1）模具设计检查自动化且节约时间达 90%，检测的准确率达到 100%； （2）模具制造自动化、精度化及集成化，模具加工精度及效率提升 50%，返修率减少 50%，实现从传统的一人操作一台机到三机，一模多孔挤压； （3）模具存储量比传统存储模式提高 4 倍以上，实现模具存储作业过程自动化存储，出入库效率比人工库提升 5 倍以上。

续　表

序号	典型案例	实施内容
3	自动化精密挤压线技术升级	(1) 引进2000～9000吨先进挤压机一批； (2) 通过采用先进挤压机自动控制系统、工艺自动优选系统、辅机传送控制系统、液氮模具冷却系统等技术，对原有挤压线、后续传送设备及一模多孔挤压技术进行自动化升级； (3) 升级改造后，挤压生产效率提升了10%以上，成品率提升5%以上，人员减少20%，整体装备水平达到行业先进水平； (4) 成功开发了"和谐号"CRH6型城际列车用铝材、轨道列车用高导电汇流排等高性能工业铝型材产品。
4	铝型材智能化立体成品仓升级	(1) 集仓储和物流于一体，具备自动化程度高、仓储能力强、管理数据化、节地效果明显的优点； (2) 自主研发与公司ERP融合的仓储信息管理系统，打破了企业ERP系统与厂家仓储系统不融合的状况，信息准确率达100%； (3) 储存量与传统存储模式相比提高3倍以上，达1万多吨，出入库效率比人工库提升5倍以上。
5	国际先进立式氧化电泳生产线技术升级	(1) 拥有四条具备国际领先技术水平的全自动化立式氧化电泳生产线，完全掌握阳极氧化电泳核心技术； (2) 坚美氧化电泳生产线实现了全自动化控制，使生产计划、信息传递、工艺控制和信息记录到最后的自动包装都在其中得到了体现，显著降低生产原料消耗，用水回用率可达65%，水耗成本比传统生产线降低40%以上，大幅减少污染物排放； (3) 开发出象牙白电泳铝型材，坚美蓝、珍珠黑电泳铝型材等系列新产品，均实现了全国首创，填补了国内空白。

（五）管理精细化

坚美铝材持续坚持实施现代企业全员精细化管理。公司通过总结以往的经营管理经验，学习融合美国经济学家和日本质量大师的质量经营理论，深入挖掘自身优势和行业特点，智力引进，创新提炼出坚美自己的质量哲学——"价值链嵌入全过程的'三关两全'质量经营管理模式"。该模式以"顾客价值"为核心，实现了从传统质量管理到全面质量经营模式的跨越。

没有不行的行业，只有不行的企业。做好自己日常管理的事情，向管理要效率，对企业在激烈的市场竞争中脱颖而出至关重要。在日常管理过程中，坚美通过构建“3 人人”质量责任体系（即人人做质量、人人管质量、人人考质量），并通过标准化作业不断提高质量管理水平。在内部制定和执行严于国家和行业标准的 1534 项内控标准，对产品质量进行管控，产品关键质量指标中已有 20 项达到了国际先进水平。在外部，坚美已参与制、修订国际及国内行业标准达 143 项。如，坚美代表国家制定了我国铝型材行业首个国际标准《铝及铝合金阳极氧化复合膜》（ISO 28340），并翻译成 70 多种语言在 120 多个 ISO 成员国推广应用，打破发达国家的技术壁垒。同时，坚美还建立了一流的国家认可实验室、国家企业技术中心及博士后科研工作站等研发平台，组建了由外国专家团队、中国台湾专家团队以及博士、高工等组成的行业一流的研发团队，为企业供给侧结构性改革提供强有力的技术支撑。

（六）企业绿色化

绿色化正与市场化、信息化、国际化一起，成为时代发展的大趋势。坚美铝业积极开展绿色工厂创建工作，建立了完善的组织管理机构，在保证满足各项法律、法规的基础上，确保达到行业相关标准。坚美铝业将绿色工厂中长期规划纳入企业“十三五”发展战略与发展规划目标中，制定了绿色工厂年度目标和相应的实施方案。在实际开展企业绿色化生产服务过程中，从产品研发、原料采购、生产制造，到能源资源利用和废弃物管理，始终致力于在产品全生命周期内践行可持续发展的生产模式。积极寻找提升空间，发挥主观能动，查缺补漏，不断完善企业自身的绿色化水平。

经济发展到一定程度后，人民对生活环境的要求越来越高，企业在发展过程中，也有责任和义务做好节能环保工作。工业铝型材行业属于资本密集型行业。坚美公司为实现行业领先节能环保型企业的目标，建立了一套覆盖安全、职业健康、节能减排及环境保护等方面的管理制度，先后通过了 ISO 14001、OHSAS 18001、ISO 50001，通过在熔炼、挤压、表面处理及废水处理全过程开展绿色节能先进技术升级，积极履行企业的社会责任，引领行业绿色发展。

坚美铝材与国际环保公司开张合作，投入 3000 多万元，开展废水高效处理及资源回收技术升级，从而提高废水处理自动化水平及大幅降低排污量，项目实现节约药剂使用及运行成本 30% 以上，中水回用率约提升 30%，废渣降低 50% 以上且进行了分类，极大地提高了水资源的利用率和降低了环境污染。联合开展熔铸烟气及 VOC 有机废气高效处理新技术研究，为“铝型材行业污染排放”国家标准的制定提供了大量实验数据。在行业内率先开展铝型材污泥综合处理和资源化利用技术，解决行业共性难题。企业 6 类主导产品荣获行业首批低碳产品认证，并获得工业和信息化部首批“信息化与工业化融合促进节能减排试点示范企业”，2018 年获评为工业和信息化部“绿色工厂”殊荣。

四、从坚美铝材以点带面看佛山供给侧结构性改革的几点经验

佛山供给侧结构性改革的经验，是政府和企业及时把握外部机遇，启动内生型市场化的经济增长的一个典范。在这一场供给侧结构性大变革中，也正是政府与企业、政府与市场的良性互动，政府通过不断自我改革为市场提供坚实的基础设施和高效的公共服务，为企业提供健康的运行环境，为企业家投资兴业提供更宽阔的舞台。佛山的实践证明，供给侧结构性改革、创新驱动发展和构建开放型经济新体制相互促进、相得益彰，融合成为一个有机动能支撑系统，共同推动经济转型升级、创新发展。

（一）加快中国制造向中国质量转型是根本路径

供给侧结构性改革，由过去粗放型的发展模式向质量型、创新型、效益型的方向转变，实现制造业由速度向质量转变、由制造向创造转变、由产品向品牌转变的伟大变革。加快中国制造向中国质量转型发展，是供给侧结构性改革的主要目标，也是企业主动适应市场需求，寻求更好法治的根本路径。推进传统企业从“中国制造”向“中国质量”转型，需要从专注于制造的价值链中间环节向技术研发、产品设计、技术和产品标准制定、产品精深加工、产品个性化定制、销售渠道构建、品牌培育及售后服务等价值链的两端延伸，以实现价值链条延长和品质提升。在这个过程中，主动发现需求、创造需求和满足需求是企业进行主动改革的核心要义。这需要企业不断满足市场变化，提供高质量、高性能、高稳定性的产品和服务，适应不同层面的客户需求，才能在风起云涌的市场上立于不败之地。

佛山作为制造业大市，一直紧紧围绕扩大有效和中高端供给，积极推动制造业转型升级，着力提升制造业发展的层次和水平，提高制造业产品的供给能力，以适应市场竞争和消费升级趋势。今后一个时期铝材产能过剩促使行业将向结构优化、产业融合、商业模式创新的方向转变，聚焦新能源、新材料、船舶、交通等行业的重点领域，严格环保标准、安全标准和技术标准，因地制宜，精准施策，淘汰落后技术，加速转型升级。需要企业向中高端产业转型升级发展，改革升级供给侧结构性改革本身的工作方法。包括企业的转型升级和供给侧结构性改革本身解决问题方法的升级两个层面。其中，企业层面转型升级，主要是依靠管理创新、产权多元、战略合作、资本运营、市场激励、科技进步和“互联网+”等手段，努力实现从传统资源型企业向多元发展能源企业转变，培育发展新动能，形成新增长点。

制造大国向质量强国变革，要加速重塑新优势。促进产业迈向中高端是新常态下我国经济领域的重点任务之一。全球价值链描述了全球生产经营活动价值创造的动态过程。一个企业乃至一个国家，在全球化资源配置中，能否获利以及获取多大的利益，取决于其在价值链体系中的位置。在当前的全球价值链体系中，少数发达国家长期占据中高端生产链环节，而大多数发展中国家则“共享”中低端生产环节。因此，大力推进供给侧结构性改革，引领供给结构和需求结构双升级，引导企业以品牌和质量建设带动产业集聚、拉长产业链条，促进产业转型升级，打造更高质量和效率的供给体系，实现更高水平的供需平衡。

（二）以多元创新驱动转型是民营制造硬核路线

当前世界科技发展和产业革命的浪潮汹涌澎湃，我国经济已经由高速增长阶段转向高质量发展阶段。这对于民营企业来说，是机遇也是挑战。走创新驱动的发展之路，深化科技创新、管理创新、品牌创新，抢占新科技革命和产业变革机遇，是民营制造高质量发展的硬核抓手。其中，新技术、数字化和智能化是民营企业提高效率、加快变革的关键。

对我国铝材企业而言，自主创新的短板不仅仅存在于技术层面，更多的还体现在建立现代企业制度层面。坚美对标着国际一流水平企业的价值观、价值理念，瞄着进行方方面面的创新。经过多年的创新研发及战略布局，坚美现已成为行业转型升级的示范标杆企业，2006 年被建设部评为中国建设科技自主创新优势企业。

创新是企业的灵魂，是企业可持续良性发展的强有力保证。在佛山制造业界流行一句话，“不转型创新叫等死，但是如果转得不好，转的方向不对，就是找死”。坚美始终笃信，企业的高质量发展离不开自主创新，自主创新为民族品牌发展注入动力。坚美抓住最关键两点“转型”“创新”，实施转型创新战略。坚美提出 2025 智能制造的宏大计划，利用 5～7

年走上制造业的智能制造之路，硬件和软件有机结合来提升企业的生产管理效率，提升产品质量和应用性能，提供更加适应和满足市场发展需求的产品。

创新不是为了创新而创新，而是每一个企业根据行业特点和自身定位进行创新。创新是宏观的概念，产品功能和质量的创新是创新的主攻方向，与此同时统筹考虑协同推进企业配套体系的创新，比如企业治理结构的创新、市场营销模式的创新、人才管理的创新等。坚美在铝产品的延伸应用方面创新能力突出，成绩斐然，已经改变了过去生产铝材"一吨一吨卖出去"的场景，未来的创新目标是要把铝材变成最终的门窗解决方案。

关于创新转型战略，坚美已经实施了 8 年。起初面临各种困难和障碍，但是随着市场认可度的不断提升，2019 年，坚美铝门窗比 2018 年增长 100%，未来目标每年增长 50%。坚美"由卖材料到卖设计""由过去生产好铝材、卖好铝材，变成卖设计，卖知识产权，卖解决方案，卖服务"，用鲜活的案例诠释了企业以创新为核心的转型之路。

（三）民营制造企业需要治理现代化的管理革命

民营实体企业释放强大活力动力要敢于推动自身治理体系和治理能力变革治理体系和治理能力现代化。企业内部治理结构及其质量，是当前包括佛山在内的民营企业实现更大发展的一大瓶颈。很多民营企业在获得了一定程度的发展以后，继续向前发展，大都感到力不从心。其中一个主要原因，就是企业内部治理及其结构面临严峻挑战，是企业内部治理及其结构不能适应发展需要的挑战。

民营企业转型变革，实际上是一种管理的改革，是一种深层次价值观念及基本理念的革命。民营企业需要进行一场管理革命，不是传统的管人、管钱或管产品以及营销，而是将企业作为管理的对象，进行现代化的改造升级，形成有效的治理结构。只有让企业变成一个高效的管理组织，才会有高效率与高效益的企业运行。从佛山的供给侧结构性改革推进过程看，政府负责市场环境的营造与完善，企业负责自身组织的进化与升级，两者共同努力，形成相互协调、良性循环的格局，极大地提升了供给侧结构性改革的质量。

当企业所面临的市场环境和生存环境发生了"革命性的变化"的时候，企业管理模式也必然会遇到相应的挑战。近年来，信息技术、智能化、数字化的高速发展与思维的转变，为我国制造企业的发展提供了契机，推动中国制造业领域的管理革命成为大势所趋。然而，在企业层面，虽然有不少制造企业依托新技术或者新模式取得了成功，但是大多数企业在新时代的企业变革中仍处于探索阶段，甚至更有企业在应用相应技术或者商业模式后并没有得到预期中的结果。为此，民营制造企业若想实现可持续稳定发展，必须从生产模式、商业模式、运营管理模式、合作模式以及人力资源管理等方面实施变革，加大决策的科学性，提高企业的创新性，增强企业信息化和智能制造水平，提高风险防控意识和能力，以达到民营企业实现现代化改造的目标。

（四）必须培育工匠精神和品牌经济的社会价值文化

佛山制造业的辉煌发展，很大程度上得益于拥有一大批低调务实、创新有为、开拓进取的优秀企业家。佛山在推进供给侧结构性改革的进程中，正是一大批民营企业家扮演了先行者的角色，他们把工匠精神发挥得淋漓尽致，建立企业特有的价值文化，取得市场竞争的优势，让企业具有真正的不可替代性。他们长期活跃于市场竞争的第一线，能够自主决策，有灵活的管理智慧，更有强烈的变革欲望，不待扬鞭自奋蹄。

"工匠精神"强调执着、坚持、专注甚至是陶醉、痴迷，其中包括不断总结、注重学习、追求突破、勇于创新的精神内涵。事实上，热衷于创新和发明的佛山制造企业家们，一直是佛山制造转型升级的重要推动力量。我国要实现从制造大国向质量强国的跨越，就必须大力推崇企业家的“工匠精神”，大力弘扬追求创新驱动发展理念，紧跟信息时代发展的脚步，加强各领域特别是制造领域的技术和体制机制的创新。

品牌是企业自主创新的宝贵结晶，是代表了企业的质量、信誉和文化的身份识别标识，更是企业竞争力的综合体现。品牌经济是以品牌为载体，统筹整合各类科技创新资源、经济、社会和文化等要素，牵引经济市场化、集约化发展的一种经济形态，是突破中国制造在全球产业链的低端锁定，后工业化社会经济发展的高阶形态。我国制造业品牌经济发展面临的短板是，世界级知名品牌数量较少，已有的知名品牌含金量不够，企业缺少核心技术。佛山推动供给侧结构性改革，给民营企业营造一个品牌建设的良好氛围，引导民营企业推动品牌经济价值提升，认识到重视品牌建设是提升企业核心竞争力的重要手段，并打造出了能在全球市场支撑品牌发展的制造产业，以及能体现中国国际地位的优质品牌企业。

（五）好的政府服务是民营企业供给侧结构性改革成功的基本条件

坚美铝材等佛字号民企紧跟市场转型升级，佛山供给侧结构性改革成功推进，无不与佛山好的政府服务紧密相关。自改革开放以来，佛山民营制造企业取得了有目共睹的成绩，除了源于企业自身经营努力外，佛山政府全面提升软环境服务供给是促进民营企业良性发展的重要因素。

政府是政策创新的供给者、信息的提供者、基础性创新的组织者和创新风险的补偿者。佛山市政府始终致力于为民营企业创建优质公共服务环境，释放市场活力，助力本土传统民营经济做强做优。从准入、审批、服务、降成本、金融支持、企业家人身和财产安全等多方面先行多做，营造创业做事、发展图强的优良环境。按市场经济规律办事、依法经商、守信经商、在商言商的市场氛围逐渐形成，围绕产品和市场搞创新、做精品的清新商业精神深入人心。

五、坚美铝材反映出佛山民营企业推进供给侧结构性改革还需解决的几个问题

地方和企业在推进民营制造业供给侧结构性改革中，还有一些自身不能解决的问题，有些是共性的普遍的，有些是佛山特有的，在此提出思考与建议。

（一）如何培养社会对高质量产品选择的价值观

系统门窗产品因其优异性能及节能减排特性，普遍受到终端用户的好评，但由于现在的铝材门窗市场为下游买方市场，房地产开发企业为了追求自身利益最大化，普遍使用的都是价格低廉的劣质产品，存在漏风、漏雨及安全等隐患，用户投诉无门。近年来，铝合金门窗玻璃突然从高楼上掉落砸中过往行人，造成死伤的事件不断出现，并且在司法实践中各地也出现了“窗户坠落致伤行人，质量瑕疵建筑商担责”典型案例。因此，建议政府能从政策上引导、规范房地产开发企业采用系统门窗产品，起码是性能保障的门窗产品，来保障用户的使用体验及安全。

（二）如何破除传统制造行业恶性竞争

铝型材行业整体集中度低，产品同质化严重，企业之间恶性竞争加剧，市场竞争规则不完善，缺乏有效的行业性的引导。例如，铝门窗行业

到目前为止还比较粗放，行业不规范，技术要求低，资本投入要求低，没有垄断企业，更没有消费者普遍认同的品牌。在推进供给侧结构性改革过程中，全国各地700多家铝型材企业，都一窝蜂地挤入新的领域，造成重复投资，市场竞争形势恶化。比如前两年全国各地都鼓励大型铝型材企业开拓轨道交通产品，为此很多企业都上马5000吨以上大型挤压机及配套设备，但是由于下游的南车、北车合并成为一个整体——“中车”，导致众多供应商恶性争抢一个客户的订单。比如已经有三家知名的专业轨道交通材料制造企业，在恶性竞争中被迫破产重组，这都是缺乏整体规划与布局导致企业垂死经营的苦果。

传统制造企业应该逐步认识到提供给顾客的产品只能产生一次性的交易价值，而围绕产品的相关服务或者依托企业自身优势的衍生服务才能持续地创造价值。也就是说，制造企业应该探索机遇，积极实施服务型制造战略。通过服务型制造，制造企业可以升级与顾客甚至供应商的关联，从基于交易的关系逐渐发展为基于关系的模式，并且可以更加深入地了解供应链伙伴的需求，从而实现主动型创新。具体到铝材行业，要以供给侧结构性改革为主线，以创新为核心，推动铝产业瞄准国际同行业标杆，增品种、提品质、创品牌，向都市型、创新型、知识型产业转型跃升，拓展产品应用场景，提高产品的供应链等级，向中高端供给发展。

（三）如何帮助解决民营企业转型的痛点堵点

民营实体企业发展依然面临不少难题。首先是民营企业发展资金痛点问题。现阶段，大型地产商、大型汽车制造商越来越多地使用统一集中采购方式，这种方式不断挤压上游制造商的利润及生存空间，甚至影响企业在品质与创新方面的投入。此外，大型房地产企业越来越多地使用银行承兑商业承兑的方式向制造商支付货款，增加了企业的运营成本与资金风险。这些都给民营企业资金运转带来了困难和障碍。

铝加工行业属于传统制造业，想要在转型创新和结构性改革中有所突破，企业必须进行设备改造和技术升级，这必然需要大量的资金投入，而在银行贷款方面的优惠政策向国有企业、上市企业倾斜，某种程度上制约了民营企业转型升级的速度与创新能力的提高。建议政府能够在资金方面给予民营企业更多的扶持。如，在银行贷款方面，希望政府对银行加以引导，给予民营企业一视同仁的贷款待遇，让民营企业享受更多的贷款利率优惠，降低企业融资的成本门槛。加大贷款贴息、低息贷款的政策，放宽条件，鼓励银行允许民营企业购置固定资产贷款。企业的转型升级离不开技改与创新，也希望政府能够加大民营企业在自动化及绿色制造升级方面的扶持力度。在政策支持方面，建议推广广东省技术改造事后奖补政策，在国家层面对企业通过技术改造带来的税收增收部分给予适当减免。研究建立研发风险分担机制，国家与地方加强联动，共同出资鼓励企业攻克产业前沿技术，对研发不成功的项目给予适当补偿，共同营造鼓励创新、宽容失败的社会氛围。

其次是民营实体企业税负依然偏高问题。目前，制造业企业已执行新的增值税税率，税率从 16% 下降到 13%，但企业税负暂时却没有明显减轻，原因在于下游企业存在税负转嫁现象比较严重，这也使企业利润明显下降。因此希望继续减少和取消部分行政性收费，降低企业用电、用气及物流成本，进一步落实减轻制造业企业税费负担政策。

最后是民营企业技能型人才资源短缺问题。随着制造业转型升级，佛山制造业整体对人才的需求出现了明显的结构化改变，复合型技能人才与高端人才成为需求重点。当前，人才供给的结构性短缺已成为制约企业发展最为突出的问题之一。主要原因在于，一是城市发展与服务制约高层次人才引进。高端人才，尤其是国际化人才往往对城市环境有着更高、更全面的要求，除了充足的事业发展平台和机会，子女教育、生活便利程度、生态环境以及相关的公共设施配套也是其考量的主要因素。企业引才已上升至能够影响城市发展大局的高度。然而，目前佛山的城市形态与城市功能，已滞后于现代产业发展和高端人才需求，与国内一些大中城市相比仍有一定差距。因此，作为非核心城市，佛山市政府及企业需要共同思考并创新高端人才的引育路径，破解区域能级障碍。二是复合型技能人才供给不足。佛山是制造业大市，高技能型人才需求量快速提升。据佛山市人社部门摸底调查，2018 年 2 月，企业技能型人才需求较大的职业及工种有：电气工程、机械工程师、计算机网络工程、外贸、质检、电工电器、结构工程师等。三是技能型人才培育环境有待改善。佛山是职业教育大市，正规教育和职业教育的比例已接近德国 1∶1 的合理水平。但在技能型人才培育上还存在一些突出问题，一方面，制造业人才培养投入总体不足，培训机构能力建设滞后，人才发展的体制机制障碍依然存在；另一方面，全社会对制造业人才的认识仍有偏差，重学历文凭、轻职业技能的观念还未从根本上得到扭转，企业职工和青年学生学习技能的积极性不高，制造业人才仍然面临发展渠道窄、待遇偏低等问题，人才成长发展的社会环境有待进一步改善。

（四）如何形成有利于高质量产品和企业生存发展的政策导向

以制造业为主体的实体经济需要源于顶层设计、紧扣企业需求、公正稳定有效的扶持政策和外部环境。全国各地的能源价格与政策差异较大。如，有些地方允许当地企业自行发电，提供的天然气价格也远远低于佛山地区的价格，于是产品的生产成本远远低于能源价格较高的南方地区，即使企业产品有较高质量及专利技术，但是在下游应用企业追求低成本高利润的当下，参与市场竞争也是非常困难。在中央扶持实体经济大背景下，应加快释放供给侧结构性改革新红利，加强国家层面的产业政策统筹，完善统一的产业扶持政策，适当整合各级各部门出台的产业扶持政策，破除政策碎片化，整合部门政策，扩大政策受惠面，形成全省乃至全国统一、系统的政策体系，努力营造更加公平的产业发展环境。研究建立研发风险分担机制，国家与地方加强联动，共同出资鼓励企业攻克产业前沿技术，对研发不成功的项目给予适当补偿，共同营造鼓励创新、宽容失败的社会氛围。

（五）如何配套推进要素供给侧结构性改革

进一步深化供给侧结构性改革，着力提高民营制造企业生产要素配置效率，特别是推动工业用地等要素供给侧结构性改革。随着改革的深入，优质企业在改革中借势向高质量发展再出发，企业急需新的工业用地。坚美铝材原有建材产品的品牌影响力及市场需求仍然非常巨大，但现在企业生产用地已经饱和。在新产品研发创新阶段企业需要一定的空间作为试验生产基地，同时，随着系统门窗及工业材等新产品的产业化，原有生产基地已经不能满足企业未来的发展需求。佛山市根据广东省工业用地保障政策，即与“三旧改造”挂钩，不增新量，存量调整，改多少给多少。要鼓励和培育制造业大项目、好项目，重点保障品牌企业、优质项目用地。按照供给侧结构性改革要求，把低效、低端、高污染的产能淘汰掉，为新兴产业和高质量企业发展更好配置要素和空间。

（六）如何让勇于改革的企业和地区拥有更大自主权限

佛山供给侧改革的成功案例，是政府、企业和市场在发展过程中不断相互影响相互促进的过程。改革需要付出一些基本合理的代价，但要保护被改革者正常合法的利益。佛山进一步推动转型发展，所面临的问题与全国其他地区存在共性，如何通过进一步的制度设计和安排，以及政策支持，让勇于改革的企业和地域拥有更大的自主权限，更好地推动改革走向更宽更深区域，在现有的制度环境下，需要中央层面给勇于改革的地方和企业进一步授权。建议中央不囿于可复制可推广，而是鼓励地方创新，勇于攻克体制机制障碍，在遵循宪法和法律、行政法规基本原则前提下，对法律、行政法规、地方性法规作适当调整，最大限度激发市场主体的积极性和创造性。

（执笔人：孙长学）

行业案例一

第九章

面向“十四五”的佛山制造：科技创新的担当与作为

自 2015 年 12 月获批成为全国唯一的制造业转型升级综合改革试点城市以来，佛山成功走出了一条“佛山制造佛山智造佛山创造”道路，佛山制造质量变革效率变革动力变革赢得全社会的普遍赞誉，为新时代我国制造业转型升级提供了鲜活的“佛山样本”。其中，科技创新的强力支撑是不容忽视的重要力量。面向“十四五”，聚焦佛山创造，研究认为，“佛山样本”尚存潜在隐忧，科技创新要在如何高质量地融合新产能的培育和旧产能的改造，在如何有深度地促进先进制造业和现代服务业的融合方面做足做实做好。

党的十九大报告明确提出，必须把发展经济的着力点放在实体经济上，加快建设制造强国。这是党中央积极应对我国传统制造比较优势弱化、竞争力下降而作出的战略部署。佛山是我国著名的现代制造基地，是我国民营经济和制造业的典范与缩影，工业经济总量长期稳居全国大中城市第五位、广东省第二位，在机械装备、有色金属、家用电器、纺织服装、陶瓷建材、塑料制品等产业领域培育了一批名企、名牌、名品，诸多特色鲜明、配套完善的产业集群在国内外具有较高知名度、影响力和竞争力。

自 2015 年 12 月获批成为全国唯一制造业转型升级综合改革试点城市以来，佛山成功走出了一条“佛山制造佛山智造佛山创造”道路，佛山制造质量变革效率变革动力变革赢得全社会的普遍赞誉，为新时代我国制造业转型升级提供了鲜活的“佛山样本”。国内诸多研究机构和学者对佛山转型升级的经验和典型案例进行了深入调研和系统总结[1]。耐人寻味的是，诸多机构和学者一定程度上忽略了科技创新的强力支撑，社会宣传也没有给予极大关注。这一点尤为值得深思。基于此，报告旨在面向“十四五”，着眼于佛山制造转型升级，探究佛山样本背后的成功经验和发展的潜在隐忧，以期提出符合实际的建议。

---

[1] 国家发展改革委产业经济与技术经济研究所（2018）认为，佛山突围制造业转型升级，是“八套组合拳”发力的结果：主动自我改革打造服务型政府，着力优化营商环境；双向发力降成本，构建降本减负长效机制；搭建行业服务平台，开辟传统产业抱团转型升级新路径；主攻智能制造，培育产业发展新动能；强化创新驱动，补齐创新能力不足短板；深化产融合作，破解融资难融资贵难题；强化人才和土地支撑，夯实转型升级基础；探索高水平开放新体制，深度融入全球产业链分工体系。

一、“十三五”佛山制造转型升级的宏观表现：科技支撑的力量

（一）数据表明佛山高质量制造一直是城市经济的重要增长点

“十三五”以来，佛山三次产业结构没有呈现出预期中的变化：从1.7：59.2：39.1（2016）到1.5：56.5：42.0（2018），服务业占比相对稳定在40%上下，远远低于全国和广东省水平。在2019年全国超过万亿产值的17个城市中，服务业占比排在最后一位。可以给予判断：制造业仍是全市最主要的经济增长点。据此提出第一个问题：佛山产业结构高度化进程徘徊不前吗？答案是否定的！佛山产业结构高度化主要体现在产业内部，特别是制造业内部。以下采集官方数据予以说明：2015年，全市先进制造业实现增加值1568.9亿元，高技术制造业实现增加值321.7亿元；2018年，全市先进制造业增加值比上一年增长7.4%[1]，高于优势传统工业增加值0.3个百分点，特别是先进装备制造业和生物医药及高性能医疗器械同比分别增长10.3%和18.4%，尤为引人注目。

以下指标更直观地反映了佛山制造业结构高度化的特征：2015年，先进制造业和现代服务业增加值占比为38.7%，拉动经济增长5个百分点，其中先进制造业拉动2.8个百分点；2018年，先进制造业和现代服务业增加值占比为46.6%，拉动经济增长3.46个百分点，其中先进制造业拉动1.57个百分点。高技术制造业一定程度上更能反映产业发展的技术渗透和资本深化：2015年，高技术制造业增加值占比为6.6%，拉动经济增长

[1] 2018年，佛山先进制造业增长率偏低的可能原因在于，高端电子信息制造业下降1.2%。

0.4 个百分点；2018 年，高技术制造业增加值占比为 4.5%，拉动经济增长 0.1 个百分点。以出口产品考量，2015 年，高技术制造产品出口总额为 209.1 亿元，占全市出口的 7.0%；2018 年，高技术制造产品出口总额为 224.0 亿元，占全市出口的 6.4%。另一项可以表达佛山产品结构高级化的指标是品牌。截至 2019 年底，全市有效期内的省名牌数量达 580 个，已连续多年位居全省第一，全市授牌及获批的“全国知名品牌示范区”、中国驰名商标均居全国地级市首位。

（二）投入产出分析结果显示，佛山制造转型升级的主导力量源自高技术投入和渗透

国家发展改革委产业经济与技术经济研究所（2018）研究判断，佛山制造成功的经验在于八大方面：一是坚持制造立市、做大做强实体经济不动摇；二是坚持把弘扬企业家精神和提振企业家信心作为转型升级的核心动力；三是坚持政府自我改革、营造企业发展的良好环境；四是坚持聚焦传统优势产业、推动制造业高质量发展；五是坚持产业组织创新、助力民营企业抱团发展；六是坚持把平台建设作为制造业转型升级的重要抓手；七是坚持把智能制造作为制造业转型升级的主攻方向；八是坚持把强化要素支撑作为制造业转型升级的基本保障。然而，没有醒目地点到科技创新的支撑作用。基于此，有必要运用投入产出方法进行数量分析，这是要阐释的第二个问题。

毫无疑问，制造业高质量转型升级需要高技术的渗透和融入，这是高技术的生产要素特征所决定的。利用广东省 2017 年投入产出表，挖掘佛山市可供有效使用的最新数据，得出以下计算结果（见表 9-1）。

表9-1　佛山市主要制造行业科技投入直接消耗系数（2012—2018）

部门	直接消耗系数	排名	部门	直接消耗系数	排名
交通运输设备	0.073471	1	陶瓷建材	0.040479	4
金属制品	0.059866	2	纺织服装	0.029383	5
电气机械和器材	0.050675	3	通信设备、计算机和其他电子设备	0.028606	6

资料来源：作者计算得出。

结论和解释一：佛山市主导制造产业技术需求明显高于全国平均水平。科技创新在支撑主导制造产业转型升级方面均发挥了积极作用。佛山是“创新型国家十强市”“全国科技进步先进市”和“国家知识产权工作示范城市”，助力广东打造科技产业创新中心位势进一步彰显。“十三五”以来，通过全面实施创新驱动发展战略，佛山走出一条“创新驱动、内生增长”的发展道路，逐步构建起以高端和重大创新平台为引领、企业为主体、市场为导向、产学研相结合的开放型区域创新体系。尤其是全力打造三龙湾高端创新集聚区、佛山国家高新区两大创新平台，集聚了更多创新资源，对推动佛山经济高质量发展发挥了积极作用。

结论和解释二：科技创新在主导制造产业转型升级过程中支撑作用有较大差别。从直接消耗系数看，高技术产业特征较为明显的是交通运输设备、金属制品、电气机械和器材三大门类均高于0.05，而陶瓷建材和纺织服装中低技术产业排名较为靠后。至于通信设备、计算机和其他电子设备制造业为什么呈现较低的技术需求特征，可能与佛山当前仍处于加工组装低端环节有关。

二、面向“十四五”的佛山制造：历史经验的可借鉴性

佛山制造转型升级的成功，得益于诸多因素的合力作用。其中，牢牢

依靠科技创新增加科技供给是关键，而增加科技创新投入，完善创新服务体系（如支持企业真正成为科技创新的主体、培育科研机构成为科技创新的中坚力量、大力发展科技中介机构、建立健全产学研技术创新互动机制，以及加强知识产权保护体系建设，以高价值专利引领高质量创新等）有普遍意义。国内诸多城市也有这方面的有益探索。比较有特色做法是：政府搭建平台，引导企业转型升级。

（一）基于政府作为的典型经验：科技平台搭建

聚焦科技创新，基于政府视角，科技创新平台建设有以下经验。一是科技创新平台，旨在提升佛山制造业创新能力。佛山以珠三角国家自主创新示范区建设为契机，依托国家高新区、广东工业设计城等既有平台，同时加快“一环创新圈”、三龙湾高端创新集聚区等平台规划建设，积极对接广深科技创新走廊。二是供应链平台，有效推动行业转型升级。佛山通过支持企业创建“众陶联”“众塑联”“众铝联”等一系列“众”字平台，帮助企业降成本、建标准、促创新、拓市场、减污染。三是区域合作和开放平台，提升广佛创新一体化水平。依托佛山国家高新区、广东工业设计城等既有平台，同时加快“一环创新圈”、三龙湾高端创新集聚区等平台规划建设，积极对接广深科技创新走廊，积极推动粤港澳大湾区国家自主创新示范区建设。四是金融服务平台，有效解决中小企业创新资金短板。依托广东金融高新区，在核心区内建设广东省唯一涉及各类基金业态的特色小镇——千灯湖创投小镇，打造珠西创投中心和融资租赁中心，搭建中小型创新创业企业融资平台。

有必要更深层次地探讨金融服务平台。科技创新归根结底是一种经济行为，除政府必要的政策优惠外，资本大规模投入是必需的。资本从哪里来？佛山有特色做法：一是建立全国首个国家知识产权投融资试验区，探索知识产权担保、贷款担保保险等多种知识产权质押融资模式，截至 2016

年底，累计推动企业成功质押知识产权196件，评估总值7.6亿元，企业相应获得金融机构授信2.1亿元；二是建设区域金融资源的集聚平台，特别是高标准、高水平建设广东金融高新区，着力建设“中国最佳私募股权及风险投资集聚区”，培育形成以银行类金融机构为主体，民间融资、融资租赁、担保公司、乡镇银行等民间金融机构协调发展的投融资体系，为制造业转型升级提供了金融支撑平台；三是建立区域产权交易市场体系，促进产权交易的市场化运作，股权质押融资和中小企业不良资产重组为制造业转型提供了高风险的风险投资服务，特别是白色家电产业的创新发展；四是指导商业银行加大对佛山先进装备制造业、高科技产业的信贷投放，出台“雄鹰计划”“选种育苗行动计划”等，扶持和培育技术含量高、成长性强、市场前景好的中小企业发展；五是成立战略产业发展基金，针对性地投向区域产业转型核心领域以及科技创新领域，市政府与深圳市创新投资集团有限公司共同组建创新创业试点产业基金，规模为100亿元，主要投资于高新技术企业，等等。

（二）示范案例剖析：基于企业的视角

佛山制造业转型的市场表现，主要体现在优势传统产业的技术改造升级，以及新兴产业的加速培育方面。以典型案例予以阐释。

1. 机械装备：“引进来”助力产业技术升级

佛山市坚持为我所用，倡导专业化招商，有针对性地引进国际项目，并以龙头项目带动上下游企业集聚成产业。通过成功引进一汽大众整车项目及爱信精机、本田变速箱等全球知名企业项目，培育了一批拥有核心技术的中小型配套企业，形成了汽车制造和高端装备等多个产业集群。

案例1：菱王电梯

2014年，菱王电梯投入大笔资金引进客梯轿底焊接机器人、井道件焊接机器人、上下梁机器人焊接等一系列国内外先进的生产试验设备，结合国际先进的电梯生产技术，建立起电梯钣金全自动柔性生产线、电梯结构件全自动焊接生产线等，为引领电梯产业向智能化制造转型升级发挥了积极作用。以开展的生产车间自动化、智能化升级改造项目为例，改造后公司年生产能力从原来的4000多台提升到8000台，订单生产周期从原来的7天缩短到5天。通过引入机器人结合自动化设备进行生产作业，同等产量条件下，使用机器人代替人工作业后，同一条生产线加工相同零件的用工人数比原来的岗位设置减少9人；假如在产量翻倍的情况下，企业的直接生产人员数量增加不超过50%，人力成本较大下降。而且，技术改造后极大地减轻了人工作业者的劳动强度和职业危害。

案例2：东方精工

东方精工产业转型升级的主要路径是：通过国内外并购及战略合作实现了“国际化”发展、全产业链延伸和战略转型。2013年，东方精工通过与意大利Fosber集团合作，在中国成立Fosber（Asia）合资公司，主要面对亚洲市场（特别是中国和印度）研发、生产高端瓦楞纸板生产线，成功实现Fosber品牌在全球的战略布局。与意大利EDF共同出资设立合资公司，生产与瓦楞纸箱印刷机配套使用的印前印后自动化设备。2014年，与嘉腾机器人合作。2015年，与意大利Ferretto集团合作，并设立中国合资公司，引领装备制造业向智能自动化的发展和升级。

2. 有色金属：坚持标准先行，倒逼企业改进生产技术提升品质

佛山市实行标准化战略，倒逼企业改进生产技术提升品质，促进生产经营方式转型升级。鼓励和要求相关企业承担用于产业调整及转型升级的“能源限耗”“清洁生产”等国家和行业标准。坚美和以其为代表的南海铝型材行业就是如此。

案例3：坚美铝材

为了做好行业领军，2013年，坚美铝材开始陆续进行技术改造，包括挤压设备燃料置换术改造项目、环境友好型门窗系统生产升级技术改造项目、铝型材挤压机及模具仓储智能自动化升级技术改造等十多项技术改造，前后投入将近5亿元。通过技改，坚美铝材掌握国际最新发展方向，及时收集与公司产品有关的国际标准、国外先进标准、国家标准和行业标准1000余项，掌握了国际国内的新技术和新标准的发展方向，建立了标准信息库。目前，坚美铝材畅销全国，远销非洲、拉丁美洲、澳大利亚、加拿大、美国及欧洲等40多个国家与地区。

案例4：坚美铝材

作为系统资源整合者，坚美铝材为了提升产业链位势，强化技术研发和外援性技术运用，努力提升产品设计、安装、服务等标准的输出作用。门窗技术、设计、材料、加工的实施标准与路径均由坚美铝材制订、掌控，通过设计、标准的输出，引导制造业领域的配件商共同实现系统门窗的制造。正是由于力承标准制定者角色，坚美铝材由产品提供商转向包括服务在内的综合提供商，由产业链上游单一产品转向产业链下游终端系统，由生产好铝材逐步向做好门窗方向发展，由输出铝材向输出门窗设计、标准、服务、解决方案发展。

案例5：华昌铝业

面对国内铝材业产能过剩严重、需求放缓，在欧美发达国家“高端回流”和新兴国家“低端分流”的双重挤压以及成本居高不下的压力，华昌铝业从欧美及日韩多国引进顶尖技术和高端设备。如，引进美国格兰克双牵引机、5000美吨挤压机、全自动立式氧化电泳生产线、挤压磨具数字模拟设计技术等，积极拓展铝型材的应用领域。通过引进9000吨大型挤压设备，开展了大型复杂断面铝型材和新型合金材料的研发，在轨道交通等领域，成功研发了“和谐号”列车用铝材、轨道列车用高导电汇流排铝合金型材、高强度铝合金人行天桥桥梁骨架等产品。通过开发磁悬浮快线等高精尖项目，实现年产能超25万吨。

案例 6：坚美公司

全程参与《铝及铝合金阳极氧化膜及有机电泳复合膜》国际标准制定。2017 年，将《铝及铝合金阳极氧化膜及有机电泳复合膜》国际标准制定翻译成多国语言正式发布，一举打破欧洲与美国的技术贸易壁垒，对于占全球铝材产业近半产量的中国有着决定性意义。近年来，坚美已主导或参与 40 项国家标准、行业标准（其中主导 5 项，主要起草 18 项，参与起草 17 项），且还有 11 项国标和行标正在起草和报批中。

3. 家用电器：依靠技术更新，提高产品质量和生产效益

质量和效益是企业生存和发展的生命线。质量提升靠创新，效益提升靠质量。佛山市努力引导企业走拥有自主知识产权、自有核心技术、自主品牌的“三自”式发展道路，以期改变传统制造业企业代工生产模式，加快制造环节与先进技术的融合，广泛利用高新技术和先进实用技术改造提升传统制造业，改变传统制造产品的技术基础、产品结构和产业结构，实现制造业“先进性”。

案例 7：科日电子

2001 年，科日电子遭遇同行仿造和价格战一度发展受挫。2004 年开始，为让所有产品朝着科技创新方向发展，更结合客户需求做 ODM 定制生产，加强品质管控，厂线上所有产品做到 100% 检测率。其生产的雾化器的出雾量每台之间的误差在 20% 以内，优于同行 30% 的误差率，产品耗能比同行低 30% 。

案例 8：昭信集团

2006 年始，昭信集团对产业重新定位，以退为进，大胆将当时还有盈利的玩具厂、鞋厂、家具厂逐步砍掉，将电子纯加工生产环节转移出去，集中精力进行产业升级改造，重点发展电子、金属、LED 设备、光电等行业。2010 年以来，昭信集团瞄准环保节能领域，通过与多家高等院校、科研院所进行产学研合作，逐步建立起以 LED 新光源产业为主体的新型产业群体，拥有国内外百余项产品及技术专利。

4. 纺织服装：以技术推动产品结构升级

面对传统纺织品市场的萎缩，面向产业用纺织品，佛山市鼓励和支持企业根据市场导向，加快创意、技术、功能等方面的产品设计创新，研发附加值高的面料和服装产品，极大地促进了产业升级。具体路径为“引进成熟技术–消化吸收–模仿创新、合作创新–自主产品创新”，推动传统产业由低端到中高端转变。企业则把重点放在附加值高、技术含量高的生产环节上，抓关键零部位、关键技术，将初加工工序转移外包，推进产品结构升级。

案例 9：致兴纺织

1999 年，致兴纺织建立牛仔布厂，开始从贸易公司专项企业生产。此后，最终明确了高端牛仔面料研发生产的定位，生产具有高科技含量的高级布产品。实现了传统劳动密集型产业产品通过广泛采用高新技术，向高新技术产业产品的转换。

案例 10：瑞洲科技

瑞洲科技把重点放在附加值高、技术含量高的生产环节上，抓关键零部位、关键技术的投入，将一些初加工的工序转移外包出去。从最初的做鞋开始，进入设备制造业，沿着“设备加工、装配–辅助制造 CAM 设备–辅助设计 CAD 系统”，全系列新品都将搭载行业最领先技术，为客户提供差异化的产品和差异化的服务，提供信息化、自动化的产品和设计、数控加工解决方案。企业处于产业链的上游，数控皮革切割机产品整体市场占有率为 7.8%，位居行业第一位。

5. 陶瓷建材及其他：建立以先进数字制造为基础，与信息、商业、文化等服务业互相融合的产业体系

积极推动绿色能源、智能网络、节能环保等战略产业率先获得突破，从根本上改变对传统能源和能耗方式的依赖，帮助高技术产业摆脱制约向前发展的能源桎梏。在能源供应、通信、交通、网络、材料等方面积极构建适应新产业革命要求的配套基础设施，实现产业转型升级的能源绿色化和用能高效化。现代网络技术、信息通信技术和交通运输技术所支撑的产业跨区域联动机制逐步深化，为产品和要素流动提供了统一的更大范围的市场体系。

案例 11：维尚公司

维尚公司积极促进生产技术与信息技术紧密结合，采用满足个性化需求的“定制化”柔性生产技术，将消费者从过去被动地接受产品转变为主动参与到产品的设计、制造中来，实施全程数码服务，最大限度地满足消费者的个性化需求，真正实现了“大规模定制技术”。与同行业相比企业经济技术指标如下：生产效率是传统模式的 9 ~ 10 倍；材料利用率从行业平均 85%，上升到 93%；出错率从行业平均水平 5% ~ 8% 下降到 1% 以下；实现成品零库存，规避了企业库存占用流动资金及产品跌价风险；资金周转率很高，相比传统同行年资金周转率 2 ~ 3 次，提升至 10 次以上。

案例 12：蒙娜丽莎

定位高端，注重创新。蒙娜丽莎自 2008 年开始谋求转型升级，加强技术改造、优化岗位配置、降成本、提效益，年产值连续保持两位数以上增长。在产品开发与设计中，通过创新获取品牌溢价。近年来，先后研制出雪花白、微晶石、陶瓷板、轻质板等 39 种具有国内外领先水平或先进水平的新产品，均通过省市级以上科技成果鉴定或新产品鉴定，已形成涵盖陶瓷砖、陶瓷板、瓷艺三大系列产品的产品结构，是国内建陶行业产品线最长的企业之一。

以汇聚外智外导向，蒙娜丽莎努力建设省市区三级院士工作站、博士后科研工作站、国家认定企业技术中心，汇聚了更多科研资源、人才优势，为产业创新提供了更大平台和智力支持。蒙娜丽莎新型材料集团“高耐候性艺术薄瓷板”项目曾荣获广东省科学技术奖二等奖殊荣。

三、面向“十四五”的佛山高质量制造：科技创新支撑谨慎乐观

面向“十四五”，佛山“制造立市”发展观是必须要坚持的；传统制造向质造智造创造转型是必须要把握的。其中之关键在于，如何利用科技创新的力量助推制造业转型升级。

（一）科技创新正在迎来新的全球大科学时代，佛山制造准备好了吗

聚焦产业发展，从美、日、英等科技大国强国的投入方向看，预判未来10年，全球科技投入可能取得重大突破的科技领域有：人工智能、物联网、混合现实、4D打印、数据区块链、量子计算、人类增强、下一代基因组学、储能技术、先进材料等十项技术。新一轮产业革命进入成熟期后将大幅提升全球生产率，主要通过两个途径实现。一是“互联网+”，特别是“互联网+制造业”，推动制造业复杂化、降低制造业成本、增强制造业的及时响应能力，从而大大提高传统制造业的效率。二是可能出现一些引领全局的技术和产业变革，特别是如果机器人和人工智能技术取得突破性进展并被广泛使用，不但工人、店员、快递员、司机等普通工作被机器人替代，像翻译、医生、记者、经理、研发等知识创造型工作也会被人工智能取代。整个社会的生产、消费、分配体系将出现空前变化，甚至边际递减等经济理论也要改写，这种变革的能级和冲击不亚于前三次工业革命。

佛山市作为中国制造重镇，必须要在这十项先进技术方面率先作为，以取得市场垄断利润。令人遗憾的是，十项技术以基础研究为主，而佛山制造则以应用技术为主。这种技术结构支撑的产业升级的可持续性值得怀疑。而开展基础研究，需要的人才、设备以及技术储备，佛山很难短期内

达到“阀值”标准。另外，佛山优势传统产业经过长期的技术改造，已普遍跨入中技术产业门槛，对高技术需求更加旺盛。未来可能出现高技术断供的风险，不可不予以高度重视。

而且，佛山长期以来依赖的外源性技术输入面临的困境是，关键领域的科技国际合作存在脱钩可能。未来10年，先发国家竭力维护其科技优势地位，限制人才和技术流动，推行科技霸权，我国科技创新的外部环境可能进一步恶化，与发达国家特别是美国在5G、人工智能等关键领域的合作发展存在完全脱钩、相互隔离的可能。

客观上看，我国正大踏步地由科技大国迈向科技强国，部分高科技领域的竞争力逐渐上升，在量子技术、人工智能、5G等新兴技术领域取得了非常显著的突破。据《日本经济新闻》报道，全球新一代通信标准5G的专利申请数量，中国占比达到34%，是现有4G标准的1.5倍以上；5G标准必要专利中申请数量最多的企业是华为，占到15.05%，华为在基站设置相关专利等方面，远远超过竞争对手。即使如此，佛山产业迈向中高端，完全依赖购买国内先进技术的“路径依赖”，也面临着价格高昂、竞争加剧的巨大压力。

（二）以科技创新促制造业升级：佛山要持谨慎乐观的态度

学术界经过长时间的跟踪研究，发现全球生产率随经济周期波动而起伏，而且主要由全要素生产率（TFP）减速导致。有些经济学家甚至悲观地认为，“十四五”时期乃至未来10年内，全球生产率有可能进一步趋势性下降：发达经济体TFP增长逐渐趋同并接近零增长，我国TFP增速由2007年的8.2%已降至3.3%上下，即使如此，仍是全球主要经济科技大国中最高的。从科技作用于产业的长周期发展看，新一轮科技创新和产业革命还没有出现引领全局的新技术新产业，目前新经济以替代效应为主[1]，进一步拉低了科技创新对生产率的正向作用。

可以给予如此解释：新产业革命提升生产率具有不同于以往的新方式[2]，很大程度上是对现有技术的集成运用和商业模式创新，是主要由需求侧引发的产业革命。新产业革命提升生产率的作用方式也与过去大不相同，可能由少数重大技术突破对生产率的广泛支撑作用，转变为大量技术和商业创新对生产率的持续支撑作用。如智能制造、人工智能等，将完全改变甚至颠覆现有制造模式。与此同时，提升生产率的周期普遍缩短。由于过去的经验积累和信息化、全球化进程加快，创新向产业的转化速度、产业的生命周期、创新在国际间的模仿复制过程都加快，这有利于在较短时间内提升各国乃至全球生产率，但生产率也会更快递减。因此，新产业革命背景下要想保持生产率增长稳定，必须要有持续的科技创新作为支撑。

着眼“十四五”，对佛山科技创新驱动产业升级要持谨慎乐观态度。一是科技经济增长贡献率正在全球呈现趋势性下降，中国也不例外，作为制造重地的佛山表现尚待观望。二是佛山缺乏具有引领特征的颠覆性技术创新的储备，诸多现有中端技术难以集成。三是佛山企业结构以民营企业和中小企业为主，一定程度上限制了全市科技视野和创新能力。科技部2018年公布的佛山3949家高新技术企业，比较鲜明的特征仍是多以应用技术和工艺流程改造为主。未雨绸缪，佛山各界要做好提前量。

---

[1] 例如，新能源汽车主要改变的是传统燃油汽车的动力方式，一方面不会像汽车诞生后带来的大规模公路建设、运输效率大大提高、城市规模扩大等巨大的创造效应，另一方面还会取代传统汽车和加油站等。新经济其他领域也有类似的情况，如电子商务替代传统贸易，网上商城替代传统零售商店，共享汽车替代出租车等。这些新经济虽然提高了效率，但考虑到对原有经济的替代和“挤出”，其净创造效应往往小于预期，对生产率的净提升作用也不明显。

[2] 过去三次产业革命，一般都以重大理论发现为基础，以原始创新和重大技术发明为前提，逐渐形成一系列的新产业，是主要由供给端引领的产业革命。

四、面向“十四五”的佛山制造：科技创新如何促进三大融合

面向“十四五”乃至更长一段时期，佛山制造必须要走出一条“佛山质造佛山智造佛山创造”的道路。佛山制造、佛山智造、佛山创造，实质上就是如何解决好三个问题。一是如何高质量地融合新产能的培育和旧产能的改造；二是如何有深度地促进先进制造业和现代服务业的融合；三是如何更高效地促进佛山制造和佛山科技与粤港澳大湾区的融合。科技是第一生产力，创新是引领发展第一动力，科技创新要在建设好城市、发展好产业方面做足做实做好。

（一）新产能的培育和旧产能的改造高质量地融合：在大力发展高技术产业的同时，鼓励支持应用高新技术、先进适用技术改造提升传统产业

面向经济主战场，着眼于新兴产业的培育，瞄准国际领先技术，致力于移动通信、航空制造、高速铁路、新能源汽车、半导体照明、能源电力、高端装备等重点，着力引进和培育若干高技术产业项目，通过“干中学”努力形成技术“外溢效应”。有计划地引进国际前沿水平的材料科学、计算科学、生命科学、临床医学等领域的研究团队，形成强大的技术储备。在国内外部分先进技术集聚区域建立创新孵化联络点，及时跟踪对接技术创新前沿动态。鼓励家电、陶瓷、金属材料、装备、纺织、家具等企业，研发、购买运用量子技术、人工智能、5G 等新兴技术。特别是利用好 5G 技术使用的“窗口期”，超前谋划、及早布局，占领产业结构制高点。

力促传统制造业技术改造升级。强化市场力量，鼓励采取多种形式，促进新兴产业企业购并、重组家电、陶瓷、金属材料加工与制品、纺织服装、家具、电子类企业。发挥政府引导作用，对中低技术类行业企业引进或新建扩建的有自主知识产权、有核心关键技术、有市场前景的一定投资额以上的工作母机类制造业项目以贴息、事后奖补等方式给予支持。推动

传统制造业与“互联网+”跨界融合，引导扶持企业开展机器人及智能装备应用，按设备购置费给予一定财政补贴。

（二）先进制造业与现代服务业深度融合：发挥科技创新在制造业服务需求过程中的拉动作用，鼓励前沿技术、现代服务的供给推动

致力于打造一批智能工厂、智慧园区。深化工业化和信息化融合，实施“互联网+制造”示范工程，利用移动互联网、云计算、大数据、人工智能等新技术改造传统生产方式、产业形态、商业模式，建设一批智能工厂、智慧园区，促进制造业数字化网络化智能化发展，提高产业运行效率。支持制造业企业加快数字化、网络化、智能化改造，打造智能工厂，每年选取3～5家企业试点建设智能工厂/数字化车间，加快人机智能交互、工业机器人、智能物流管理、增材制造等技术和装备在生产过程中的应用。围绕企业研发数字化、装备智能化、生产自动化，紧扣关键工序自动化、关键岗位工业机器人替代、生产过程智能优化控制、供应链管理智能化，加快推进多种形式的智能车间（工厂）建设。提高智能装备和技术支撑能力，围绕机械装备、金属制品、纺织服装、陶瓷建材等重点行业智能化生产需求，以提高装备智能化率、劳动生产率、产品优等率、节能减排率、生产安全率为主攻方向，大力加强科技研发，着力提升高端智能装备及核心部件研发水平，全面突破设计、工艺、试验、检测等关键环节，推广应用新型制造模式。

强化国际前沿技术供给。建设一批高水平的科研院所。深化与中国科学院、清华大学、卡内基梅隆大学等科研机构合作，鼓励985、211等重点高校以及国内优秀理工大学在佛山建立分校、研究开发机构或与企业联合建立技术中心。依托中德工业服务区，建立特色优势产业知识产权快速维权中心。进一步促进知识产权的商业化。建立完善以专利、商标、版权、商业秘密等为主要内容的知识产权体系，培育核心知识产权，增加知识产

权储备。培育评估、交易、转化、托管、投融资等增值服务。构建市场导向的科技成果转移转化机制。探索知识产权资本化、证券化交易。完善科技成果转化机制。支持国内外技术转移机构落户佛山。努力畅通科技成果转移和转化渠道，加快研发成果转化为产业和实际运用的步伐。

（三）加快推进粤港澳大湾区创新驱动先锋城市建设：强化科技创新开放发展

继续按照建设国家创新型城市的要求，围绕聚集创新资源、打造创新平台、优化创新环境，深入实施创新驱动发展战略，为制造业转型升级注入不竭动力。一是结合企业对技术创新需求，依托优势新型研发机构或龙头企业，采取多种方式建设一批大型综合研究院、行业创新平台、检测中心、设计中心、中试基地等公共创新平台；以关键共性技术、前沿引领技术、现代工程技术、颠覆性技术创新为突破口，加大政府创新投入，加强基础研究，提升应用研究，提高科技成果转化率。二是积极引导和择优支持条件成熟的联盟建立营利或非营利性质的研发机构，探索在制造业关键领域通过产学研合作及多元市场化投入机制推动行业重大技术创新，鼓励技术联盟企业以资本为纽带形成更为紧密的合作伙伴关系，集聚人才、科技、资金、品牌等优质资源，推动核心技术研发及成果转化。三是坚持“引进来”和“走出去”相结合完善创新体系，吸引国际一流大学、科研机构、跨国公司在佛山设立研发机构和科研合作基地，鼓励有条件的本土科技企业通过新建、并购或直接投资等方式，“走出去”设立海外研发机构，用好全国乃至全球的创新人才、创新资源和创新要素。四是强化融入粤港澳大湾区科技创新体系，充分借助香港–深圳的创新优势、珠海–澳门的开放优势，以及广州–佛山的产业优势，走出一条有佛山特色的开放创新道路。

参考文献：

胡志坚，2017. 技术革命的机遇与挑战［J］. 科技中国（10）：44–45.

李强，余吉安，2016. 世界主要科学中心和创新高地比较与借鉴研究［J］. 科学管理研究，34（6）：113–116.

柳卸林，高雨辰，丁雪辰，2017. 寻找创新驱动发展的新理论思维：基于新熊彼特经济增长理论的思考［J］. 管理世界（12）：9–19.

柳卸林，葛爽，2018. 探究20年来中国经济增长创新驱动的内在机制——基于新熊彼特增长理论的视角［J］. 科学学与科学技术管理，39（11）：4–18.

吕薇，2018. 新时代中国创新驱动发展战略论纲［J］. 改革（2）：20–30.

吕薇，马名杰，戴建军，等，2018. 转型期我国创新发展的现状、问题及政策建议［J］. 中国软科学（3）：11–17.

穆荣平，樊永刚，文皓，2017. 中国创新发展：迈向世界科技强国之路［J］. 中国科学院院刊，32（5）：512–520.

王志刚，2019. 坚持“三个面向”战略方向加快建设创新型国家和世界科技强国［J］. 行政管理改革（3）：4–11.

薛澜，2018. 中国科技创新政策40年的回顾与反思［J］. 科学学研究，36（12）：3–5，11.

（执笔人：刘中显）

行业案例二

第十章

佛山陶瓷行业供给侧结构性改革研究

——佛山陶瓷行业的转型升级之路

中国是陶瓷制造大国、消费大国和出口大国。中国陶瓷生产总量占世界64%，陶瓷出口全世界100多个国家和地区。中国陶瓷看佛山，佛山陶瓷出口总量占全国的60%，是世界最大的陶瓷品牌中心、交易中心、信息中心、人才中心、配套中心、研发中心和出口中心，拥有全球最大、产业链发育最完善的陶瓷产业集群区。佛山历来有“南国陶都”之称，“有建筑就有佛山建材”，很大程度指的就是佛山陶瓷。然而，随着国内市场的需求减少和环保要求提高，佛山陶瓷行业面临严重产能过剩和低端同质化竞争等问题。为此，佛山市政府和陶瓷企业积极应对，大力推进供给侧结构性改革，推动产业转型升级，以实现高质量发展。这一过程中遇到了巨大的挑战和困难，有些企业成功突围，有些没有突围出来，在面临中美贸易战和国际反倾销力度加大及印度和越南瓷砖挑战等背景下，以佛山陶瓷为代表的中国陶瓷行业的未来突围方向在哪里？佛山陶瓷行业供给侧结构性改革有哪些经验教训？如何推动佛山陶瓷产业成长为世界级产业集群？本章通过案例分析研究佛山供给侧结构性改革的成效和面临的机遇和挑战，探讨佛山陶瓷行业转型升级之路，为未来中国陶瓷行业的发展指引方向。

一、佛山陶瓷行业发展现状

社会各界对陶瓷行业的传统认知是“拼规模、拼价格、重污染”。然而，从2008年实施“腾笼换鸟”，到当前的环保督察，佛山陶瓷经过十年的转型探索，已走在了全国陶瓷行业的前沿，代表着行业先进生产力和品牌价值，走出了一条创新发展之路。

（一）佛山是全球最大的建筑陶瓷生产基地

佛山陶瓷主要为建筑陶瓷，生产规模大，市场占有率高。目前，以佛山为主导的中国建陶装备市场规模100亿元左右，占全球市场的1/3。在佛山“2+2+4”产业集群发展格局中，陶瓷业占有重要的一席之地[1]。佛山陶瓷产业规模以上工业企业240家，其中有窑炉、具备生产能力的陶瓷企业62家，生产线330多条，从业人员超过10万人，形成瓷砖生产、装备制造、陶瓷化工、产品研发、物流运输、品牌建设、终端零售等完整的产业体系。2017年，佛山生产陶瓷墙地砖11.45亿平方米，规模以上工业总产值937.06亿元，占全国总产量的12%左右，加上佛山陶瓷企业在外地设厂生产的产量，占全国总产量的40%以上。强大的生产能力使佛山成为世界最大的陶瓷交易中心，佛山陶瓷销量占全国60%，拥有中国陶瓷城、瓷海国际、陶瓷总部基地、华夏陶瓷博览城等多个交易基地；佛山是世界最大的陶瓷配套中心，陶瓷机械销量占全国80%、占全球50%，陶瓷色釉料销售占全国50%，陶瓷模具等销量占全国30%以上；佛山是世界最大的陶瓷出口中心，出口总量占全国的59.8%[2]。

[1] 鲍杰军．新生态下，佛山建陶装备业如何突围？［OL］．［2019-09-24］．佛山陶瓷网．
[2] 佛山市人民政府研究室．佛山陶瓷产业转型升级报告［J］．调研与建议，2018（11）．

（二）佛山陶瓷总部经济较为发达

佛山大力发展陶瓷总部经济及现代服务业，鼓励设立企业总部、研发中心、检测中心、营销中心等，推动陶瓷行业信息流、人才流、资金流在佛山集聚。佛山成为世界最大的陶瓷信息中心，陶瓷媒体达36家，全国陶瓷论坛基本由佛山陶瓷媒体承办。自2002年起，每年举办两届的佛山陶博会已成功举办29届，是中国陶瓷及卫浴品牌企业最多、规模最大、聚集效应最强的专业会展。全国和世界50多个陶瓷品牌企业以及全球10大卫浴品牌已进驻中国陶瓷产业总部基地，作为行业价格风向标的中国首个陶瓷价格指数也在佛山制定与发布。

（三）佛山陶瓷品牌经济效益突出

佛山是世界最大的陶瓷品牌中心，拥有陶瓷品牌8000多个，占全国的八成左右，拥有蒙娜丽莎、东鹏、新明珠、新中源、金意陶、宏宇、欧神诺等大批知名品牌，获中国驰名商标55件、占全国同行近七成，拥有省著名商标180件、省名牌企业45家，被国家质检总局批准为全国陶瓷知名品牌示范基地。2016年，国家质检总局对佛山陶瓷品牌评价为429.56亿元，潜在价值825.74亿元，在中国制造业区域品牌价值评价排行榜上位居第四。“佛山陶瓷”成为行业高品质的象征和最响亮的区域品牌，时至今日，全国不少外地陶瓷企业仍沿用或盗用“佛山陶瓷”名号销售产品，以获得消费者的认可。

（四）佛山陶瓷生产研发能力国内领先

佛山建筑陶瓷研制和工艺创新处于全国领先地位，大规格抛光砖技术已达世界领先水平。新产品不断推陈出新，如微晶砖、微晶玻璃板材、微晶玻璃陶瓷复合砖、超薄超轻板材、超大规格抛光砖以及抛釉砖、喷墨印花砖等系列产品。据统计，全市拥有19家陶瓷和陶机高新技术企业，陶瓷企业拥有国家级工程技术中心 2 个、省级企业技术中心 11 个，参与制定国家及行业标准 38 项。佛山大型陶瓷企业如新明珠、新中源、宏宇、东鹏等都设立了陶瓷培训学院，培养各类专业技术人才。

（五）佛山陶瓷绿色生产水平加快提升

佛山环保监管严、行动早。2008 年，在全国最早打响陶瓷产业环保整治攻坚战，推动陶瓷企业率先推行节能减排、清洁生产等工作，62 家重点企业全部实现污染物达标排放。在环保监管高要求下，陶瓷企业通过绿色制造提高生产效能的内生动力持续增强，也促进佛山陶瓷产业在全国率先建立起绿色生产的领先优势，更能积极有效地应对新一轮环保督察。如蒙娜丽莎是业内最早践行“绿色制造”的陶瓷企业之一，入选了工业和信息化部发布的 2017 年第一批绿色制造示范名单。

二、佛山陶瓷行业供给侧结构性改革的必要性分析

从自然资源约束的需要、国家发展战略的需要和企业自身发展需要三个维度来看，佛山陶瓷行业亟须大力推动供给侧结构性改革，着力提高陶瓷行业供给体系质量和效率，推动陶瓷行业提质增效转型升级。

（一）自然资源制约的需要

随着能源、矿产资源日趋短缺，空气水土污染严重，受自然资源约束，要求佛山建筑陶瓷行业进行供给侧结构性改革。传统陶瓷行业具有高污染、高能耗特点，其对环境的负面影响不可忽视。佛山陶瓷主要是建筑陶瓷，中国的建筑陶瓷产量年均已超过 100 亿平方米，是世界第一建筑陶瓷生产大国。然而，每年的建筑陶瓷废料产量在 1000 万吨左右，中国现有的技术水平难以有效利用这些陶瓷废料，同时陶瓷废料管理相关的法规、

政策不够完善，陶瓷废料的综合利用率较低。若这些体量巨大的陶瓷固废料不能得到合理处置而随意堆放，将会对大气、水体、土壤造成严重污染，破坏生态环境。

（二）国家发展战略的需要

创新驱动战略和可持续发展战略要求佛山陶瓷产业加快科技创新。党的十八大明确提出创新驱动发展战略，以提高我国的社会生产力和综合国力。佛山陶瓷行业在过去几十年的发展中，凭借廉价的劳动力和以牺牲环境为代价获得低成本优势而取得迅速发展。但随着国外市场频繁遭遇反倾销调查、国内房地产市场萎缩、消费者需求发生明显变化、生产成本大幅上升等，导致佛山陶瓷行业整体产能过剩。2017 年，中国陶瓷行业产能过剩约 40%，属于产能严重过剩的行业。由于传统的低成本优势已不在，要求佛山陶瓷行业加快供给侧结构性改革，通过技术创新形成新的优势。同时，可持续发展战略要求佛山加快淘汰落后产能，以市场需求为导向进行自主创新，增加研发投入，优化产品结构，提高产品质量，扩大有效供给，满足人们的品质消费需求，推动陶瓷行业可持续发展。

（三）企业自身发展的需要

佛山陶瓷行业进行供给侧结构性改革源于企业自身发展需要。一方面企业要满足顾客高品质、多样化的需求。随着人民收入水平和生活水平的提高，消费者需求向更高品质、更加多样化的方向发展，更加追求高品质、时尚、健康、绿色这些个性化需求，更加注重品牌和产品性能，对陶瓷的消费需求也由低端转向高端，由价格敏感转向对品质品位的追求。陶瓷企业要以市场需求为导向，通过研发新产品、赋予产品更多的文化内涵并提升专业化服务水平，提高产品的附加价值，增强客户的粘性，进一步增强企业的核心竞争力。另一方面企业要实现利润最大化的目标。传统陶瓷行业普遍面临国内企业“拼规模、拼价格”现象，同时面临国际上印度砖和越南砖的低价竞争和市场竞争，造成中国陶瓷生产和出口大幅下滑。因此，佛山陶瓷亟须进行供给侧改革，提高产品附加价值，抢占产业价值链的高端市场，提高企业利润，这是未来佛山陶瓷行业的发展方向所在。

三、佛山陶瓷行业供给侧结构性改革的现状与特征

佛山陶瓷行业在供给测结构性改革推动下，实现了产品向尖端发展，制造向服务延伸，更加注重绿色环保，积极推动智能制造。

（一）产品尖端发展

佛山陶瓷行业供给侧结构性改革起步较早，重视创新推动作用，加大研发投入，推动陶瓷产品由传统的中低端的陶瓷墙地砖为主导向高端高附加值的工程陶瓷和功能陶瓷研发应用转变。生产方面，大力推动技术改造，提高机械性能，推动陶瓷产业实现工艺创新和产品升级，建立工艺设计中心。管理方面，管理中融入艺术管理思维，实行人性化管理，推动陶瓷产品向尖端发展。目前佛山成为世界最大的陶瓷研发中心，拥有各类国字号研发机构 12 家。

（二）生产向服务转变

佛山陶瓷行业在转型升级的路上，逐渐由注重生产规模向生产与服务并举，更加注重服务质量的提升这一过程转变。如，广东新润成陶瓷有限公司加强品牌建设，注重产品销售的同时更加注重提升服务水平，主动与装修公司合作，根据产品特性参与到设计环节之中。

（三）注重绿色环保

佛山陶瓷行业属于国内最早进行升级改造、实施节能减排和绿色制造

的行业。《广东省2018年蓝天保卫战实施方案》下达佛山市建筑陶瓷产业“煤改气”任务为64家、生产线353条，全部覆盖佛山市现有陶瓷生产企业。佛山市政府大力支持企业实施环保技改项目，推动陶瓷产业“煤改气”建设，推动新建工程的绿色投入，打造陶瓷生产绿色产业链。

(四) 智能制造发展

陶瓷企业普遍意识到智能制造是制造业的发展趋势，都有进行技术改造的强烈意愿。如金牌公司投入2.2亿元建成智能自动化生产线，减少了73%的人工，成为国内能够生产超大规格陶瓷大板的企业之一。用机器取代劳动强度高的、作业环境差的环节，提高自动化水平，实现自动化与信息化融合。又如蒙娜丽莎通过智能化生产线，在2016年实现了由原来一个班56人减少到现在的10人，未来还有提升空间，预计4个人就可以。欧神诺公司从窑炉到自动包装做到整条线高度自动化水平，涉及煤气、喷釉、粉尘危害、高温、大体力等劳动作业工序、工艺实现了自动化、智能化生产。

四、佛山陶瓷行业供给侧结构性改革评价

2008年，佛山实施“腾笼换鸟”战略，开启佛山陶瓷产业转型升级之路。经过十年的探索，目前，佛山已走在了全国陶瓷行业的前沿，行业整体竞争力得到极大的提升，供给侧结构性改革取得了显著成效，但也面临企业成本上升、环保督查收紧、自主创新能力有待提高等问题和挑战。

(一) 积极作用

1. 实现“三去一降一补”

通过资本市场的兼并重组可去产能、通过优化金融资源配置可去杠

杆、降低企业融资成本达到降成本的目的，突出重点全面补短板。

2. **环保取得积极成效**

严格的环保政策导向是陶瓷产业转型升级的重要推动力。佛山贯彻实施环保政策也大大快于其他地区，推动佛山陶瓷企业较早开始环保转型升级。佛山采取“扶持壮大一批，改造提升一批，转移淘汰一批”的措施，关停转移了304家中小陶瓷企业，仅保留62家重点企业，全面达到国家颁布的环保标准。如蒙娜丽莎是业内最早践行“绿色制造”的陶瓷企业之一，蒙娜丽莎通过技术导入，对污染物进行协同控制，实现超低排放，颗粒物二氧化硫氮氧化合物远低于国家标准，属于国内领先国际先进的超低排放，并入选了工业和信息化部发布的2017年第一批绿色制造示范名单，入选第三届中国质量奖及提名奖建议名单，这对陶瓷产业实属不易。

3. **优质资源集聚**

佛山作为全国乃至全球最大的建筑陶瓷生产基地，聚集了大量的陶瓷企业的总部。同时，聚集了陶瓷研发中心、检测中心、营销中心等，推动陶瓷行业的技术流、资金流、信息流、人才流、物流在佛山集聚，是中国陶瓷产业整合、发展、提升的高端领地。

4. **国际市场竞争力增强**

随着近年来环保督查力度加大，一些实力弱环保不达标的企业关停并转，目前佛山留下的基本都是有实力的陶瓷核心企业。这些陶瓷核心企业掌控着陶瓷行业的关键技术、核心产品、营销网络和行业标准话语权，能够带动相关产业聚集，提升了优质资源的整合与协同能力，实现产业发展提质增效，增强中国陶瓷行业的国际竞争力，进而主导国际陶瓷产业链、供应链的发展，大幅提升了中国陶瓷行业的国际话语权和标准制定主导权。

（二）主要问题

佛山陶瓷产业在转型升级的过程中克服了重重困难，具备了强大的国际竞争力，但仍面临一些问题和挑战，佛山陶瓷产业转型升级依然任重而道远。

1. 营业利润持续下降，市场空间受限

近年来，由于房地产市场萎缩导致陶瓷行业萧条，陶瓷行业产能过剩严重，处于产能出清阶段。佛山陶瓷行业营业利润持续下降，陶瓷行业工业总产值增速从 2013 年的 17.8% 下滑至 2017 年的-6.7%；主营业务收入增速从 20% 降至-4.5%；营业利润增速从 7.3% 降至-11.7%；营业利润占主营业务收入比重从 6.6% 逐年下降到 4.9%。同时随着环保要求日益提高，佛山陶瓷企业加快向周边和内陆地区转移，部分产能外迁并在外地统计。陶瓷企业特别是龙头企业加快转变经营方式，逐步培育高附加值高端产品市场，大幅减少低附加值陶瓷产品的生产，进一步加剧了佛山陶瓷市场的萎缩。陶瓷行业作为佛山传统优势产业，总产值近千亿元，其增速持续下滑加剧了全市经济下行压力，产业转型升级势在必行。

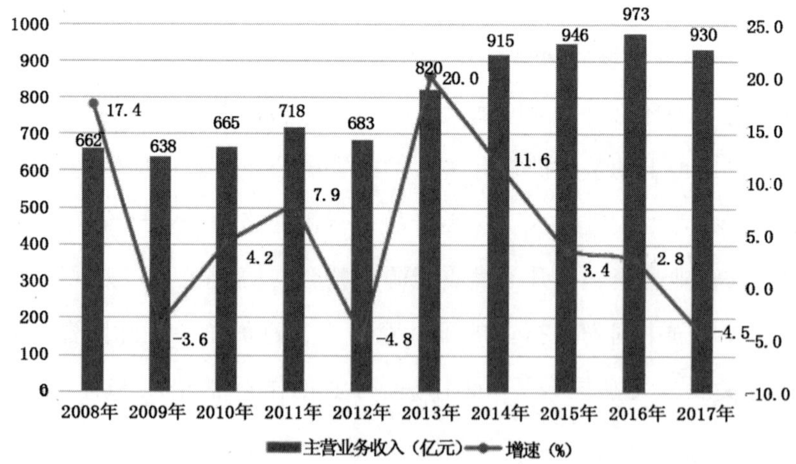

图 10-1　2008—2017 年佛山陶瓷行业工业总产值及增速对比

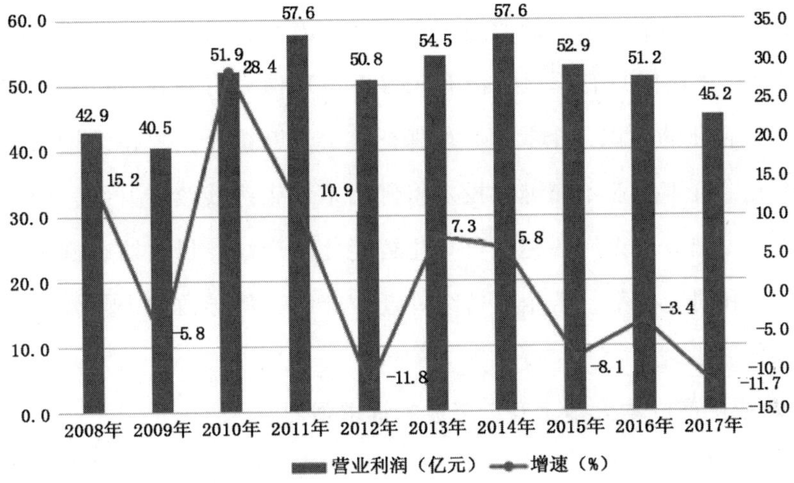

图 10-2　2008—2017 年佛山陶瓷行业主营业务收入总额及增速对比

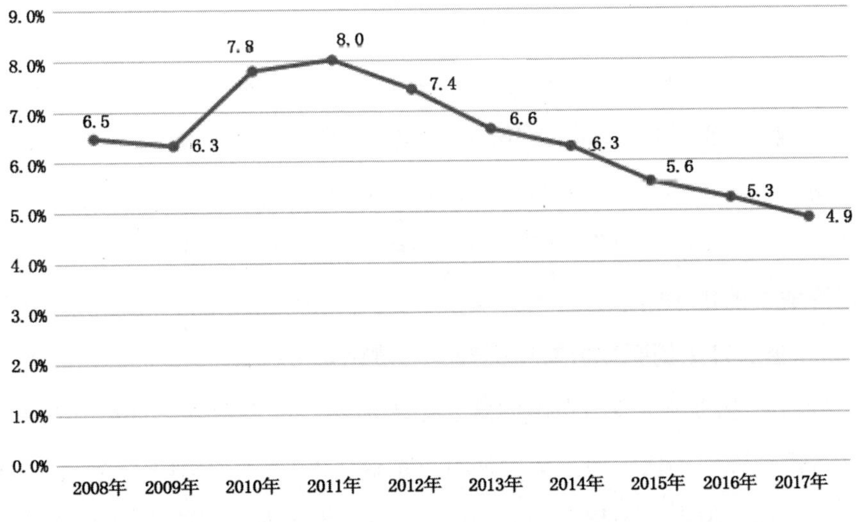

图 10-3　2008—2017 年佛山陶瓷行业利润率对比（营业利润/主营业务收入）

2. 环保督察带来发展压力，产业“空心化”趋势明显

随着环保要求提高和环保督查收紧，佛山陶瓷企业发展压力加大。“煤改气”的推行势必会影响生产的稳定性，增加企业的经营成本，降低

企业的竞争力。根据目前价格水平，企业改烧天然气后燃料成本约为改造前的2.2倍；一条200米窑炉改造费约为200万元，大量的技改投入将增加企业负担。“环保只有逗号，没有句号”“环保只有现在时，没有完成时”已成为企业的共识，企业担心环保标准会不断提升，将持续增加企业成本。因此，许多企业不愿继续投入将佛山本地生产线改造升级，而是选择到周边或内陆投资设厂，建立自动化智能化生产线。目前留在佛山的多是企业总部和研究总部。若企业持续外迁生产线，将导致佛山陶瓷产业制造“空心化”。

3. 企业生产成本大幅上升，降成本诉求强烈

陶瓷产业是高能耗、高投入的行业，燃料成本约占30%，佛山的建筑陶瓷产业每年消耗原材料3000万~4000万吨。近年来由于原材料价格不断上涨，企业生产经营压力逐渐加大。同时，陶瓷企业运用资本市场融资的能力不足，融资难、融资贵仍是普遍问题。目前全市陶瓷企业仅蒙娜丽莎在中小板上市，部分龙头企业虽然有上市意愿，但限于历史遗留问题还无法上市。大部分中小企业股份制改造不健全，现代企业制度尚未完善，融资更多依靠成本较高的间接融资。目前，众陶联推行“产业+互联网+金融资本”发展模式，在陶瓷产业掀起抱团转型升级的浪潮，反映出陶瓷企业对降成本的集中需求。

4. 企业自主创新能力有待提升，同质化竞争严重

佛山陶瓷的研发能力在国内处于领先地位，但在国际上与西班牙和意大利等陶瓷强国相比，研发能力还有待提高。2017年，佛山陶瓷产业规模以上工业总产值占全市比重为4.2%，高新技术企业仅占全市的0.7%，全行业R&D经费占销售收入的比重约为2%。佛山陶瓷的研发主要由陶瓷龙头企业主导，这些企业拥有自己的研发中心、技术中心和工程中心及培训学校，拥有自己的核心技术，打造自主品牌。众多小企业缺乏自主研发设计的能力和自主创新的意识，止步于仿效与贴牌，导致佛山陶瓷同质化竞争严重。形成了龙头企业加强创新研发，中小企业模仿改良，同质化恶性竞争导致整体价格水平下降，打击了大企业的创新研发积极性。同时由于知识产权维权取证难、举证难，维权成本高，侵权成本低、责任轻的现象比较普遍，品牌企业对加强知识产权保护的诉求强烈。

5. 陶瓷产业低端产业形象固化，亟须提升产业美育度

传统陶瓷产业被贴上“拼规模、拼价格、重污染”的标签，被锁定在传统低端产业的地位，既影响企业转型升级和创新发展的意愿，也影响政府的产业布局和产业政策的实施，加剧了产业发展与城市高质量发展之间的冲突。未来陶瓷产业发展亟须提升产业美誉度，推动绿色制造，加快研发创新，推动具有高附加价值的工程陶瓷和功能性陶瓷的应用，举办高端展会，推广文化理念，对标国际研发高端产品，打造佛山陶瓷成为绿色陶瓷、高质量陶瓷为特色的中国陶瓷新标签。

6. 面临印度砖的挑战，中国建陶出口大幅下滑

近年来，印度、越南等新兴陶瓷产业国迅速崛起。印度建陶装备全部进口，初期是从意大利进口，由于价格较高，随着中国陶瓷设备的出口增加，印度更愿从中国购买物美价廉的生产线。然而，印度砖和越南砖的低价冲击，在很大程度上影响了我国陶瓷生产和出口，加之中国陶瓷产能加快向国外转移，近年来出现量价齐跌现象。

五、佛山陶瓷行业供给侧结构性改革的经验和启示

从 2008 年佛山实施“腾笼换鸟”战略，开启陶瓷产业转型升级之路十年来的艰辛探索经验来看，佛山陶瓷产业在产业布局和企业创新发展等方面实现了较早突破，供给侧结构性改革取得显著成效，其经验值得借鉴。

（一）践行创新理念，提升核心竞争力

佛山陶瓷产业坚持以新发展理念引领产业创新发展，勤练内功，不断提升产业的核心竞争力。佛山市政府积极打造质量强市，推动品牌示范区建设，加强商标品牌示范市建设，加强品牌保护和知识产权保护，建立质量管理认证体系，并投入大量专项支持资金支持陶瓷产业高质量发展。积极践行创新理念，佛山陶瓷企业加大研发投入，不断创新新技术、新工艺、新材料、新装备、新设计，使佛山成为世界最大的陶瓷研发中心，拥有各类国字号研发机构12家；践行协调发展理念，全市大中小陶瓷企业竞相发展，拥有大批骨干企业及著名品牌，形成群雄并起的多元竞争格局和全产业链协调发展的产业格局；践行绿色发展理念，佛山62家陶瓷企业全部通过清洁生产审核，实现污染物达标排放；践行开放发展理念，佛山陶瓷企业在全国40个建陶主要生产基地布点，东鹏等多家陶瓷企业踊跃到境外设立营销网络，投资额超过千万美元；践行共享发展理念，佛山是世界最大的陶瓷交易中心、信息中心、人才中心、配套中心，与全球陶瓷企业共享发展成果。

（二）顺应市场需求变化，不断优化产品结构提高产品质量

佛山陶瓷企业顺应消费升级趋势，不断优化产品结构提高产品质量，以满足各行各业消费需求的变化。产品从以传统陶瓷墙地砖的生产为主导，向附加价值较高的工程陶瓷和功能性陶瓷生产转变；产业链从房地产市场向智能家居、旅游文化、机械装备、新材料等领域拓展。在陶瓷智能家居领域，如鹰牌打造8000平方米的展厅，展示家居美学、商业美学、工程艺术等产品，满足各行各业的消费结构。建议顺应消费升级趋势，支持陶瓷企业跨界发展，以满足客户个性化、多样化需求为导向，提供从设计到装修、建材到施工、家具到软装的“家装一站式服务”。在陶瓷旅游文

化创意领域，依托佛山陶艺之乡，具有深厚的陶艺历史积淀的优势，推动陶瓷艺术与建陶产业融合发展，打造陶瓷旅游文化创意之都。积极建设“中国陶谷”特色小镇，争创国家级特色小镇，将佛山打造成为集陶瓷工业旅游、陶瓷文化鉴赏、制陶体验于一体的陶瓷文化旅游创意基地。同时，充分利用南风古灶和石湾公仔街、石湾陶艺博物馆等载体，举办各类文化艺术活动，广泛传播陶文化。发展陶艺雕塑，推动陶艺文化渗透到城市的一草一木、一山一水，美化城市形象。在陶瓷机械领域，佛山陶瓷机械销量占全国 80%、占全球 50%，促进了佛山陶瓷产业的领先发展，也是佛山装备制造的重要组成部分。如科达洁能是建筑陶瓷机械行业的龙头企业，国内市场占有率近 30%，全球市场占有率达 10% 以上。支持陶瓷机械产业发展成为佛山市具有强大国际竞争力的装备制造支柱产业，陶瓷机械企业主动对标意大利同行，发扬“工匠精神”，改进产品质量，提高整机性能；加大研发投入力度，加快数字化、智能化陶瓷机械装备研发；实施标准化战略，参与制定陶瓷机械国际标准、国家标准和行业标准。在陶瓷新材料研发领域，目前陶瓷新材料广泛应用于军工行业、电子行业等，成为先进制造能力的代表之一。陶瓷企业与高校院所加强合作，积极研发工程陶瓷和功能陶瓷，推动陶瓷新材料在空间技术、军事技术、化工设备等领域的广泛应用，将陶瓷产业打造成为促进佛山军民融合发展的重要支撑。

（三）积极开展供给侧结构性改革，提升行业整体竞争力

佛山坚定不移推进供给侧结构性改革，激发了社会各界的改革热情，这在陶瓷产业得以充分展现。佛山陶瓷企业抱团打造以“产业+互联网+金融资本”为核心的“B2B+O2O”众陶联全球性平台，推动陶瓷企业在原材料、成品、环保技术、服务等全链条降本增效，成为供给侧结构性改革的典范。如构建起“B2B+O2O”全球对接模式，集聚陶瓷企业 563 家、供应商企业 3514 家，占全国陶瓷产业份额 45%，直接打通采购方与供应方

沟通渠道；积极探索陶瓷行业共保服务，与多家保险公司合作，创新提供保险业务服务。据统计，2018 年上半年，平台交易额达 385.8 亿元，平均为陶瓷企业降低成本 10.6%。众陶联成为传统产业转型升级的新样板，全国各地陆续效仿建立“众塑联”“众灯联”“众医联”等。

（四）建立完善的供应链体系，推动中国陶瓷产业整体降本增效

佛山陶瓷产业转型升级起步早，已建立起瓷砖生产、装备制造、产品研发、品牌建设等完整的产业链条，正逐步由劳动密集型产业转向技术密集型产业，形成其他地区不具备的供应链比较优势。众陶联通过整合资源，有效降低了陶瓷产业的采购成本、融资成本，甚至深刻改变了供应链格局，这为产业抱团发展开辟了新路。众陶联努力在中国陶瓷产业发展方面发挥更大的作用，打造陶瓷产业发展多形式、专业化的产业链服务平台，加强采购、装配、运输、销售等各环节的标准制定，避免无序竞争，降低供应链管理成本，实现整个产业的提质增效。

（五）不断优化市场营商环境，激发企业活力

佛山市场化程度较高，坚持市场在资源配置中起决定性作用，更好发挥政府作用，扎实推进“一门式一网式”政府服务改革，大力开展降成本行动，坚持主动服务企业，营商环境不断优化，制度性交易成本相对较低。例如，企业在佛山办理商事登记、公章刻制、税务申领发票手续的三个环节所需花费的时间是 1.27 天，位居全省第二。营业执照办理已经完全实现“一次不用跑”，通过窗口办、自助机办、微信办和 PC 端办等四种方式进行办理，是全国唯一一个实现这四种方式办理的城市。佛山在各个行政服务中心和各村居委会、工业园区、专业市场都设置了自助机，只需刷验身份证，五分钟执照就可以办好，无须人工审批。通过手机、微信和 PC 端提供邮寄服务。佛山完善的供应链和优良的营商环境，是陶瓷企业扎根

佛山发展的重要原因。

（六）激发消费者潜力，创建放心消费环境新高地

佛山市政府高度重视消费，把促进消费作为佛山重要的政策支撑，打造佛山全国放心消费城市。2018 年，佛山放心消费环境位列全国第四位，广东省第一位。通过实施政府主导共建“一盘棋”，全域创建织密“一张网”，以消费热点行业和领域为核心的“十大工程”，以消费环境指标测评、行业自律等为核心的“十大体系”，构建“共促、共建、共提升”的“大融合”网络，提升人民群众获得感，创建放心消费环境新高地。中国陶瓷城 2002 年成立以来，以构建安全和谐的消费环境、规范有序的市场环境、诚信放心的经营环境为目标，不断创新服务，全力深耕“诚信经营、品质消费”，打造“放心消费”示范城市，为消费者权益保驾护航。2019 年，中国陶瓷城被评为“佛山市放心消费示范点”、“佛山市放心消费示范单位”、“十佳”消费维权服务站。

六、未来佛山陶瓷行业发展方向

党的十九大报告强调，要促进我国产业迈向全球价值链中高端，培育若干世界级先进制造业集群。佛山是中国重要的陶瓷生产基地，拥有全球最大、产业链发育最完善的陶瓷产业集群区，具有较强的竞争力，是国际陶瓷出口大国，总部经济、品牌经济、生产研发都处于国内领先、国际先进水平，因此佛山陶瓷产业有实力发展成为世界级产业集群。要重新定位佛山陶瓷产业的发展方向，贯彻落实新发展理念，以供给侧结构性改革为主线，推动陶瓷产业瞄准国际同行业标杆，增品种、提品质、创品牌，朝都市型、创新型、知识型产业转型跃升，努力打造世界级产业集群，推动陶瓷产业成为佛山高质量发展的典范。

（一）从跟随者向原创者的角色转变，以创新引领行业进步

只有原始创新，才能引领行业，引领全球。例如，2019 年 7 月，由蒙娜丽莎与恒力泰合作打造的 36000 吨压机面世并在蒙娜丽莎集团正式上线运行，这是国产首台超大吨位压机，具有完全自主知识产权，打破了国际巨头超大吨位压机的市场垄断地位。恒力泰通过创新一直在引领行业发展，最终将推动大板在国内市场的火热，为建陶行业注入新的活力。

（二）推动集约化、智能化、绿色化发展，走品质品牌取胜的高端发展路线

随着新一代信息技术与制造业高度融合，未来陶瓷产业发展方向必然是集约化、智能化、绿色化，走向以创新为引领、以品质品牌取胜的高端发展路线。建设陶瓷生产示范园区，推动产业集聚集约发展，实现规模生产。在提高环保标准的前提下，适度放宽陶瓷企业设新厂、上新生产线的性质，引导陶瓷生产基地适度回流，防止产业空心化。发展智能制造，鼓励建设智能自动化生产线，加快“煤改气”技术改造，降低政府扶持门槛，鼓励陶瓷产业整体提升技术平。加快绿色制造步伐，推行产品全生命周期绿色管理和绿色监管，推动构建绿色供应链作为实现资源节约、环境友好的重要手段，大力倡导绿色制造、绿色流通，打造全过程、全环节的绿色供应链体系。树立质量意识，弘扬“工匠精神”，保护并积极宣传佛山陶瓷、佛山制造品牌，增强品牌附加价值和含金量，提高在国内和国际的知名度，将佛山陶瓷打造成为中国陶瓷制造的靓丽名片。

（三）提升产业链价值链供应链水平，积极应对贸易战并把握“一带一路”机遇

陶瓷行业不断地积累科技类项目成果，不断地对线上生产技术改造升

级，在行业不断发展过程中结合当下潮流趋势的技术，例如大数据互联网应用，极大提升了陶瓷产业生产能力和质量水平，推动陶瓷产业链向中高端发展。重视大阪市场发展，围绕大板终端需求，建立整套的服务体系，如立体仓储、物流、深加工、铺贴等环节，提升大阪市场的整体竞争力。大力推动陶瓷产品创新和原材料创新，走创新发展之路。同时紧密以市场需求为导向，延伸产业链从制造端向流通端拓展，进一步完善中国陶瓷产业供应链体系，增强中国陶瓷产业供应链的国际竞争力。支持发展陶瓷产业链服务平台，充分发挥众陶联等专业化服务平台的协同作用。大力打造全球陶瓷总部经济，推动产业向价值链高端攀升。践行绿色供应链管理理念，大力打造全过程、全环节的绿色供应链体系。在贸易战背景下，继续推动供给侧结构性改革和调整，加大对高附加值产品推广和生产，优化国内陶瓷市场环境，适当减少中低端产品出口，进一步巩固和开发国内外高端市场，在华东华南及北京上海成都武汉等一二线城市打响品牌效应。在"一带一路"倡议引领下，积极适应国外市场和产业技术变化，积极引进欧美等先进设计及设施，继续推广和开拓东南亚及中东市场，打入欧洲高端市场。

（四）加大政策扶持力度，给企业发展吃上"定心丸"

加大对佛山陶瓷产业加快转型升级的扶持力度，面对新形势新挑战出台新的专项扶持政策，以打造世界级陶瓷产业集群为目标，从要素保障、技术创新、环保治理、品牌建设等方面予以支持，鼓励陶瓷产业坚定信心、扎根佛山，树立雄心壮志，走创新发展道路。环保政策不搞"一刀切"，因地制宜，实行"一企一策"，加快推动"煤改气"，加快天然气管道建设，降低天然气价格，有效降低企业成本。对于转型成功的典范企业应予以大力宣传，让后进者看到未来发展方向，增强行业发展信心。例如，2017 年蒙娜丽莎入选第三届中国质量奖及提名奖建议名单，媒体并未及时报道，没有及时鼓舞陶瓷产业的转型升级。

（五）打破二元对立关系，打造协同创新生态圈

目前，全球建陶装备行业具备整线输出能力的国家，只有中国和意大利。长期以来，中意之间是竞争关系，是垄断与反垄断、封锁与反封锁、替代与被替代的关系。在全球一体化进程中，构建中意竞合关系下的协同创新生态圈将改变这种二元对立关系，中意合作是未来的发展趋势。

（六）转战国外市场，输出“中国制式”

近年来，中国陶瓷产业整合产业链优势资源，加快开拓海外市场。比如科达积极在发展中国家和发达国家布局。在非洲市场，科达以“合资建厂”的模式，以产业链整体输出的方式，在肯尼亚、加纳、坦桑尼亚等国建立陶瓷厂。如今，从阿尔及利亚到南非，科达设备从北到南已贯穿整个非洲。在完成对非洲、印度、东南亚等发展中国家的市场布局后，科达将目标投向欧美主流市场。2019 年 2 月 28 日，科达完成对唯高公司 60% 的股权收购，这是中国建陶装备海外收购第一案。另外，科达还将在意大利设立设计中心及销售中心，针对全球市场，形成“中国制式”、“意大利制式”及“中意联合制式”并存的发展形态，打造世界上最具竞争力的产品模式。

参考文献：

鲍杰军，2019. 中意建陶装备企业的竞与合［OL］.［2019-07-13］. 陶瓷信息网.

鲍杰军，2019. 新生态下，佛山建陶装备业如何突围?［OL］.［2019-09-24］. 佛山陶瓷网.

佛山市人民政府研究室，2018. 佛山陶瓷产业转型升级报告［J］. 调

研与建议（11）.

林益生，周裕超，等，2016. “互联网+”陶瓷业所面临的问题及应对措施研究——以佛山市为例［J］. 中国市场（46）.

马永平，马艳丽，2017. 陶瓷业转型升级的路径选择［J］. 陶瓷（2）.

倪伟清，2019. 中国陶瓷业出口贸易现状、问题及对策分析［J］. 中外企业家（5）.

（执笔人：逯新红）

行业报告三

第十一章

佛山市产城融合发展演变的逻辑

佛山制造业历史悠久，陶瓷、铸造已有 1000 多年的历史。改革开放以来，随着农村工业化的兴起，产（产业）村（村庄）混合的问题日益突出。进入 21 世纪以来，佛山以“三旧”改造为抓手，推动产业和城市双转型，不断提高产城融合发展水平，助力高质量发展和高品质生活。系统梳理佛山产城融合发展的演变逻辑，提出未来产城融合发展方向，加快打造优质生活圈，对促进我国大城市高质量发展具有重要借鉴意义。

一、产业园区的基本情况

改革开放初期，佛山市农业占比超过30%，是典型的农业大市。1980年，开始推行家庭联产承包责任制后，农民的生产积极性得到极大提高，大量剩余劳动力逐渐从农业内部释放出来，转向工业、建筑业、饮食业、商业、运输业等行业。20世纪80年代初期，佛山开始“村村点火，户户冒烟”的工业化进程，乡镇企业异军突起，成为最活跃的生产力[1]。被国内称为发展经济“四小虎”的南海、顺德、中山、东莞，有三“虎”在佛山。1983年，顺德县的桂洲、勒流、龙江、杏坛镇，南海县的西樵、南庄、平洲、盐步、大沥镇，中山县的小榄镇，工农业总产值超亿元，被誉为佛山市“十大富翁”。1985年，全市农村劳动力中，有59%转移到非农产业。20世纪90年代，大量外资涌向广东，珠三角土地告急，“向农业要土地”成为大势所趋。在以土地股份制改革突破耕地保护和征地制度瓶颈后，村集体由经营企业转向经营资产，村级工业园[2]成为承载产业发展的重要平台。截至2018年，佛山市村级工业园1025个，面积约178.06平方公里，其中南海区、顺德区的村级工业园数量较多。南海区有村级工业园685个，面积约95平方公里；顺德区有村级工业园有249个，面积约70平方公里。两区村级工业园约为全市总量的93%。禅城区有129个村级工

[1] 1979年7月国务院颁发的《关于发展社队企业若干问题的规定（试行草案）》提出了社队企业的发展方针和经营范围，并制定了一系列的扶持政策；1981年，国务院下发《关于社队企业贯彻国民经济调整方针的若干规定》，提出社队企业具体调整方针；1983年中央1号文件指出社队企业是集体经济，必须努力想办法，充实发展；1984年3月党中央、国务院以中发〔1984〕4号文件，批转了农牧渔业部《关于开创社队企业新局面的报告》，为乡镇企业大发展奠定了基础；1985、1986年两个中央1号文件和1987年5号文件都结合乡镇企业发展中出现的新情况、新问题，提出了若干要求或制定一系列政策，为乡镇企业提供一个前所未有的、宽松的外部环境。

[2] 村级工业园是指面积在2公顷或以上的成片集体工业用地，面积在2公顷以下的集体工业用地归为零散用地。

业园，占地19平方公里，占禅城全区土地面积的1/7[1]。

在村级工业园区加快发展的同时，为提升工业发展质量，1992年11月经国务院批准成立佛山高新技术产业开发区（以下简称“佛山高新区”），成为全国最早的53个国家高新区之一。2012年，佛山高新区核心园区移师南海，并实行“一区五园”（南海园、三水园、禅城园、顺德园、高明园）管理架构。其中，南海园规划范围面积7.54平方公里，三水园规划范围面积4.31平方公里，禅城园规划范围面积12平方公里，顺德园规划范围面积8.5平方公里，高明园规划范围面积13.39平方公里。其中，南海园和三水园是核心园。在核心园区范围内行使市级经济管理权限，统筹协调禅城园、顺德园、三水园和高明园。2015年，为协调功能区和行政区的关系，佛山市调整高新区和狮山镇管理体制，把狮山镇纳入佛山高新区统筹开发，整合高新区党工委、管委会与狮山镇党委、政府职能，统筹人员管理，实行“园镇融合”、联动发展机制。2019年2月，佛山市确立“一区五园”的格局和“市统筹、区建设”的管理体制，明确了“三专三不变”（专门的架构、专业的队伍、专注建设发展以及行政区划不变、财政管理体制不变、建设发展主体责任不变）“三确定两统筹”（确定产业政策和产业规划、确定市对重大项目的资金支持、确定重大项目布局，统筹各类数据指标、统筹高新区总体形象）的工作原则，进一步优化高新区管理体制机制。目前，高新区已成为佛山对外开放的“引领区”、产业集聚的“高产田”、科技创新的“倍增器”、营商环境的“样板地”和区域合作的“加速器”，引领了“佛山模式”的打造。

---

[1] 刘宏波，黄群飞．舍与得，拆与建，破与立！“张槎现象”为高质量发展带来哪些启示？[OL]．http：//m.sohu.com/a/228852476_355840.

表 11-1　佛山市开发区基本情况

大类	设立时间	名称	批准机构	批准面积（公顷）	统筹协调面积（公顷）
经济技术开发区	2006	禅城经济开发区	广东省政府	488.76	863
	2003	南海经济开发区	广东省政府	838.42	
	2006	三水工业园区	广东省政府	431.33	10098
	2006	高明沧江工业园	广东省政府	1220.16	5151
	小计			2978.77	16112
高新技术产业园区	1992	佛山高新区（禅城650公顷、顺德350公顷）	国务院	1000	59600
	2011	南海高新技术产业开发区	广东省政府	753.8	40360
	2007	广东金融高新技术服务区	广东省政府	305	1484
	2013	顺德高新技术产业开发区	广东省政府	393.33	2857
	小计（扣除嵌套）			2451.33	59600
经贸合作区（市外）	2007	佛山（云浮）产业转移工业园	广东省委省政府	1210	3960
	2006	佛山顺德（云浮新兴新成）产业转移工业园	广东省政府	615.9	1211
	小计			1825.90	5171
总计（扣除嵌套）				7256	64771

资料来源：《佛山市开发区总体发展规划》。

除用好高新区发展平台外，佛山市积极申报省级经济开发区。2003—2006年，南海经济开发区、禅城经济开发区、三水工业园区和高明沧江工业园区先后申报成功。根据《中国开发区审核公告目录（2018年版）》，南海经济开发区重点发展汽车及零部件、光电显示、新材料等产业，禅城经济开发区重点发展陶瓷、新能源汽车配件、装备制造等产业，三水工业园区重点发展机械装备、金属加工及制品、电子电器等产业，高明沧江工业园区重点发展食品、纺织、新材料等产业。2010 年以来，随着开发区产业和人口的不断聚集，发展相对成熟的开发区对城市功能的需求越来越强烈，佛山开发区开始调整管理模式，推动产城融合发展。目前，大概形成三种模式：园镇高度融合模式，如佛山高新区南海园，主要特征是政府和开发区管理部门高度融合、城镇和产业相互依托；园镇相对融合模式，如佛山高新区禅城园、三水园、顺德园，主要特征是政府和园区管理部门部分融合、城镇和产业分别规划和建设；园镇相对独立，如顺德高新技术产业开发区和高明沧江工业园区，主要特征是管委会独立运作，与镇（街）合理分工。这三种发展模式都是开发区特定发展阶段的产物，各具优势。如开发区发展早期，聚焦经济发展，需要园镇适度独立，分工协作，提高效率。开发区发展成熟后，焦点转向经济、社会、环境协同发展，需要产城融合，统筹协调，提升质量和品质。

表 11-2　佛山开发区多样化的管理模式

管理模式	开发区名称	基本情况
园镇高度融合	佛山高新区（南海园）	与狮山镇高度融合，经济、科技、规划、建设等核心职能部门合署办公，“一套人马、两块牌子”
镇园相对融合	佛山高新区（禅城园、三水园、顺德园）	主要是经济职能部门与街道融合
园区独立	顺德高新技术产业开发区、高明沧江工业园区	管委会独立运作，与镇（街）合理分工

资料来源：《佛山市开发区总体发展规划》。

二、产城融合的起点和必要性

佛山市村级工业园时期，工业园数量多（1025 个）、总面积大

(178.06平方公里)、平均规模小（0.17平方公里）、布局分散。开发区时期，开发区平均规模虽比村级工业园区大，但面积最大的高明沧江工业园核准面积仅12平方公里，多数开发区面积也只几平方公里，产村混合、产城混合、产城分离的问题比较突出。近些年来，佛山加快探索“以产促城、以城兴产、产城融合”的新路子，推动产业发展与城市功能提升相互协调、共同提高，促进城市高质量发展、高品质生活。

（一）提升村级工业园的发展质量

20世纪80年代以来，“村村点火，户户冒烟”的发展模式，导致佛山土地利用效率低下。以南海区桂城街道办事处为例，全村拥有厂房103间，占地面积200亩（折13.3万平方米），建筑占地面积3.53万平方米，土地利用率26.5%。商业建筑17间，占地面积100亩（折6.66万平方米），建筑占地面积1.39万平方米，土地利用率20.9%。低效土地占用大量空间，造成土地资源非常短缺，佛山产业升级面临着双重尴尬。一方面受空间发展的限制，许多有实力的企业纷纷向周边地区转移；另一方面技术先进的企业难以找到合适的落脚地。除土地资源外，城市的品质不高，也限制了产业和人才的集聚。现有厂房中约有40%是低矮的破旧厂房，厂房和村庄相互交错，工业、商业、住宅、道路功能布局不合理。厂房店铺夹杂，豪宅陋室并存，有新屋无新区。管线网乱搭、乱拉、乱埋。街巷道路蜿蜒狭窄，生活污水排放到原农地水坑中，“三废”问题严重。建了新房，不拆旧屋，旧屋区成了“移民村”，有的旧屋甚至成为“藏污纳垢”之地，给人口、计生、消防、治安等社会管理带来不便[1]。2018年1月，佛山出台《佛山市人才发展体制机制改革实施意见》，从管理体制、人才引进、

[1] 蒋省三，韩俊．土地资本化与农村工业化：南海发展模式与制度创新［M］．太原：山西经济出版社，2005：55.

人才培育、人才评价激励服务保障等四方面提出吸引人才的23条措施，取得部分成效，但与粤港澳大湾区的深圳和广州相比，差距依然明显。智联大数据显示，粤港澳大湾区当前的人才净流入率为1.39%，处于人才净流入状态。其中，深圳、广州是区域内的人才流动中心，从外界流入大湾区的人才有40.39%进入深圳，31.42%进入广州，两城的人才流入量之和占大湾区流入总量的七成以上[1]。为各类人才创造宜居宜业的生活环境和工作环境，也是佛山要正视和克服的短板。意识到城市品质与经济地位不匹配，2007年以来结合“三旧”改造，佛山开始开展城市升级、城市升值和村级工业园改造等系列提质升级行动，提升城市品质和功能。

（二）完善开发区功能

国家从1984年开始设立开发区以来，截止到2018年，国务院批准设立的开发区552家，其中：经济技术开发区219家，高新技术产业开发区156家，海关特殊监管区域135家，边境或跨境经济合作区19家，其他类型开发区23家；省级人民政府批准设立的开发区共1991家。佛山开发区设立相对较晚，直到2006年才陆续设立禅城、南海、三水、高明等省级经济技术开发区。此时，禅城、南海等地可供开发的空间已不多，产城冲突比较大，“城市病”问题比较突出。同时，受制于地方政府财政实力，产业配套软硬件设施供给不足，教育、医疗、卫生、文化、交通、科技、休闲等城市功能设施供应不充分，影响产业和人口集聚。三水、高明等地的开发区发展空间较大，产城分离较为严重，产依托不了城，城支撑不了产，呈现两张皮。如禅城经济开发区面临产业优化发展和现代化社区塑造的双重任务，园区发展空间存在较大压力；三水工业园内交通主动脉361

[1] 华声宇，叶洁纯．佛山加大对人才的扶持力度全方位吸引各地人才[OL]．http://www.chinaqw.com/qx/2019/04-11/220016.shtml.

线车流密集，过境车辆较多，拥堵严重，而且长期处于严重超负荷运行状态。不断完善开发区功能，推动产城融合发展，促进以产促城、以城促产，提高开发区发展质量。佛山市从 2012 年开始深化开发区管理体制改革，探索产城融合发展模式，助推开发区转型升级。

（三）推动城市高质量发展

佛山市村镇经济活跃，村镇产业之间关联性不强，形成相对均衡分散、空间结构松散的外部空间组织模式。佛山下辖的禅城、南海、顺德、三水、高明 5 个区中，除禅城和南海的中心城区相距较近外，顺德、三水、高明 3 区的中心城区相距都比较远。如三水、高明中心城区距禅城的距离均超过 40 公里，空间布局相对分散，组团城市的特征非常明显。同时，5 区之间差异也比较大，南海和顺德不论是经济总量，还是人均 GDP、居民可支配收入，均排在前列；三水和高明不论是经济总量、人口总规模，还是居民可支配收入，与南海和顺德的差距都比较大。5 区之内，产业分布相对均衡，但产业关联性较弱。以南海为例，桂城是全国珠宝玉石首饰特色产业基地、广东机械装备专业镇、广东省教育强镇和体育强镇；大沥镇是“中国铝材第一镇”“中国有色金属名镇”“中国内衣名镇”“中国时尚品牌内衣之都”“中国南方内衣生产基地”“中国南方时尚城”“中国商贸名镇”“中国专业市场电商采购示范区”；九江镇形成酒水饮料、塑料橡胶、家具制品、纺织服装、金属制品、特种车制造等支柱行业；西樵镇拥有建陶、五金电器、化工、印刷包装、服装等优势产业；丹灶是中国日用五金之都，汽车配件、精密机械制造、新材料、节能环保产业等低碳产业集群也在加快聚集；狮山是佛山国家高新技术产业开发区的核心园区，有汽车及零部件、高端装备制造、有色金属、光电显示、生物医药及医疗器械、智能家电、照明（新光源）、陶瓷洁具等八大主导产业；里水镇重点发展食品药品、家电、新材料三大产业。各镇产业之间关联性不强，难以形成区域性品牌和影响力，难以通过产业链推动创新链、价值链、供应链协调联动。不过，以镇街为基本单元发展产业，早期极大调动了基层政府的积极性，促进产业快速发展，但由于缺乏全市范围内城市和产业布局的统筹谋划，限制产城深度融合。2012 年以来，佛山市以“产城融合、以人为本”为发展理念，深入实施“强中心”战略，不断增强各组团中心城区承载力，进一步完善城市功能，加快推进广东金融高新区、中德工业服务区、佛山高新区等国家级、省级重大功能性平台建设，以城市升级引领转型发展和环境再造，用高品质的城市生活吸引高端要素聚集，推动“产城人”向“城产人”转变。

表 11-3　2018 年佛山市市辖区基本情况

名称	GDP（亿元）	人均 GDP（元）	常住人口（万人）	人均居民可支配收入（元）	镇街
禅城	1855.06	158207	118.40	48905	石湾镇街道、张槎街道、祖庙街道、南庄镇
南海	2809.00	96695	290.50	50573	桂城街道、大沥镇、九江镇、西樵镇、丹灶镇、狮山镇、里水镇
顺德	3163.93	116979	270.47	54038	伦教街道、勒流街道、大良街道、容桂街道、陈村镇、北　镇、乐从镇、龙江镇、杏坛镇、均安镇
三水	1227.96	185703	66.91	34937	西南街道、云东海街道、大塘镇、乐平镇、白坭镇、芦苞镇、南山镇
高明	879.49	198575	44.29	34162	荷城街道、杨和镇、明城镇、更合镇

数据来源：各区 2018 年国民经济社会统计公报。

三、产城融合的模式

2012 年以来，佛山市持续推进产城融合发展，逐步形成几种产生融合发展的模式，推动城市高质量发展。

（一）村级工业园产城融合发展模式

村级工业园曾经承载佛山农村经济腾飞的梦想，是中国农村土地资本化典型的模式。进入 21 世纪，依托土地、劳动力的大量投入以及牺牲环境换取的经济增长模式越来越难以为继，在农村土地上“就地工业化”不仅没有带来城市型经济的发展，而且带来一系列社会和生态问题。2007 年 1 月，包括英国天空卫视、美国 CNN 等全球媒体记者们用镜头记录下联滘的“场景”：污水横流、垃圾遍地、臭气熏天；并揭开了村级工业园的伤疤：大部分房屋被出租用来回收废旧塑料，聚集 600 多家废旧塑料加工厂，从业者达 15000 多人，和垃圾共处生活。[1] 痛定思痛，联滘决心告别过去，整装再出发。以取缔废旧塑料加工企业开始，以节能减排治污开启“立体式”环保风暴，联滘迈上产业和城市“双转型”的新阶段。

2008 年 8 月，联滘借鉴东莞模式，由联滘、沥东、沥中、雅瑶、平东 5 个村组成集团股份公司，共同开发联滘片区，打造广佛国际商贸中心区。为协调好村集体之间的关系，由大沥镇政府组建项目开发公司，以不低于市场的价格，租赁和征用临近村组土地，统一规划、统一开发、统一经营，自行承担开发收益和风险。而村组不直接参与土地开发经营，不承担任何风险，只按年度收取租金，保障社员股东利益。通过集中连片开发，打造优质生产生活环境，吸引广东有色金属交易中心落户，推动广佛智城

[1] 张素圈．联滘变迁：“就地工业化”样本再观察［OL］．http：//epaper. southcn. com/nfdaily/html/2015-04/27/content_ 7422166. htm.

项目建设，夯实广佛商贸城中心区的发展。村民也在村级工业园改造中得到实惠。2006 年，联滘社区股东分红人均 3000 元左右，2018 年股民人均分红超过 10000 元，社区还为符合条件的股民购买“大社保”，退休后每月能领 2000 元左右的退休金。除此之外，联滘以土地入股的方式尝试直接参与土地终端市场开发，换取建成区 35% 的商业物业收入，大幅度提升集体和股东收入，带动社区 1000 多人的就业。以统一规划为切入点，适当分离生产空间和生活空间，改变“产村混合”的状况，不仅推动产业和城市“双转型”，而且提升生产空间和生活空间的价值。

目前，村级工业园升级改造已在佛山市形成共识。经过多年探索，逐步形成公有资产出资改造、镇村联合改造、村集体自主或与运营企业合作改造、企业自主开发改造和社会资本参与改造等几种模式。市区两级政府通过加大资金扶持力度、产业用地扶持等，加大村级工业园改造力度，加快产业转型升级，推动产城融合发展。以南海区为例，南海现有村级工业园 685 个，总面积 95 平方公里，占现状工业用地 58%。为推动村级工业园的改造，南海区从 2017 年起陆续推出改造提升试点项目 60 个，总面积 16.33 平方公里，其中 0.13 平方公里（200 亩）以上的连片改造重点项目 16 个，项目计划总投资 767.43 亿元。截止到 2018 年，已基本完成改造的试点项目 8 个，完成改造面积 0.21 平方公里（310.8 亩），建成厂房 43.47 万平方米，进驻企业 42 家，预计年新增产值 9.1 亿元。[1] 村级工业园项目的改造促进了城市建设空间的集聚，推动了“强中心”战略的落实，加速了产业转型升级。

（二）开发区产城融合发展模式

佛山市拥有 1 个国家级高新技术开发区和禅城、南海、三水、高明沧

[1] 刘永亮. 三旧改造 12 年改出发展新空间 [OL]. http://szb.nanhaitoday.com/zjsb/html/2019-03/28/content_456198.htm?div=0.

江 4 个省级经济技术开发区。长期以来，受传统观念的影响，开发区主要遵循单一的产业园区建设模式。随着开发区集聚产业和人口的能力越来越强，产业与城市功能不匹配、不协调而带来的“有城无产”“产强城弱”的问题开始显现。特别是科技、教育、交通、文化、卫生、体育等配套设施满足不了企业和人民的需要，开发区缺少“烟火气”和人文关怀，影响了开发区对高端人才、优质项目的吸引力。

2012 年，佛山市以国家级高新技术开发区和经济技术开发区为载体，积极探索产城融合发展新模式。以顺德高新区为例，2011 年顺德区委区政府提出“一年打基础、四年见形象、六年上过、八年建新城”后，以“城市新服务，产业新载体，水乡新生活”为规划愿景谋划高新区发展，并于 2015 年 7 月通过公开招标引进央企中交城投，负责高新区西部城市综合开发项目。其后，吸引美的中交翰诚、恒大江湾、河北荣盛等地产商参与开发住宅小区。加快推进智域连接马冈片区的龙海路等路网建设，大力推进高新区路网及城镇道路对接，推动形成高标准区内联外通格局。2016 年 9 月，体育公园正式投入使用并向市民开放，并且举办了一系列高规格的体育赛事，已逐渐成为高新区建设者和企业员工的业余活动胜地。2018 年 10 月，盛贤教育进军高新区，计划打造成涵盖初中、高中全年龄段的完全中学，进一步完善区域内教育配套。2019 年，顺德区行政服务中心在新区设立分中心，直接办理部分区级行政审批服务业务，让高新区的企业和员工更加感受到生产生活的便利，增强城市凝聚力。在顺德高新区的规划中，未来还将结合顺德区域环境、特色文化等，建设中央休闲公园、文化主题公园等 5 个主题公园，打造佛山南部最大公园群。同时，整合利用水系、绿地，加快形成花园式生态人口产业集聚区。积极融入粤港澳大湾区一小时生活圈建设。截止到 2019 年，合作开发方中交城投在提升高新区的配套建设、景观环境方面，已经投入了近 23 亿元[1]，为入驻企业及未来居住在顺德高新区的员工和市民提供更好的工作、生活环境。在社区氛围营造、加强人际联系方面，也将继续举办员工技能大赛、园区运动会等活动促进园区企业职工交流与学习。

在近些年持续推动产城融合、园镇融合发展的条件下，顺德高新区生产、生活、生态空间不断优化，生产空间集约高效、生活空间宜居适度、生态空间山清水秀的格局加快形成，城市居住、教育、医疗、休闲等功能不断导入，吸引大批企业和人员入驻，“产城人”融合的现代化新城初具规模。作为广东省职能制造示范基地，顺德高新区正经历形象的蝶变。除此之外，其他开发区和高新区也在积极探索产城融合发展新模式，不断完善基础设施布局、公共服务配套和景观人文塑造，打造宜居宜业宜创新、具有岭南特色的高品质产城融合样板区。

（三）新城产城融合发展模式

曾几何时，镇域经济是佛山制造通行全球的基石。但随着经济由高速增长转为高质量发展后，中心城区综合服务功能不完善、集聚高端要素、发展高端产业能力较弱的弊端不断凸显。加快新城新区发展，推动“强中心”发展战略，积极培育高质量发展动力源，成为许多地方政府的选择。如广东的东莞和中山、浙江的绍兴、福建的泉州等地都采取类似发展策略。《佛山市城市总体规划（2011—2020）》也提出要做强中心城区、培育新的增长中心、打造“1+2+5”的“强中心、多组团”网络型城镇空间结构。

为明确“强中心”的抓手，2016 年 11 月佛山市第十二党代会首次提

[1] 王名润. 中交投”牵手”顺德高新区，实现四年小目标［OL］. http：//news. dayoo. com/gzrbrmt/2019-12/10/158545_ 52966337. htm.

出以“一环”沿线高端载体为节点，打造“一环创新圈”。2018年1月，禅南顺高端创新集聚区写入佛山市委十二届五次全会报告，标志着集聚区建设正式上升为佛山市重大发展战略；同年7月，佛山市委十二届六次全会将其命名为三龙湾高端创新集聚区，并赋予其牵引一环创新圈“1+5+N”创新平台融合发展、引领佛山参与粤港澳大湾区建设的龙头使命。2019年6月，经广东省委编委批准，佛山中德工业服务区管委会加挂三龙湾高端创新集聚区管委会牌子，统筹推进中德工业服务区、三龙湾工作。根据规划，三龙湾将打造成佛山新时代高质量发展样板区、粤港澳大湾区同城合作试验区和全球先进制造业创新应用示范区。为实现这些定位，三龙湾高端创新集聚区主要围绕“智造核心硬件研发型产业体系”的功能实现、规模化应用以及高端引领，大力发展“智造软系统及实现型研发产业体系”，形成由“智造核心硬件研发型产业体系”和“智造软系统及实现型研发产业体系”组成的“双智研发型产业”生态系统发展。除植入新产业、引领新发展外，三龙湾优越的区位条件，也为推进区域协同发展奠定坚实的基础。三龙湾紧邻广州南站，到香港只需48分钟，到澳门只需45分钟，承载着佛山融入粤港澳大湾区优质生活圈的重任。同时，三龙湾覆盖禅城、南海、顺德三个区以及石湾、桂城、陈村、北滘、乐从五个镇（街），具备融合周边陈村金属加工及机械装备、北滘家电及智能制造、乐从钢贸及家具等相关制造业组团以及广州南站商务服务、潭州会展服务、千灯湖金融服务等区域性生产性服务组团的优势，借力西侧佛山新城和南侧北滘新城完善的城市功能，充分挖掘本地“山、水、林、田、湖、文”本底资源潜力，为加快建设宜居宜业宜游的产业新城创造条件。

四、产城融合变化评价

佛山是我国先进制造业的代表。近几年来，在深入推进产城融合发展过程中，着力突出“城”功能的完善和“产”质量的提升，逐步建立了产城协调互动的良性机制，助推了城市高质量发展。但由于城市空间结构和产业结构调整尚需要时间，产城融合中还存在一些亟须解决的问题。

（一）产城融合成效显著

中心城市实力不断增强。目前，佛山市“强中心”战略已由“禅桂新”（禅城、桂城、佛山新城）全面拓展到“禅南顺”（禅城、南海、顺德），并且明确以佛山新城、珠江新城、三龙湾等为抓手，统筹协调区域发展。近年来，随着“强中心”战略的持续推进，佛山新城、珠江新城和三龙湾建设进展顺利，中德工业服务平台初步建立，文化中心“九馆一中心”华丽亮相，全球照明龙头德国欧司朗集团亚太区总部、德国史太白技术转移中心、全球知名环境企业德国瑞曼迪斯、全球四大机器人制造商德国库卡公司等跨国企业加快聚集，中心城区高端要素集聚能力、资源调配能力、公共服务能力、产业创新能力等明显增强。

城市功能加快完善。以产城融合为突破口，城市生产、生活、生态空间不断优化，市妇女儿童医院、世纪莲体育中心、新闻中心、国际会展中心、图书馆、科学馆、博物馆等各种地标级市政配套加快建成，城市内的湿地公园、祖庙商业文化中心投入运营，城市功能和品质得到有效提升。同时，对接粤港澳大湾区建设和广佛同城化，佛山市现代交通运输体系逐步完善，市内轨道交通、高快速路网和骨干路网建设加快推进，城市“半小时生活圈”初步建立，广佛优质生活圈建设积极推进。依托“一环创新圈”建设，各类创新平台加快发展，创新要素迅速集聚，城市创新、科技金融、文化创意等城市高级功能逐步增强。

新旧动能转换提速。佛山市在推进产城融合过程中，积极导入新产业，加快培育新动能，促进新旧动能转换提速。以打造国家制造业创新中心为战略目标，“世界科技+佛山智造+全球市场”的创新发展模式初步形成，“政策性基金+研发机构+孵化器”等创新发展体制机制基本建立，广东高校科技成果转化中心、广东国防科技工业技术成果产业化应用推广中心、佛山中国空间技术研究院创新中心、佛山清华大学协同创新研究院等创新平台建设加快推进，为新旧动能转换注入强劲动力。2018 年，研发经费占 GDP 的比重 2.42%。全市高新技术企业 3900 家。其中，规模以上标杆高新技术企业 50 家。有省级企业重点实验室 26 家、省级工程中心 711 家、科技企业孵化器 85 家、众创空间 62 家。

新兴产业迅速成长。近些年来，佛山借力珠江西岸先进装备制造产业带建设契机，抢抓新一轮科技革命和产业变革的机遇，加大招商选资力度，推动新产业加速成长，初步形成机器人、电子信息、生物医药、新能源汽车、军民融合五大新兴产业，成为推动制造业结构优化升级的新引擎。其中，机器人产业共有研发生产企业约 100 家，引进了库卡、ABB 集团等国际知名机器人企业，涌现出一批以碧桂园为代表的国内领先的本土机器人企业。通信设备、电脑主板、发光器件、光盘等优势产品在广东省乃至全国都有一定影响力。

（二）产城融合利好因素叠加

“强中心”战略持续推进。中心城区是城市的形态、功能和品质的集中展现，具备集疏人流、支配资源、提供公共产品和公共服务的能力，在城市建设与社会经济发展中往往能够形成“极化效应”与“扩散效应”，对周边地区具有带动和辐射作用。佛山市自 2011 年首次提出“强中心”的发展战略以来，尽管“中心”的内涵已从最初的佛山新城中心、千灯湖金融服务中心、禅西新城中心和祖庙商业文化中心等为主的“三新一老”转变为统筹“禅南顺”的三龙湾，但“强中心”战略始终没有变化，为协同推进产业转型和城市升级奠定了坚实基础，也为在更大区域范围内推动产城融合创造了重要条件。“强中心”战略的推进，突破了以村为单位开展“三旧”改造和以园区单位推进产城融合的局限性，开启了跨村合作、园镇合作的新模式。

“三高”成为新共识。高质量发展是体现新发展理念的发展，是更加平衡、更加充分的发展，是能更好满足人民日益增长的美好生活需要的发展。新时代以来，佛山市加大空间结构调整力度，用空间思维推动高质量发展、高品质生活、高效能治理。具体而言，就是以“强中心”战略为抓手，以产城融合发展为目标，推动“一环创新圈”建设，着力打造南海三水产业合作区、广东金融高新区、国家军民融合创新示范区、青年湖电子信息产业园和临空经济区为五大创新平台，并借此带动培育周边具有潜力的多个创新节点，引领全市经济创新、协调、绿色、开放和共享发展。同时，不断完善城市休闲、娱乐、服务功能，优化生产、生活、生态空间结构，打造优质生活圈，助推高品质生活。结合空间结构调整和产城融合发展，探索跨区域合作新模式，明确市、区、镇三级政府的职能，强化政府和社会组织协调，不断完善高效能社会治理。

政策体系加快构建。遵循产城融合发展的思路，优化空间结构，积极导入高端发展要素，引进先进制造业，出台土地、产业、科技创新、成果转化、人才引进等系列政策。在土地政策方面，出台了功能混合和产城融合、土地复合利用、协议出让土地、房地产用地用途变更、土地收益分配等政策。在投资政策方面，出台了社会资本参与产城融合发展等方面的政策。在产业扶持方面，出台了半导体产业创新创业项目、新医药产业集聚创新发展、汽车产业链发展以及瞪羚、制造业单打冠军企业扶持等政策。在科技创新方面，出台了科技创新重大项目、智能制造升级项目、工业机器人行业应用研究项目等政策。在支持科技成果转化方面，出台了佛山高新区-中科院创新合作资金等政策。在人才引进和培育方面，出台了人才团队创新创业项目、清华校友创业项目等政策。

区域一体化发展深入推进。2009 年 3 月，广州市和佛山市签署《广州市佛山市同城化建设协议》以来，两市加快推进城市规划、交通基础设施、产业协作、环境保护等四方面的衔接，取得积极成效。大湾区时代，广佛与港深、澳珠作为三个极点，在“一体化”与“高质量”、“硬联通”与“软联通”方面将会有更大合作。2019 年广佛同城化党政联席会议提出共建“1+4”广佛融合发展试验区，共建 4 个万亿元产业集群。这为佛山市在更大区域范围内谋划产城融合、打造优质生活圈创造有利条件。

（三）产城融合任重道远

空间结构失调。突出表现在建设用地占比高。2018 年佛山市土地开发强度高达 38. 18%，超过国际上开发强度 30% 警戒线水平，高于珠三角 16. 80% 的平均土地开发强度。其中，禅城区土地开发强度达到 76%，南海区和顺德区的土地开发强度超过 50%[1]。大量开发建设挤占生态用地和农业用地，生态安全受到严峻挑战。建设用地中，工业用地总量约 495 平方公里，占建设用地的比例为 34%。主要集中在南海、顺德两区，其中南海 216. 37 平方公里，顺德 136. 39 平方公里，两区合计占全市工业用地总量的 71%。而国外大城市中心区工业用地一般不超过城市面积的 10%。从趋势上看，国际化大都市工业用地面积占建设用地比例都在不断下降[2]。

产业结构不优。制造业是佛山经济发展的根与魂。在一代又一代勤劳务实的佛山人持之以恒推动下，基本建立了涵盖家电、家具、陶瓷、装备制造、金属加工等传统优势产业，培育出美的、碧桂园等“世界企业 500 强”，效果明显。但传统产业占规模以上工业增加值比重仍然偏高，先进

[1] 佛山日报. 佛山增量土地不足与存量土地“沉睡”矛盾亟待破解 [N/OL]. http://www.sohu.com/a/252171176_118671.

[2] 周翔宇. 工业用地的错配与失效：从它“贪吃”模式说起 [OL]. http://www.sohu.com/a/48214026_119978.

制造业增加值占全市规模以上工业增加值的比重仍相对较低，高技术制造业增加值规模依然偏小，战略性新兴产业培育总体偏慢，与国内发达城市相比差距较大。数据显示，2018 年东莞的高新技术企业数量达到了 5798 家，仅次于北上广深，位居二线城市之首。同期佛山达 3949 家，为东莞的 68%。2019 年 11 月，广东省制造业协会发布的《2019 年广东制造业 500 强企业研究报告》显示，与 2018 年相比，广州、深圳、佛山的制造业前 500 强企业共计减少 87 家，而东莞增加 36 家[1]，超越佛山，位居广东省第三。

空间利用效率较低。佛山市产业用地分散、村级工业园占比高，空间利用效率低。据调查，佛山市用地斑块达 22528 个，其中园区 1371 个（省级及以上工业园 17 个，镇级工业园 329 个，村级工业园 1025 个），其余为零散用地。1025 个村级工业园占地 207.27 平方公里，占全市工业用地的 42%[2]。但村级工业园主要发展五金、纺织、家具等传统制造业企业及仓储用地，企业规模普遍偏小，产业附加值低，土地产出率不高。2017 年村级工业园内百万元纳税企业的纳税额仅 24.28 亿元，占佛山市百万纳税企业纳税额的 10%。此外，单位土地面积 GDP 产出仅为东莞的 81%。向村级工业园要创新空间、生态空间、品质空间刻不容缓。

职住相对分离。在城市交通规划中，一般用过剩通勤指数衡量城市职住分离的严重程度。百度地图发布的《2018 第四季度 & 年度中国城市活力研究报告》显示，全国 100 个主要城市中，沈阳、西安、重庆三个城市的过剩通勤指数位列前三，职住分离程度最严重。珠三角地区的中山、东

---

[1] 第一财经．东莞佛山双城记：谁是广东第三城？［OL］．https：//baijiahao.baidu.com/s?id=1651724773778093044&wfr=spider&for=pc.

[2] 佛山日报．佛山增量土地不足与存量土地“沉睡”矛盾亟待破解［OL］．http：//www.sohu.com/a/252171176_118671.

莞和佛山三个城市过剩通勤指数排名相对靠后[1]，职住均衡性总体较好，但国家级高新区中的“一区五园”和四个省级经济技术开发区职住分离程度较高。以三水工业园为例，只有51%的员工居住在园区内的职工宿舍或在周边租房，有33%的员工居住在三水西南城区和乐平镇中心城区，有16%的员工住在佛山市区[2]，职住较为分离。职住分离不仅增加交通成本，而且耗时耗力。

五、未来深化产城融合的重要方向

产城融合是产业园区发展的高级形态，是推动城市高质量发展的重要手段。佛山经过近7年的持续推进，积累了丰富的经验，形成了可复制可推广的模式，夯实了产城高质量融合的基础。未来，要从宏观、中观、微观三个维度，从结构优化、质量提升、品质提高、集约高效四个方面，继续深化产城融合发展。

（一）从粤港澳大湾区和广佛同城的宏观维度，在更大区域范围内统筹谋划产城融合

抢抓大湾区“一小时生活圈”建设机遇，重点打通融入大湾区核心城市的重要战略通道，完善对外铁路通道，与湾区城市联合推动高铁规划建设。加快推进佛山对外联系的城际轨道建设，按时完成在建广佛环线（佛山西—广州南）项目建设，积极争取广佛环线（佛山西—广州北段）、广佛江珠等城际轨道的实施。同时，加大城市内部轨道交通建设，继续推动在建2号线一期、3号线、广州地铁7号线西延顺德段、南海新交通和高

[1] 中规院和百度地图课题组．百度地图携中规院完美解码都市圈发展奥秘［OL］．http：//www. sohu. com/a/293277467_ 650579.

[2] 周晶晶，刘嘉熹．产城融合背景下产业园社区建设研究［J］．合作经济与科技，2018（7）．

明现代有轨电车示范线等项目建设。用内外交通网络的建设引领城市发展形态，在“一小时优质生活圈”范围内统筹谋划城市空间布局，加快构建碧环绕芯、城绿交融、城水交辉、产城协同的空间格局，推动产城在更高层面的融合。

发挥广州南站–佛山三龙湾–荔湾海龙片区地处广佛同城发展核心区域的优势，紧紧把握“同城化”和“高质量”两大关键，进一步理顺管理体制，率先推动广佛在本区域内交通基础设施、生态景观等领域的“硬联通”以及制度、规则、政策等领域的“软联通”。积极对接广深港澳科创走廊建设，突出创新链、产业链、人才链、政策链、资金链深度融合，加强与港澳在科技、产业、旅游、医疗等方面的合作，实现广州南站–佛山三龙湾–荔湾海龙片区从“园区”型科创主轴向“综合城区”转变，加快培育广佛都市区高质量发展新的增长极，积极打造广佛同城化发展的标志区。坚持先易后难的原则，围绕现代产业体系、基础设施建设、生态环境保护、基本公共服务和体制机制创新等领域，强化衔接，科学谋划产业和城市发展，不断提升城市功能，推动荔湾–南海–白云、花都–三水、番禺–顺德–南沙三大地区同城化发展，建设功能性城区。

（二）从城市“强功能”的中观维度，在全市范围内协同推进产城融合

紧紧围绕“国家新型工业化产业示范基地”和“国家创新型城市”的定位，依托国家级高新技术开发区和三龙湾等功能性平台，以主导产业和战略性新兴产业发展的需求为导向，重点吸引新材料、新能源、节能环保、生物医药、电子信息和先进制造等领域的高端要素集聚，联合科研院所实施一批核心关键技术攻关，开展重点产业基础性、前沿性技术研发与应用示范项目，抢占产业“智高点”，打好产业基础高级化和产业链现代化的攻坚战，强化城市创新功能和创新成果转化功能。坚持“三专三不

变”的原则及“市统筹、区建设、共分享”的体制，搭建三龙湾创新发展平台，统筹规划三龙湾生产、生活、生态空间，合理调配生产和生活用地的比例，以自然本底为依托构建生态绿芯、组团公园和生态廊道的多层次、系统化生态格局，推动形成“一芯、一环、两核、八轴、多节点”的空间结构，用生态环境的改善、生活品质的提高吸引创新要素集聚，积极打造高质量发展的动力源。

依托联通里水、大沥、桂城、陈村、北滘、乐从、勒流、南庄、罗村、狮山、乐平等11个经济最活跃、最发达的镇和街道办事处以及串联起南海、禅城、顺德、三水4个区的“一环创新圈”，以南海三水产业合作区、广东金融高新区、国家军民融合创新示范区、青年湖电子信息产业园和临空经济区为5大创新平台，培育带动周边具有潜力的多个创新节点，形成“1+5+N”的创新体系，促进中心城区与周边地区高质量的协调发展。积极推动“1+5+N”创新体系错位发展，不断创新镇（街道）和园区融合发展体制机制，完善创新平台休闲、娱乐、服务、文化等方面的功能，在全市范围内统筹推进产城高质量融合发展，不断提升产业和城市发展质量。在“1+5+N”创新平台范围内，积极引进培育国家技术转移示范机构，推动与港澳地区的产学研、科技金融、科技成果转化等领域的全面合作，引导广州、深圳、香港澳门各类科研技术成果在佛山转化。探索“离岸孵化”新模式，支持企业主动对接海外创新资源，建立与国外创新资源长效合作机制。健全知识产权保护中心，建立“政府、企业、协会、专利联盟、运营中心、研发机构协同合作”的工作体系，协同推进成果保护与转化。

（三）从各类产业发展功能性平台的微观维度，在产业园区范围内协调促进产城融合

以村级工业园区改造为契机，探索“园镇融合”、“产城融合”及

“政经分离”的制度安排，推动村级工业园基础设施与市政基础设施互联互通，促进城市建设与产业发展相融合。同时，优化“三生”空间结构，植入新兴产业，完善国际化营商环境，打造高品位居住社区，建设生态化绿色园区，积极建设创新型、国际化、幸福乐居的生态品质新城。

以350平方公里产业发展保护区为重点，合理设定352个产业发展保护区各类用地比重及投资开发强度，在优化用地结构的同时，提高土地资源集约节约利用效率。根据各类高新区和经济技术开发区发展的具体情况，探讨“园镇融合”和“产城融合”新模式，鼓励靠近镇区或城区的园区尽量利用现有资源，节省城市建设成本，在合理区域范围实现职住平衡；对于远离镇区或城区的园区，在科学划分功能区的基础上，加快补齐城市功能短板，吸引园区人员就地、就近居住。同时，创新园区管理体制机制，赋予园区更多社会管理、公共服务等职能，让在园区居住的人员能享受便捷高效的公共服务。树立尊重自然、顺应自然、保护自然的生态文明理念，统筹谋划全市的生态空间，在亲近自然中建设宜居城市空间，突出“山、水、城”的景观格局，提高绿地比重，强化水系沟通，优化生态系统，实现人与自然、产业和城市和谐共生。

参考文献：

晁恒，2018. 珠三角村镇混杂区产城融合发展模式——以佛山市为例［J］. 城市建设（12）.

第一财经．东莞佛山双城记：谁是广东第三城？［OL］. https：//baijiahao. baidu. com/s？id=1651724773778093044&wfr=spider&for=pc.

佛山日报．佛山增量土地不足与存量土地“沉睡”矛盾亟待破解［OL］. http：//www. sohu. com/a/252171176_ 118671.

佛山市发展和改革局．佛山市开发区总体发展规划［R］. 2018.

佛山市发展和改革局．佛山三龙湾高端创新集聚区产业发展规划

（2011—2035 年）［R］. 2019.

佛山市高新技术产业开发区一区五园总体规划（2014—2020）公示简本［OL］. https：//wenku. baidu. com/view/97723468a8114431b90dd8f4. html.

华声宇，叶洁纯，2019. 佛山加大对人才的扶持力度全方位吸引各地人才［OL］. http：//www. chinaqw. com/qx/2019/04-11/220016. shtml.

黄孝恕，2019. 开发区产城融合的关键：产城互动转型［J］. 中国开发区（10）.

蒋省三，韩俊，2005. 土地资本化与农村工业化：南海发展模式与制度创新［M］. 太原：山西经济出版社.

刘栋，2014. 新型城镇化背景下产城人融合的模式探索——以佛山为例［J］. 城市观察（3）.

刘宏波，黄群飞. 舍与得，拆与建，破与立！“张槎现象”为高质量发展带来哪些启示？［OL］. http：//m. sohu. com/a/228852476_ 355840.

刘嘉熹，周晶晶，2018. 产城融合视角下产业园发展初探——以佛山三水高新产业园为例［J］. 价值工程（10）.

刘永亮，2011. 三旧改造 12 年改出发展新空间［OL］. http：//szb. nanhaitoday. com/zjsb/html/2011-03/28/content_ 456198. htm？div=0.

罗守贵，2014. 中国产城融合的现实背景与问题分析［J］. 上海交通大学学报（哲学社会科学版）（4）.

蒙荫莉，曾有岳，李丽华，黄琼，2015. 佛山“产城人融合”发展模式研究［J］. 探求（1）.

王名润，2019. 中交投”牵手”顺德高新区，实现四年小目标［OL］. http：//news. dayoo. com/gzrbrmt/2019-12/10/158545_ 52966337. htm.

熊英，2016. “产城人”融合发展理念探索——以佛山为例［J］. 建筑与装饰（5）.

徐建伟，黄汉权. 新旧动能转换助力制造业高质量发展——佛山国家制造业转型升级综合改革试点经验之二 [OL]. http://www.sohu.com/a/282500050_692693.

曾健欣. 以"强中心"战略激发佛山发展新活力 [OL]. http://www.fsonline.com.cn/p/260316.html.

张素圈, 2015. 联滘变迁: "就地工业化"样本再观察 [OL]. http://epaper.southcn.com/nfdaily/html/2015-04/27/content_7422166.htm.

中规院和百度地图课题组. 百度地图携中规院完美解码都市圈发展奥秘 [OL]. http://www.sohu.com/a/293277467_650579.

周晶晶, 刘嘉熹, 2018. 产城融合背景下产业园社区建设研究 [J]. 合作经济与科技 (7).

周翔宇. 工业用地的错配与失效: 从它"贪吃"模式说起 [OL]. http://www.sohu.com/a/48214026_119978.

(执笔人: 黄征学)